比较政治学研究（学术辑刊）

主　　编：李路曲
执行编辑：陈　媛

学术委员会
（中方学术委员以姓氏笔画为序）

宁　骚（北京大学）　　　　张小劲（清华大学）
李路曲（上海师范大学）　　杨光斌（中国人民大学）
杨雪冬（中共中央编译局）　周淑真（中国人民大学）
徐湘林（北京大学）　　　　曹沛霖（复旦大学）
常士䦵（天津师范大学）　　景跃进（清华大学）
谭君久（武汉大学）
〔英〕克特·理查德·路德 Kurt Richard Luther（英国基尔大学）
〔日〕坂本胜（日本龙谷大学）

● 本辑刊由上海市教委重点学科J50406资助

比较政治学研究

主编 李路曲
主办 上海师范大学法政学院

第7辑

中央编译出版社
Central Compilation & Translation Press

目录 / Contents

卷首语 ··· 1

| 比较政治学理论 |

新制度主义政治学理论研究述评 ······················· 段宇波 / 3

2013—2014 年中国比较政治学理论研究述评 ············ 杨晓起 / 107

| 比较政治制度 |

新制度主义视角下的中国政府绩效管理模式的变迁 ········ 张　瑄 / 135

论拉美国家民主转型的共同影响因素 ············ 章　睿　刘　伟 / 204

比较视野下的政党体制与政府治理能力 ················ 陈　鹏 / 224

| 比较政治学大师系列 |

简论塞缪尔·亨廷顿的学术思想 ····················· 张飞龙 / 239

| 海外专论 |

社会网络与集体行动 ····················· 〔美〕大卫·西格尔　著
　　　　　　　　　　　　　　陈柯汝　臧雷振　编译　臧雷振　校 / 255

认真对待解释：
  政治科学的视角……………………〔加〕皮埃尔-马克·戴尼奥
    〔加〕达尼埃尔·贝朗德 著 杜 欢 译 / 287

《比较政治学研究》投稿须知 ………………………………… / 303
《比较政治学研究》投稿格式 ………………………………… / 305

卷首语

《比较政治学研究》,顾名思义,是一套以"比较政治学"为主题的专业性辑刊。本刊以提高中国比较政治学的学术研究和应用水平,促进比较政治学学科发展为理念和宗旨,以团结学界精英才俊致力于政治学术繁荣为指针,集中开辟了"理论"、"方法研究"、"案例研究"、"比较政治制度"、"比较视野下的地区和国别政治"以及"海外专论"等栏目。从本辑开始,为了回顾经典,纪念学人,并在前人伟大思想的基础上激发灵感、启迪智慧,本刊特别开设了"比较政治学大师系列",每期将介绍一位比较政治学大师,并对其思想或理论的研究与推进现状进行述评。感谢政治学界同仁的大力支持,本刊第 7 辑又与大家见面了。

建构比较分析的理论和方法并利用它们进行全球、地区及国别比较研究是比较政治学的主要研究内容。为了引导中国比较政治学者加强对比较政治学理论和方法的研究,我们特设了一个常规性的栏目:"理论和方法研究"。本辑刊发了两篇文章,重点推荐段宇波的《新制度主义政治学理论研究述评》一文,作者对政治学中的新制度主义进行了全面系统的理论梳理,在回顾了政治学研究中的新制度主义的发展历程之后,总结了 20 世纪 80—90 年代形成的新制度主义政治学范式的基本理论与主要应用,以及由此引发的分歧与整合、评价与质疑;并对新制度主义政治学的最新进展进行了跟踪研究，特别是制度变迁、制度设计、制度多样性等问题的最新发展进行了深入的讨论。文章分析详尽，内容前沿，是当下对新制度主义较为全面的述评。杨晓起的《2013—2014年中国比较政治学理论研究述评》一文对2013年和2014年上半年发表在国内学术刊物上的比较政治学理论包括理性选择理论、政治文化理论、结构主义理论、比较历史分析和新制度主义等重要的理论范式进行了综述，作者以这些学术论文为分析蓝本，以其中有关比较政治学的学术论文为分析对象，进行了分类和评述。在综述的基础上，作者给出了当下中国比较政治学的研究方向与路径的思考。

本辑"比较政治制度"专栏刊发了三篇文章。张瑄对政治学领域存在的五种代表性绩效观作了分析，借鉴了历史制度主义视域下的制度变迁理论，对新中国成立后我国政府绩效管理制度的四个阶段的历史演变过程作了梳理，文章的分析深入浅出，结论深刻，可读性很强。章睿与刘伟基于国内及西方学者关于拉美政治民主化的相关研究，结合拉美国家的具体史实，集中梳理了20世纪70年代末拉美发生政治转型的共性原因。本研究在分析拉美各个国家的民主化进程之外，探寻了整体现象背后的共同规律，从一定意义上丰富了对拉丁美洲民主化影响因素的研究。陈鹏的《比较视野下的政党体制与政府治理能力》一文基于政党体制的稳定水平，比较研究了稳定和波动两种状态下的政党体制聚合性、竞争性与政府治理能力的关系。通过数据得出结论：稳定的政党体制是政党体制聚合性和竞争性发挥积极作用的前提。波动政党体制下，政党体制的高聚合和高竞争格局，不利于政府治理能力的提高。

本辑新推出了"比较政治学大师系列"专栏，张飞龙对塞缪尔·亨廷顿的学术思想作了较为全面的概述，在对大师的缅怀中，后辈学人将献身于推进比较政治学研究的大潮之中。

本辑"海外专论"推出了两篇：大卫·A.西格尔（David A. Siegel）的《社会网络与集体行动》一文基于"个体间参与动机不同"的基本假设，通过引入"社会网络内关联决策模型"（Model of Interdependent Decision Making within Social Networks），通过定性研究中类型学分析路径来界定社会网络以反映日常经验性背景。研究发现：社会网络的规模、弱关系的普遍性以及精英的存在都会对社会网络产生重要影响，而这些变量与网络结构、个体动机之间的复杂互动是前人未能清晰认知的。皮埃尔-马克·戴尼奥和达尼埃尔·贝朗德（Pierre-Marc Daigneault & Daniel Béland）的《认真对待解释：政治科学的视角》一文介绍了克雷格·帕森斯（Craig Parsons）关于解释的类型学，随后分析了这种类型学对于政治行为与过程的因果分析的价值。这两篇文章均属于比较政治学的前沿文章，在此感谢译者陈柯汝、臧雷振、杜欢对文章的译介。

中国的比较政治学正处于加速发展的进程，中国比较政治学的发展和前景也十分美好。《比较政治学研究》将持续关注比较政治学的最新研究题域以及中国比较政治学的发展状况。

《比较政治学研究》编辑部
2014 年 8 月 1 日

比较政治学理论

Comparative Politics Studies

新制度主义政治学理论研究述评

段宇波[*]

【内容摘要】 新制度主义在西方社会科学领域全面兴起的同时，也逐步发展成为政治学研究中非常重要的理论范式。事实上，目前学界对新制度主义政治学的讨论并不充分，尽管在操作中有一定困难，但对政治学中的新制度主义进行全面系统的理论梳理非常必要。本文从政治学的角度，基于对新制度主义在政治学中发展的三阶段划分：20世纪50—70年代的萌芽或重新发现、20世纪80—90年代的分化与范式确立、2000年以来的理论发展与整合，试图对来源广泛、构成复杂的新制度主义的重要研究文献和学术观点作一些回顾和整理。本文主要回顾了政治学研究中的新制度主义发展与范式确立，总结了20世纪80—90年代形成的新制度主义政治学范式的基本理论与主要应用，以及由此引发的分歧与整合、评价与质疑；并对新制度主义政治学的最新进展进行跟踪研究，特别是制度变迁、制度设计、制度多样性等问题的最新发展进行了深入的讨论。

【关键词】 新制度主义；政治学；制度；理论整合；发展趋势

---

[*] 段宇波：山西大学政治与公共管理学院政治学理论专业博士生，山西财经大学公共管理学院讲师。

20世纪60年代,受到科学主义思潮和反理性主义影响,政治学的科学化开始。自此,行为主义和理性选择理论开始占据主流,西方政治学出现研究内容与方法的全面革新。政治学中的新制度主义的兴起与其对行为主义和理性选择理论的批判密不可分,它与行为主义、理性选择理论一道,构成当代西方最重要的三大政治学流派和研究范式。有学者评论到"现在我们都是制度主义者了"①,朗兹(Lowndes, 2002)则认为新制度主义已然成为90年代以来社会科学研究的主流,古丁和克林格曼(Goodin & Klingemann, 1996)甚至曾预言新制度主义将是政治学的"下一场革命"②,而这种预言显然在很大程度上已经成为现实。

本文从政治学的角度,基于对新制度主义在政治学中发展的三阶段划分:20世纪50—70年代的萌芽或重新发现、20世纪80—90年代的分化与范式确立、2000年以来的理论发展与整合,试图对来源广泛、构成复杂的新制度主义的重要研究文献和学术观点作一些回顾和整理。文章主要从以下几个方面进行了梳理:第一部分,新制度主义的兴起及其在政治学中的范式确立。首先分析了20世纪50—70年代新制度主义从不同学科中被发现,其次对20世纪80—90年代新制度主义在政治学中的范式确立进行了总结;第二部分,新制度主义政治学范式的理论和应用。重点围绕历史制度主义、理性选择制度主义、社会学制度主义三大流派进行了理论归纳和应用分析;第三部分,新制度主义政治学理论的分歧与整合、评价与质疑。重点以20世纪80—90年代理论争论的整合以及对新制度主义的评价和质疑;第四部分,新制度主义政治学的最新发展趋势。重点分析了2000年以来新制度主义在流派类型拓展、制度理论发展、应用范围扩展、研究方法的完善与融合等方面作

---

① Mark D. Aspinwall and Gerald Schneider, "Same Menu, Separate Tables: The Institutionalist Turn in Political Science and the Study of European Integration", in *European Journal of Political Research*, Vol. 38, 2000, p. 7; Also see Paul Pierson and Theda Skocpol, "Historical Institutionalism in Contemporary Political Science", in Iran Katznelson and H. V. Miller (eds.), *Political Science: State of the Discipline*, New York: Norton, 2002, p. 706.

② 〔美〕罗伯特·古丁等主编:《政治科学新手册(上册)》,钟开斌等译,北京:生活·读书·新知三联书店2006年版,第12页。

出的调整与回应。

一、新制度主义的兴起及其在政治学中的范式确立

新制度主义跨越学科界限兴起是近三十年来西方社会科学发展的新趋势。随着"重新发现制度"（rediscovering institutions）、"回归国家"（bringing the state back in）与"回归制度"（bringing institutions back in）等概念被持续热炒，"制度"已然成为社会科学的基础性核心概念，由这一核心概念演化出一系列新制度主义研究范式，涉及社会科学研究基本问题的核心领域，成为一种重要的社会科学方法论。新制度主义的核心命题：制度如何影响行为。这几乎涉及社会科学领域的所有核心概念，即组织、结构、历史、文化、规范、偏好、理性、权力等。由于制度内涵的广泛性几乎涵盖了社会科学领域，延伸到了经济、政治、社会和文化等多方面，也注定了新制度主义在整个社会科学领域兴起具有重要学术价值。

对于政治学而言，制度研究有着独特的学科领域和分析视角，不仅强调政治行为和政治选择受到制度约束，还在于制度对于政治生活和权力关系的重要性和现实意义。新制度主义政治学之所以重要，不仅因为其在宏观层面上加强了社会科学领域内经济学、政治学、社会学等学科间的学科融合和知识综合，还在于其为政治学科内二级学科如政治学理论、比较政治学、政治经济学、国际关系、政治社会学等提供了交流中介，更因其在批判中继承了旧制度主义、行为主义、理性选择理论的知识元素，反映了西方政治科学发展的脉络。新制度主义政治学内部流派的争论与整合，推动了西方政治学在实践性和科学性方面的协调发展。

（一）新制度主义理论在社会科学领域的兴起

20世纪50年代以来，制度概念在不同社会科学学科之间回应了相同的挑战，以相似的方式在不同学科之间频繁地借用概念和研究策略，

在社会科学领域制度被重新发现并兴起。真正对政治学产生巨大影响并产生学术共振的制度研究，则主要是来自于经济学与社会学领域。

1. 经济学中的新制度主义

在经济学中，以"制度"和分析"制度因素"的研究最早可以追溯到 18 世纪 40 年代的德国历史学派。受其影响，经济学中先后出现了以托斯坦·凡勃伦、约翰·R.康芒斯为代表的老制度经济学；以约翰·肯尼斯·加尔布雷斯、缪尔达尔为代表人物的后制度主义学派，也即美国制度主义学派；① 以科斯、道格拉斯·诺斯（Douglass North）为代表的新制度主义经济学，与美国制度主义学派并无关联，而是将主流的新古典经济学理论作为其基本分析工具。

在社会科学领域，新制度主义最早引起广泛关注是在经济学中。20 世纪 70 年代兴起的以诺斯、科斯、张五常（S. N. S. Cheung）等为代表的新制度主义经济学，以产权、交易成本、委托代理等分析工具，很快成为影响甚至统一社会科学领域重要的整合力量。由于诺斯、科斯以及随后的政治学家奥斯特罗姆夫妇因为与"制度"相关的经济学研究获得诺贝尔奖，客观上奠定了制度研究在经济学中的地位和持续的影响力。

从方法论和研究对象的角度来看，新制度主义经济学是一种政治经济学②，"新制度主义，论出身，是经济学的，论归宿，却是政治经济学的（'新政治经济学'）"③。新制度主义经济学深刻地影响了政治学中的理性选择制度主义，新制度主义经济学中的历史制度分析与政治学中的历史制度主义或比较政治经济学在研究领域和研究方法上高度契合，很多学者的研究成果既是经济学的，也是政治学的。这样的学者如诺思、麦

---

① 参阅〔英〕马尔科姆·卢瑟福：《经济学中的制度——老制度主义和新制度主义》，陈建波等译，北京：中国社会科学出版社 1999 年版，第 24、201 页。
② 杨龙：《新制度主义理论与中国的政治经济学》，载《教学与研究》，2005 年第 7 期，第 39 页。
③ 陈明明：《比较现代化·市民社会·新制度主义——关于20世纪80、90年代中国政治研究的三个理论视角》，载《战略与管理》，2001 年第 4 期，第 111 页。

克库宾斯①、维恩加斯特、谢普斯勒、约翰·法里约翰（J. Ferejohn）、约翰·埃尔斯特（J. Elster）、奥斯特罗姆夫妇等人。

2. 制度研究在社会学中的重建

在古典社会学中，涂尔干（Emile Durkheim）坚持方法论整体主义，从社会结构角度来研究制度，将制度理解为一种行为方式或模式。他甚至将社会学定义为关于制度的科学，其关于共享信仰、规范和集体表象的"制度"概念成了社会学的标杆；② 韦伯（Max Weber）则以方法论个体主义，从个人的社会行为角度研究制度，开辟了社会制度的解释性研究路径；③ 帕森斯综合了涂尔干与韦伯的思想，整合二者的方法论整体主义和方法论个体主义，通过角色互动，构建社会学的制度理论；马克思对制度问题的关注，对私有财产、阶级制度的经典批判和论述；默顿（Robert K. Merton）视制度为塑造利益和个人策略行动的机会结构④，提出社会学的制度"中层理论"，这些研究都为社会科学领域的制度研究留下了丰富的遗产。有学者认为"新制度经济学的崛起受到了古典社会学制度研究的启发"⑤。从这个意义上讲，古典社会学也可以被称做"制度社会学"。

尽管古典社会学产生了较为丰富而积极的制度研究成果，但行为主义的兴起，制度研究在社会学领域迅速的衰落，代之以计量化、经验化方面的研究，加之实证社会学坚持的经验主义和量化分析、客观主义原则和整体主义方法论，决定了制度研究在社会学领域受到排斥。新制度主义的兴起，并没有形成所谓的新制度主义社会学。反而是经济学者、

---

① Mathew D. McCubbins, Terry Sullivan (eds.), *Congress: Structure and Policy*, New York: Cambridge University Press, 1987.
② 〔法〕埃米尔·迪尔凯姆：《社会学方法的准则》，狄玉明译，北京：商务印书馆1995年版，第23页。
③ 〔德〕马克斯·韦伯：《经济与社会》，林荣远译，北京：商务印书馆1998年版，第62页。
④ 参阅保跃平：《"回归"制度的社会学新制度主义》，载《学园》，2012年第3期，第14页。
⑤ 薛晓源、陈家刚主编：《全球化与新制度主义》，北京：社会科学文献出版社2004年版，第90页。

政治学者率先发掘出制度的社会学价值。当然"经济学家重新发现制度引起了社会学学者的复杂反应"①，但这种复杂而缓慢的回应，使得社会学在内的社会科学中的制度研究被边缘化。

社会学被动应对来自经济学、政治学新制度主义的入侵，一些社会学学者开始关注新制度主义的方法。尽管社会学中的新制度主义还保留了较强的整体主义方法论色彩，但其重视个体行为及组织的研究转向也是非常明显的。"社会学中的新制度主义研究路向可能被认为是社会学中向新古典主义的转向。社会学中的新制度主义扩展了古典主义社会学和早期的社会学制度主义学者的知识遗产，后者同样与经济学进行了富有成效的知识交流。"②

在现代社会学中，加芬克尔（Garfinkel Harold）突出强调了制度是行动者的建构；舒次的学生伯杰与莱克曼强调制度在维持社会秩序中的重要作用，强调制度类型化的重要性；③ 吉登斯的结构化理论关注了结构和能动的对立问题，强调了结构与能动"二重性"（duality）转变。他认为制度制约个人，也受人的认知能力影响。虽然他对制度的界定和认知能力分析并不充分；④ 美国社会学家戈夫曼（Erving Goffman）、法国社会学家布罗代尔（Fernand Braudel）从不同角度关注了制度的微观层面、制度的稳定性和连续性。布迪厄（Pierre Bourdieu）在场域实践理论中使用了"惯习"（habitus）这一概念，阐述了制度与行动者的关系。⑤ 以哈里森·怀特、格兰诺维特（Granovetter）、科尔曼、斯梅尔瑟等人为代表的新经济社会学；以迪马乔（Paul DiMaggio）和鲍威尔（Walter Powell）为代表的组

---

① 薛晓源、陈家刚主编：《全球化与新制度主义》，北京：社会科学文献出版社2004年版，第90页。

② 薛晓源、陈家刚主编：《全球化与新制度主义》，北京：社会科学文献出版社2004年版，第103页。

③ Berger and Luckman, *The Social Construction of Reality*, London: The Penguin Press, 1967, p.79.

④ 〔英〕吉登斯：《社会理论与现代社会学》，文军、赵勇译，北京：社会科学文献出版社2003年版，第64—65页。

⑤ 〔法〕布迪厄、华德康：《实践与反思》，李康、李猛译，北京：中央编译出版社2004年版，第19页。

织社会学；以 Carroll；Singh；Hannan and Freema 为代表的组织人口生态学模式；以维克托·尼为代表的社会学新制度主义等制度研究无论从深度上还是从广度上都推动了制度社会学的发展，积极回应了政治学和经济学的挑战。

3. 经济学、社会学等学科中的制度研究对政治学的贡献

在这里，笔者无意对社会科学领域的新制度主义进行全面深入梳理，但从政治学视角分析这些产生于经济学、社会学却在政治学领域产生作用与影响的制度议题，是非常必要的。对于政治学而言，在社会科学领域跨界而动的新制度主义的贡献至少在三个方面：提供知识基础和方法；制度研究的政治学拓展；研究主题与方法的融合。

（1）为政治学制度研究提供知识基础与方法贡献。新制度经济学深刻影响公共选择理论和理性选择理论，新制度主义经济学的产权、交易成本和制度变迁的概念，体现了经济学从古典环境向制度环境的学科转向，在新制度主义框架下重新探讨个人的自立性假设问题，深受新古典经济学影响的个人主义方法论和有限理性都为政治学的制度研究提供了知识基础和方法。以诺斯为代表的经济史学派则转向更为宏大的宏观性、历史性的研究视野，为历史制度主义提供了方法论支持。

在社会学层面，社会学为政治学新制度主义提供了知识基础。长期以来社会学重视社会结构的作用和研究传统，古典社会学所提供的整体主义方法论，"中层理论"的建构，在制度分析中强调组织理论的认知成分，对制度和组织不作区分，关注制度化过程和制度过程分析，用功能主义的方法看待制度变迁，都对新制度主义政治学具有积极的意义。举例而言，例如不同的学科对韦伯及其制度主义进行了各自的解读。韦伯对历史传承演变的逻辑思考和组织制度层面的动态综合分析，对历史制度主义影响深刻。韦伯的历史事件分析为比较政治学的解释性框架提供了丰富的概念及方法论影响。这都集中表现在：韦伯的历史解释方法、国家观、制度与理念的关系、对制度的动态性分析等，特别是韦伯的文化理论等方面的贡献。道格拉斯·玛丽指出，韦伯综合考虑制度、文化与理性要素，对制度进行了完整的分析，她在韦伯的基础

上融合了结构主义、理性主义和文化主义的要素,融合和推动了新制度主义的发展。①

作为经济学和社会学的融合,新经济社会学反对新古典经济学的个人主义方法,吸取了社会学中的整体主义方法,强调习惯、规范和价值在经济决策中的作用,通过社会事实理解行为过程的结构规制,为政治学的新制度主义提供了方法论。

(2) 经济学、社会学制度研究的政治学拓展。通过对经济学中的新制度主义和社会学中的新制度主义的相关梳理,不难发现二者都有不完善的地方和彼此较强的互补性。就研究缺陷而言,经济学的新制度主义在研究视野上存在局限性,而社会学的新制度主义缺乏有效的微观理论支撑,不能提供清晰的微观解释。就互补性而言,理性选择为基础的经济学可以为专注宏观视野的社会学提供微观基础,理性个体、经济制度等概念同样适用于社会学中的新制度主义,而社会学中的新制度主义对更广阔范围内的社会、文化和历史等制度背景环境的关注,又为经济学的制度分析提供了合理的解释。

对于政治学而言,经济学和社会学的新制度主义研究都为政治学提供了制度要素和制度环境,经济学的微观基础、社会学的文化取向正是政治学融合个体主义和整体主义解读制度范式所需要的,对制度分析比较性的重视,恰恰也是政治学所需要的。将这种经济学、社会学的制度分析方法运用到政治学领域,运用新的学科视角、理论阐释和实证支持,成为新制度主义发展的一种必然。随着研究内容的深化和分析视角的拓展,整合不同学科的制度分析框架正在形成。经济史学家诺斯的国家理论率先进入政治学领域解释,将国家视为制度变迁和经济发展的重要变量,使制度变迁成为解释政治变迁的重要方法。

(3) 促进制度研究主题、方法的交流与融合。制度主义的复兴先后

---

① Douglas Mary, *How Institution Think*, New York: Syracuse University Press, 1986, p. 45.

在社会科学的不同学科之间展开①,"社会科学的主导研究路径始终跨越各自学科的界限,将其他学科研究者的成果集聚在自身的路径之下而且每个流派的政治科学研究者一直在共享社会学和经济学这类兄弟学科的理论和方法"。由于对制度研究主题的共同关注,社会科学形成共同的研究旨趣,可以讲在研究方法上,制度研究整合社会科学,因为任何一个单一学科都无法全面回答复杂的制度问题。有学者认为以罗尔斯《正义论》为标志性成果的制度性主题研究为其他社会科学领域提供了哲学支撑和共同的对话平台,形成了以制度为核心的"社会科学脉络"(context of social science)现象。② 事实上,社会科学内部关于制度研究的交流与融合非常的频繁,直接体现之一就是出现了许多跨域学科界限的学者。既是经济学又是政治学的制度研究者有维恩斯坦、奥斯特罗姆夫妇等;既是政治学又是社会学的制度研究者有詹姆斯·马奇和约翰·奥尔森、迪马乔(Paul DiMaggio)和鲍威尔(Walter Powell)等;既是经济学又是社会学的制度研究者有弗雷格斯坦(Neil Fligstein)等,关注制度、社会网络和习俗如何相互作用来塑造和决定经济行为。有些学者虽然被冠以某一学科研究者,但其研究成果延伸出了学科领域,在别的学科有杰出的成果。"诺斯的国家理论、产权理论、意识形态理论,在属性或主题上分别属于政治学、经济学、社会学的研究范畴。"③ 斯科克波尔(Theda Skocpol)被认为是社会学家,但其《国家与社会革命》则被认为是政治学中历史制度主义的经典著作。

(4)其他学科对政治学新制度主义的影响。社会科学中其他学科对政治学的新制度主义研究亦有贡献,如人类学中的进化论的多样性、选择和遗传,特别是最近与人类学相关的细胞、基因结构和分子科学

---

① 按照鲍·罗思坦的观点,制度分析的复兴都发生在与政治科学密切相关的学科里,经济史(诺斯)、经济学(威廉姆斯)、组织社会学(鲍威尔等)、人类社会学(道格拉斯)和劳资关系(西崔克和瑟伦)等。

② 杨光斌:《诺斯制度变迁理论的贡献与问题》,载《华中师范大学学报(人文社会科学版)》,2007年第5期,第32页。

③ 杨光斌:《诺斯制度变迁理论的贡献与问题》,载《华中师范大学学报(人文社会科学版)》,2007年第5期,第32页。

的巨大进步,深刻地影响了制度演化和渐进制度变迁理论。西方社会科学的"历史转向"和事件链(event chains)分析的充分运用加强了历史学在制度研究中的作用,强调事件的序列性、偶然性和同质因果性,历史成为一种有用的制度分析工具。2005年诺斯在《理解经济变迁的过程》一书中运用认知科学和社会心理学分析制度变迁,关注了制度变迁的意向性,强调了学习机制、认知能力和心智模式在经济变迁中的作用,他所调用的知识也超出经济学范畴,广泛涉猎社会科学的其他学科。

有学者注意到现代科学理论中的复杂性理论为新制度主义提供了方法论基础。如混沌理论被认为与新制度主义的路径依赖理论关系密切,混沌理论的蝴蝶效应对布莱恩·阿瑟(W. Brain Arthur)提出的"报酬递增理论"产生影响,后经诺斯、皮尔逊引入政治学产生巨大影响;涌现理论的非线性观与历史制度主义的历史无效论,历史制度主义的关键节点理论和交合点理论都深受非线性观的影响,科利尔夫妇的《塑造政治舞台》、斯考克波尔的《国家与社会革命》、《保卫母亲和士兵》都运用了该理论;复杂性理论中的自组织适应系统对国家自主性理论,复杂性理论中的不确定性对历史制度主义中的偶然性分析都产生了深刻影响。[①]

(二)政治学中的新制度主义及新制度主义政治学的范式确立

从政治学的角度看,新制度主义经历了三个阶段,第一,萌芽与兴起(20世纪50—70年代),新制度主义在不同的学科中被重新发现。第二,扩散与分化(20世纪80—90年代),新制度主义在政治学中的发展,形成了以理性选择制度主义、历史制度主义、社会学制度主义为主的三大理论流派。第三,聚合与整合(2000年以来),新制度主义理论和实证持续的发展,解释和应用范围进一步扩大。如果说第一阶段是旧制度的持续影响和新制度的萌芽;第二阶段是对理性选择、文化主义和结构主义三

[①] 刘圣中:《历史制度主义:制度变迁的比较历史研究》,上海:上海人民出版社2010年版,第72—78页。

大理论传统的整合的话；第三阶段则是对更加多样性的理论取向的整合，如建构主义、女权主义等理论被整合到新制度主义这顶"巨大的帐篷"之下。①

1. 旧制度主义的衰落与新制度主义的萌芽

政治制度是政治学研究的核心，正如盖伊·彼得斯（1999）所说"政治学的根基在于研究制度"，"政治思考的根基在于制度分析与制度设计"。② 政治学中的制度研究历史悠久，其历史渊源可以追溯到亚里士多德对城邦制度的研究。从那时起，西方政治学就开始了对制度持续的关注③，制度研究成为统治政治学研究的主流范式。彼得斯（2005）将旧制度主义政治学的具体特点表述为：法规主义、结构主义、整体主义、历史维度、规范分析。④ 传统制度主义围绕描述归纳、历史比较、法律方法和现实主义的方法展开。

20世纪50年代，行为主义的兴起所推动的政治学"科学化"，行为主义以科学式、经验式、动态式的方法研究政治学，制度研究几乎淡出了主流政治学研究者的视野。按照马奇和奥尔森（1984）的观点，行为主义主导的当代政治理论的基本特征主要表现为：背景（情景）论、化约（还原）论、功利论、工具论和功能论。⑤ 以旧制度主义作为参照，行为主义的方法论原则可以具体表述为：借助自然科学的方法，严格的科学取向；经验观察与科学检验并重，价值中立并且强调理论的预测。

行为主义无处不在的影响逐渐退去而新制度主义未被发现的时期，

---

① 〔美〕大卫·马什、格里·斯托克编：《政治科学的理论与方法（第三版）》，景跃进、张小劲、欧阳景根译，北京：中国人民大学出版社2013年版，第59页。
② Guy Peters, *Institutional Theory in Political Science: The New Institutionalism*, New York: Continuum, 2005, pp. 1 - 4.
③ 莫尔的乌托邦对制度的探索，洛克对政府制度的思考、卢梭对自然状态下的人与制度约束下的人所做的区分最早强调了制度的重要性；孟德斯鸠对权力制衡制度的探索更是延伸了制度分析的传统，在政治学科学化早期，这种对制度要素的关注及评价是一以贯之的。
④ Guy Peters, *Institutional Theory in Political Science: The New Institutionalism*, New York: Continuum, 2005, pp. 6 - 11.
⑤ James G. March, Johan P. Olsen, "The New Institutionalism: Organizational Factors in Political Life", in *The American Political Science Review*, No. 3, 1984, p. 735.

理性选择理论确立了其在政治分析中的主导地位,该理论的核心是构建个人主义的理性行为、算计的选择、自身物质利益的最大化。行为主义建立在自然科学基础之上,而理性选择建立在经济学基础上。这两种方法有效解释了政治生活中的大量现实问题,但其忽视了政治过程中的制度因素,解释能力也受到严重质疑,一些行为主义者调整了对制度的认识,一些理性选择理论家也修正了自己的立场,同时,在组织理论领域,组织适应"制度模板"或"神话"等主题也被带入到政治学,特别是政治社会学和话语制度理论,这都促使了新制度主义的重新发现。

即使在行为主义盛行的年代,也有像塞缪尔·亨廷顿(Samuel Huntington)这样的学者在关注制度的重要意义,亨廷顿的理论可以被归类为较早期的新制度主义。如前所述,1971年,罗尔斯《正义论》发表,他的理论战胜了主导政治哲学的功利主义,重拾制度的规范研究。1993年,罗尔斯修正了自己的观点,提出了"公正的政治制度产生了公正的社会,而非反之","制度不仅是游戏规则"的观点。"从罗尔斯开始,政治制度既是经验研究的内容,也是规范研究的内容"。[①] 从这个意义上讲,罗尔斯也是一个制度主义者。而罗尔斯对于新制度主义在社会科学领域特别是政治学领域的兴起起到了积极的推动作用。罗尔斯通过两个正义原则解释了以政治制度、经济制度、社会制度为组成要素的社会基本结构,认为以公民自由平等的政治自由为主要内容的最大均等自由原则为第一原则,优于以经济和社会公平为主要内容的差异原则,强调了政治和制度的自主性和重要性,可以视为是新制度主义的哲学基础。

20世纪80年代以来,批判和继承了旧制度主义、行为主义和理性选择理论的方法工具,在与经济学、社会学的不断交流对话中,新制度主义政治学逐渐兴起,成为西方政治学研究的主流范式。在政治学领域,新制度主义政治学是对行为主义和理性选择理论的反动。应当看到新制度主义在批判的同时选择性吸收了行为主义和理性选择理论,二者

---

① 〔美〕罗伯特·古丁等主编:《政治科学新手册(上册)》,钟开斌等译,北京:生活·读书·新知三联书店2006年版,第203—204页。

为新制度主义提供了知识基础，而新制度主义则为政治学发展提供了新的研究框架和分析工具。新制度主义承接了行为主义和理性选择的科学主义传统，也继承了传统制度主义作为社会科学所蕴含的价值和观念，其"学科融合和知识综合的趋势非常明显"①。

2. 新制度主义在政治学中的范式确立

詹姆斯·马奇和约翰·奥尔森1984年在《美国政治科学评论》上发表《新制度主义：政治生活中的组织因素》一文如同播下一粒理论的"种子"，迅速燃起政治学家们对于新制度主义的持续热情。同一年，政治学家莫（Terry Moe）从同样的起点出发，呼吁政治学家通过"组织新经济学"（即新制度经济学）构建公共官僚理论。也在这一年，埃文斯（Evans）、鲁斯切梅（Rueschemeyer）和斯科克波尔（Skocpol）的论文集《将国家带回来》发表，将与国家有关的问题带回了政治制度研究，在很大程度上标志着政治学中历史制度主义的复兴。② 1989年，马奇与奥尔森在《重新发现制度：政治的结构性基础》一书中，对新制度主义政治学再次作出系统、完整的阐述。③ 1990年，莫发表另一篇重要的论文《政治制度：故事的被忽视的一面》，他进一步阐述了一种理性选择的政治制度理论。④ 1992年，凯瑟琳·瑟伦和斯文·斯坦莫等人主编的著作《建构政治学：比较分析中的历史制度主义》中第一次使用了历史制度主义。两位作者在该书的一篇论文《比较政治分析中的历史制度主义》中借用了豪尔的制度观点，强调制度的关系特征。1996年，哈佛大学的彼得·豪尔与罗斯玛丽·泰勒联合发表了《政治科学和三个新制度主

---

① 高春芽：《方法论革命与制度理论的复兴——现代政治学发展中的理性选择制度主义》，载《天津社会科学》，2011年第4期，第65页。

② Evans, Peter B., D. Rueschemeyer and Theda Skocpol (eds.), *Bring the State Back In*, New York: Cambridge University Press, 1985.

③ James G. March, Johan P. Olsen, *Rediscovering Institutions: The Organizational Basis of Politics*, New York: The Free Press, 1989.

④ Moe, Terry, "The New Economics of Organization", in *American Journal of Political Science*, No. 28, 1984, pp. 739-777; Moe, Terry, "Political Institutions: The Neglected Side of the Story", in *Journal of Law, Economics, and Organization*, No. 6, 1990, pp. 213-253.

义》,总结了新制度主义的三个流派,对其理论进行了区分和总结。1999 年,盖伊·彼得斯发表新制度主义重要的著作《政治科学中的制度理论:新制度主义》,对新制度主义作了更详细的梳理。至此,新制度主义的理论逐渐成形,研究范式基本确立。

随着新制度主义范式的确立,越来越多的政治学学者,主动或被动、有意或无意地被卷入到新制度主义的方法论变迁中,有些被别人称为新制度主义者如摩尔、亨廷顿等,或者自认为是新制度主义者、不断尝试运用新制度主义方法的学者的出现,急需对不同取向的研究者加以区分,这也使得新制度主义的理论流派划分问题凸显。时至今日,按照不同的标准归纳,新制度主义有九分法、七分法①、五分法、四分法、三分法和两分法等等。流派划分的差异来自于理论立场和观点的分立,是新制度主义理论分化与发展的结果,是政治学学者们的制度理论拓展和主题的宽泛建构。

美国普林斯顿大学的威廉姆·罗伯特·克拉克(William Roberts Clark, 1998)指出,新制度主义可以根据其处理"行动者"(agents)与"结构"(structure)关系的不同而划分为两种分析途径,即以"行动者为中心"(agency-centered)的分析途径与以"结构为中心"(structure-based)的分析途径。② 克拉克的这种分类是一种基于方法论的分类,对新制度主义研究而言这种分类方法意义深远。很多研究者将克拉克的分类翻译为"能动"(agents)与"结构"(structure),我国台湾研究者蔡相廷(2010)将其翻译为"行动者能动"(agents)与"结构"(structure),笔者认同"行动者能动"的译法。其实,早在 1992 年,瑟伦就提出了理性选择制度主义、历史制度主义的二分法分类,瑟伦的分类是一种基于偏好差异的认

---

① 盖伊·彼得斯(1999)把新制度主义分为规范制度主义(normative institutionalism)、理性选择制度主义(rational choice institutionalism)、历史制度主义(historical institutionalism)、经验制度主义(empirical institutionalism)、社会学制度主义(sociological institutionalism)、利益代表制度主义(institutions of interest representation)和国际制度主义(international institutionalism),这种分类方法也被称作"七分法"。

② William Roberts Clark, "Agents and Structures: Two Views of Preferences, Two Views of Institutions", in *International Studies Quarterly*, No. 42, 1998, pp. 245–270.

识论划分。瑟伦与克拉克分别从认识论和方法论划分角度揭示了不同制度研究取向的差异。

西蒙·雷奇（Simon Reich）从公共政策的角度提出四种划分：分配型政策（distributive policy）、再分配型政策（redistributive policy）、管制性政策（regulatory policy）、现代化政策（modernization policy）分别对应新制度主义的四个不同方面。① 相比较而言，彼得斯的"七分法"分类方法因缺乏标准而受到质疑，雷奇的四分法被认为是清晰的分析方法，但也只是一种基于公共政策不同视角的分类，并不能揭示新制度主义的类型区别。

相比较而言，三分法得到了很多学者的青睐，伊梅格特（1998）曾把制度主义划分理性选择、组织理论和历史制度主义等三个学派。② 迪马奇奥和奈尔森（Klaus Nielsen）对"三分法"采用了不同的名称：理性—行动、社会—建构和调节—冲突的新制度主义。③ 但是，在众多划分法当中，最广泛认可的是彼得·豪尔和罗斯玛丽·泰勒的三分法，即"历史制度主义"、"理性选择制度主义"和"社会学制度主义"。诚如何志俊（2004）所言，"尽管学界一直有人在试图对豪尔和泰勒的划分方式进行修补，但是，三分法及其主要划分结果基本上已经被学界所接受"。事实上，在新制度主义发展的第二阶段，历史制度主义、理性选择制度主义和社会学制度主义这三个流派占据主导性地位，在基本的理论发展和分析逻辑的展开中相互对立与融合。

新制度主义政治学奠基者詹姆斯·马奇和约翰·奥尔森（1984）在其经典文章中批判了行为主义和理性选择理论的理性人假设，认为两个学派都倾向于化约论（reductionism）和效用论（utilitarianism），都忽略了制度的重要性，新制度主义的兴起就是要改正这种偏差。大部分的政治学

---

① Simon Reich, "The Four Face of Institutionalism: Public Policy and a Pluralistic Perspective", in *Governance: An International Journal of Policy, Administration and Institutions*, Vol. 13, No. 4, October 2000, pp. 501 – 522.

② Immergut, Ellen M., "The Theoretical Core of the New Institutionalism", in *Politics& Society*, Mar. 1998, Vol. 26, Issue 1, pp. 5 – 30.

③ 转引自何俊志：《新制度主义政治学的流派划分与分析走向》，载《国外社会科学》，2004 年第 2 期。

理论学者都赞同这种看法,但理性选择理论学者道宁(1994)则反对这种对行为主义和理性选择理论的"反省"理论,他坚持认为,行为主义能够通过理性选择理论与制度研究实现完美结合。新制度主义的核心观点和主要研究都是沿着马奇和奥尔森的研究方向展开,强调"制度中心论",是新制度主义的共同目标。

在台湾学者陈敦源(2001)[①] 看来,新制度主义的跨学科兴起,形成了"多元统一"。本质上是以经济学阵营和社会学阵营两个学术集团,由各自原始的分析层次出发,依据各自熟悉的研究途径,以制度为共同研究焦点,相互滋养、对话与竞争的一种方法论趋势。以理性选择制度主义与社会学制度主义为代表的两个集团不断自我批判,一方面探索对方的研究领域,一方面扩大自己集团的研究范畴。谢普斯勒认为,新制度主义体现在经济学思维入侵社会学所经营的"制度结构限制"的研究领域,是新制度主义的最主要体现。

在新制度主义中,严格方法论意义上的学科流派划分,真正产生于政治学中的研究路径则是历史制度主义,该方法与旧制度主义共享了"制度在政治分析中心地位、重视制度发展历史的重要性、重视强制力的国家研究"等研究传统(Robertson,1993)。[②] 历史制度主义是新制度主义政治学的重要流派之一,它在研究取向上趋向于历史和制度的融合[③],结构主义和历史过程的结合,在国家和社会关系上强调对多元主义与法团主义的超越,历史制度主义吸纳了历史社会学的有关理论资源、西方马克思主义的结构主义和回归国家学派的相关理论。[④] 站在比较政治学的立场,推动政治经济和政治社会议题的融合。在保罗·皮尔

---

① 陈敦源:《新制度论的范围与方法——一个理性选择观点的方法论检视》,载《行政暨政策学报》,2001年第3期,第152页。

② David Brian Robertson, "The Return to History and the New Institutionalism in American Political Science", in *Social Science History*, No. 1, 1993, p. 3.

③ Peters B. Guy, *Institutional Theory in Political Science: The New Institutionalism*, London and New York: Wellington House, 1999.

④ 何志俊:《结构、历史与行为——历史制度主义的分析范式》,载《国外社会科学》,2002年第5期。

逊和斯科克波尔看来,在当代西方的政治科学中,具有真正意义上的流派应该说只有三种,即行为主义、理性选择理论和历史制度主义。

陈敦源(2001)指出,理性选择制度主义其实源自于两个传统,政治科学中的"实证政治科学"(positive political science)传统和经济学中的"新制度经济学"传统。同时,他还提出理性选择制度主义内部正在通过"交易成本"概念整合"制度功能"和"制度选择",从长期来看,这是制度研究的一体两面。① 一方面,理性选择制度主义最重要的来源是理性选择理论,理性选择理论继承了公共选择理论运用经济学方法来分析政治问题的方法,也就是陈敦源所说的"实证政治科学"。理性选择学者沿着公共选择学派的传统开拓了更具"技术性"的理性逻辑分析,在议会议事规则、政党竞争等议题上取得长足的进展,但也面临了理论困境和难题,部分学者转而开始关注制度问题,谢普斯勒、维恩加斯特、吉利比斯、莫等学者推动了规则转向并关注了理性的制度语境。诚如何俊志(2002)所言,理性选择制度主义代表了理性选择理论内部的"理性"向"制度"的让步。另一方面,传统的理性选择理论还从20世纪70年代以来兴起的新制度经济学那里借用了产权、代理行为和交易成本等概念来发展自己的分析框架。概括而言,科斯对制度起源、诺斯对制度变迁、威廉姆斯对制度结构的精炼总结被理性选择学派用来诠释政治生活的理性与行为。

维恩加斯特对理性选择制度主义的特征予以概括,实证主义的方法论给制度的作用形式带来了强有力的工具,对于比较政治学而言是革新性的;产生了对内生制度的稳定性、形式及生命力的特殊理论;还为分析宏观政治现象提供了微观基础,从而有利于提出更有效的制度理论。微观行为分析与宏观制度分析的融合构成理性选择制度主义方法论的基本特征。②

---

① 陈敦源:《新制度论的范围与方法——一个理性选择观点的方法论检视》,载《行政暨政策学报》,2001年第3期,第154—162页。
② 何俊志、任军锋、朱德米编译:《新制度主义政治学译文精选》,天津:天津人民出版社2007年版,第96页。

就社会学制度主义而言,在社会学中,根据对马克斯·韦伯思想解读有两种不同的制度倾向,一种以斯坦福学派为代表的西海岸标签的社会学新制度主义,一种以哈佛大学和欧洲学者为代表的东海岸标签的社会学新制度主义。哈佛学派与政治学中的历史制度主义相似,该传统继承德国历史学派的韦伯嵌入性传统,保留历史特性观念,将民族国家视为关键单元,国家和政体是制度框架形塑和再生的重要工具,倾向于强调秩序和稳定,强调多元性、穿越时空的制度弹性,同时强调权力决定论在不同国家结构框架的差异。斯坦福学派社会学传统源自于组织分析先驱迈耶(John Meyer)和罗恩,关注组织结构和文化制度的关系,用文化合法性研究组织趋同性,具有明确的问题意识,即制度的象征和组织间传播的形式,关注后工业社会宽泛的制度环境,追求制度的相似性。源自斯坦福学派的社会学制度主义是以"合法性"或"适宜性"为核心概念,而组织分析的新制度主义关注了组织的"趋同性"或"同形性",二者分享了社会结构的宽泛影响,更加强调制度的认知和文化观点,行动的模板和脚本所具有的文化意义。

新制度主义的兴起有着重要的政治、经济、社会背景。发达国家的政治困境和改革,在第三波民主化浪潮冲击之下,许多新兴国家面临政治、社会与制度转型,推动了制度研究风潮的形成。虽然新制度主义以一种更为宽泛的学科定义、更加多样的架构来从事政治制度的研究,但其并非是内在统一的理论,而且各派在制度理论与方法上差异巨大。

新制度主义政治学涵盖了当代西方政治学知识谱系的全部要素,深刻地反映了西方政治学发展的历史轨迹和理论逻辑。朱利娅·布莱克(Julia Black, 1997)认为新制度主义力图把老制度主义关注制度在政治生活中的作用和行为主义关注政治行为两者结合起来。[1] 新制度主义政治学"不再强调政体对社会的依赖性而是主张相对独立的社会和制度因素

---

[1] Julia Black, "New Institutionalism and Naturalism in Socio—Legal Analysis", in *Law & Policy*, Vol. 19, No. 1, January 1997, pp. 52 – 93.

之间的相互依赖性;不再强调微观过程和历史效率性的首要地位而是主张过程的相对复杂性和历史的无效率性;不再强调选择和分配的结果而是主张行为的其他逻辑和意义、象征行为的中心地位"①。

这一时期,政治学中的新制度主义主要代表人物有:马奇和奥尔森(March and Olsen, 1984, 1989);维克多·尼(Victor Nee);保罗·迪马吉奥和沃尔特·鲍威尔(Paul DiMaggio and Walter W. Powell);罗伯特·古丁(Robert E. Goodin, 1996);戈夫曼(Grofman, 1989);让-埃里克·兰恩和斯文特·埃尔森(Jan-Erik Lane and Svante Ersson, 2000);特里·M. 莫(Terry M. Moe, 1984);盖伊·彼得斯(B. Guy Peters, 1999);瑟伦和斯坦默(Thelen and Steinmo, 1992);谢普斯勒和维恩加斯特(Shepsle and Weingast, 1996);奥斯特罗姆(Olstrom, E., 1986);伊梅格特(Immgut, 1998);夏皮夫(Scharpf, F., 1995);彼得·豪尔(Peter A. Hall, 1996);保罗·皮尔逊(Paul Pierson, 2000);彼得·埃文思(Peter Evans, 1985);西达·斯科克波尔(Theda Skocpol, 1992, 1993);科林·海(Colin Hay, 1998)等等。

二、新制度主义政治学的基本理论和主要应用

本部分以20世纪80—90年代新制度主义政治学的理论发展及主要应用为主要的分析对象,对历史制度主义、理性选择制度主义、社会学制度主义三大流派的理论和应用进行了概要分析。为了保证理论的完整性,个别理论和应用并没有严格遵守这种时间划分。

(一) 历史制度主义的基本理论及主要应用

1. 历史制度主义的基本观点

与其他新制度主义流派不同,产生于政治学领域的历史制度主义则

---

① James G. March, Johan P. Olsen, "The New Institutionalism: Organizational Factors in Political Life", in *The American Political Science Review*, No. 3, 1984, p. 738.

呈现出折中主义态度和调和主义特征，一开始就展现出大一统雄心，主要体现在瑟伦和斯坦默（1992）的相关论述中。作为一种中层理论，历史制度主义在国家中心论与社会中心论之外另辟蹊径，试图通过制度比较解决宏大理论与狭义的微观分析之间建立桥梁。历史制度主义体现出情境研究、注重时间维度、过程研究、归纳与演绎、强调关系的特征。主要的历史制度主义学者有瑟达·斯科克波尔、凯瑟琳·瑟伦和斯温·斯坦默、保罗·皮尔逊等。历史制度主义者关注以下几个问题：制度变迁理论、制度效能理论、制度的时间理论、制度与理念、权力关系等理论。

（1）制度变迁理论。历史制度主义的制度变迁主要集中在三个方面：路径依赖理论、断裂平衡理论、制度变迁的动力与方式。20世纪80—90年代，路径依赖和断裂平衡在制度变迁中占据了统治性地位，二者构成了历史制度主义甚至新制度主义的制度变迁理论的核心，在此基础上历史制度主义形成了其制度变迁动力和方式。

1）路径依赖理论最典型的代表是保罗·皮尔逊，他将经济学中的回报增长引入政治学，强调制度、技术和关系不断自我维持和自我强化的功能。这种机制在政治领域也发挥相应的作用，保证制度稳定和延续，形成政治制度的路径依赖特性。莫霍尼（James Mohoey，2000）运用模型分析了路径依赖的自我强化机制；他认为路径依赖强调历史的先后次序，当下的制度革新面临着历史因素的制约与限制，从实用主义、功能主义、权力论和合法性角度分析了路径依赖的多样性解释框架。W. 布瑞恩·亚瑟（W. Brian Arthur，1989）则从文化角度分析了路径依赖，文化的路径依赖机制，进而发现制度学习机制的重要作用。这些学者的研究从各个方面深化了路径依赖理论。

2）断裂平衡理论最早由斯蒂芬·克拉斯纳（Stephen D. Krasner，1984）将此概念引入政治学的制度变迁。他认为从长期来看，制度是稳定的，呈现出一种静态均衡（Stasis），制度变迁只是对突然的、重大危机或"关键节点"（Critical Juncture）作出的反应，之后又恢复制度稳定，并认为制度变迁是由外部危机和环境变化所引起。① 瑟伦（1992）则提出了不同的看法，突发性的出现外部冲击并不是制度变迁的唯一原因，提出"不时被打断的均衡"或"断裂平衡"（Punctuated Equilibrium）的替代模型。

3）制度变迁的动力与方式。古丁认为，制度变迁的动力表现在：第一，在纯粹偶然的、无法预见的环境下，不同制度的交互作用可以产生完全无法预测的新型制度；第二，进化式的变迁模式，在某种选择机制的作用下，最适合社会特定发展阶段的制度得以保留下来；第三，制度可以按照代理人的有目的的设计而发生变迁。② 瑟伦和斯坦默指出，制度性动力的来源主要有：第一，宏观背景（政治、经济和社会）的变化；第二，新的行动者对均衡状态的改变；第三，行动者在制度框架下的目标或策略发生变化；第四，行动者通过调整自身策略来适应制度变迁。两位研究者主张制度变迁的动态约束（dynamic constraints）模型。一方面，行动者的策略调整及相互间的冲突是重要的变迁来源；另一方面，更加关注行动者对外部压力作出的策略性反应。③ 就笔者看来，历史制度主义重点关注了稳定制度条件下的政策变迁动力；制度自身的变迁动力；理念变迁动力。

（2）制度效能理论。它包括制度作用理论、制度能力理论、国家自主性理论等，重点关注制度结构对国家与社会、公共政策、福利政策等政治经济作用及其资本主义国家发展路径的形塑。

1）制度作用理论。该理论将制度视为自变量，研究制度如何影响其他要素的问题。豪尔（1986）认为制度的作用体现在两个方面：制度塑造行动者所追求偏好、目标和实现目标的手段，决定了行动者的

---

① Stephen D. Krasner, "Approaches to the State: Alternative Conceptions and Historical Dynamics", in *Comparative Politics*, Vol. 16, No. 2, Jan. 1984, pp. 223 – 246.
② 〔美〕罗伯特·古丁、汉斯－迪特尔·克林格曼主编：《政治科学新手册》，钟开斌等译，北京：生活·读书·新知三联书店2006年版，第223页。
③ Kathleen Thelen, Sven Steinmo, "Historical Institutionalism in Comparative Politics", in Sven Steinmo, Kathleen Thelen, and Frank Longstreth (eds.), *Structuring Politics: Historical Institutionalism in Comparative Politics*, New York: Cambridge University Press, 1992, p. 16.

利益和行动方式;特定的制度结构决定了行动者的权力地位。① 斯坦默认为制度对政治生活的塑造作用主要体现在三个方面:制度决定政治活动的政治场所;制度塑造行动者的政治策略;制度影响这行动者的目标和偏好形成。② 托马斯·科埃勃(Thomas A. Koeble, 1995)认为制度的设定影响行动者的偏好和目的,制度是选择和偏好的决定性变量,制度通过决策分配偏好。德国学者伊梅格特(1992)根据制度作用理论创造了"否决点"(veto point)理论,在《博弈规则:法国、瑞士和瑞典卫生决策的逻辑》中通过分析三个国家的卫生决策差异,分析了利益集团获得有利政策结果和行政机构使得立法项目通过的能力的差异,进而提出了政治决策的制度动力学。通过否决性立法,制度对行动者的作用得以彰显。瑟伦和斯坦默认为伊梅格特提出的"变动中的否决点"(shifting veto points)是制度作用的重要体现,使我们洞悉政治制度对行动者的作用的细节。否决点理论为我们研究制度作用提供给了新的视角。在制度作用理论中,研究最多的是制度导致政策变化和政策差异方面的研究。总之,否决点是决定政策过程的重要力量,也是影响变迁的重要的制度性因素,否决点由制度结构来决定。

2)国家自主性与制度能力理论。制度能力理论与国家自主性理论密切相关,国家自主性理论是历史制度主义重要一支——"回归国家"学派,该流派有三个重要代表人物:斯考克波尔(1979)认为国家是一种自主结构,具有自身逻辑和利益,且国家利益与社会利益并不重合,国家通过行政权威向社会索取资源,并创立强制性和行政性的组织。诺德林格(1981)在他的《民主国家的自主性》中将民主性国家定义为适应型国家,强调主观自主性,强调内部成员的价值和利益对公共政策及偏好的影响。诺德林格批判了斯考克波尔的观点,细化了国家结构内部

---

① Peter Hall, *Governing the Economy: The Politics of State Intervention in Britain and France*, New York: Oxford University Press, 1986, p. 233.
② Sven Steinmo, "The New Institutionalism", in Barry Clark and Joe Foweraker (eds.), *The Encyclopedia of Democratic Thought*, London: Routlege, 2001, p. 782.

要素的偏好形成作用，揭示民主国家的自主性内涵和来源。"回归国家"的代表人物彼得·埃文斯（1995）则进一步指出国家自主性与社会嵌入的互动关系。

制度能力理论也将视制度为自变量，制度能力理论的代表是罗伯特·杰克曼（Robert Jackman）的名著《不需要暴力的权力：民族国家的政治能力》与马修·兰格和迪特里希·鲁斯切梅（Matthew Lange and Dietrich Rueschemeyer）的《国家与发展：停止和进步的历史前提》。罗伯特·杰克曼引入"制度年龄"概念作为时间标准来诠释国家能力，将国家能力作为政治能力的中心，国家自主性则是国家能力的重要表现，自主性的国家是国家能力的基础。国家能力包含两个关键因素：制度和合法性。制度是国家能力的核心，制度的稳定性和持久性及"制度的调适能力"，关注了制度的重要性和脆弱性。兰格和鲁斯切梅研究了国家制度和经济发展之间的关系，运用国家能力的概念和方法分析制度对经济发展的作用。

（3）历史制度主义的时间理论。历史制度主义特别重视从历史维度和历时过程来分析制度演化过程，分析时间因素对制度结构和政策变迁的影响。

1）时间序列理论。皮尔逊的时间序列是历史制度主义时间理论的重要组成部分。他把时间要素概括为：路径依赖、关键节点、时间序列、事件序列、持久性、意外结果。皮尔逊强调自我强化和积极反馈，提出的时间序列包含在路径依赖理论中，自我强化机制具有四个特征：多样平衡、偶然性、时间和序列、惰性，这些要素的共同作用形成了历史的复杂演变。皮尔逊研究了时间序列的三种积极反馈模式：简单的解释自我强化过程；显著过程的时间序列因为最早出现事件及过程将触发积极反馈，对结果产生决定作用；纳入对序列的较宽范围分析中的自我强化过程。第一种类型关注单一发展动力而非复杂的时间排列；第二种类型强调了时间序列的作用，关键时间和过程的时间排列方式决定发展的路径；第三种类型是积极反馈的顺流效应，事件或过程在后面发生将不同于他们在其他时间发生的作用，类似于博弈论的先行者的效应。① 在进行序列分析时,皮尔逊引入了政治空间和社会能力。莫霍尼(2000)将戈德斯通(Goldstone)对英国工业化的革命过程区分为三个序列:环境序列、文化序列和工业化蓄力,并分析了三个序列各自的发展逻辑。时间序列分析方法将路径依赖、关键节点、断裂平衡等重要概念串联起来,形成历时制度的理论框架。

2)追溯历史过程理论。在历史制度主义的时间理论中,很多学者关注历史演变的长期过程,皮尔逊(2004)对"长期过程"的追溯分析最具代表性,他首先通过原因的时间视域和结果的时间视域,分析了三个因果过程类型的特征:积累性原因、阈值效应和因果链。运用因果链分析的研究主要集中在国家建设、民主化等问题的分析,体现在皮尔逊的《设计的局限:解释制度的缘起和变迁》、《回报率递增、路径依赖和政治学研究》。其他代表性的研究者有利伯特(Luebbert,1991)、科利尔(Colier)。

3)关键节点理论。这一概念用来分析历史过程中的某个特殊的时间点,这个点上发生的重大的政治事件,对后面的历史发展产生重大影响。在关键节点理论的研究和运用中,最具代表性的作品是科利尔夫妇的《型构政治场域》。科利尔夫妇强调关键节点包含三个部分:每个案例中出现重大的变迁的观点;变迁在不同案例中以不同的方式发生的观点;变迁后果的解释性假设。他们的模型包括:前提条件、遗产、关键节点、断裂、传统遗产核心要素的稳定性、与连续因果关系有关的对立性解释、遗产的终结等要素。关键节点以不同的方式出现,通过再生产机制,对后面的制度产生影响。分析了拉美地区政治制度在历史演变过程中的特殊性,尤其是在特殊时刻所遇到的政治变量而导致的制度遗产的差异。Gameron G. Thies(2001)在《乌拉圭回合农业协定的历史制度分析》中运用这一模型分析了乌拉圭回合的制度影响。盖尔和巴盖尔(2002)在他们合作的论文《关键节点、劳工运动和以色列职业福利的发

---

① Paul Pierson, *Politics in Time: History, Institutions, and Social Analysis*, Princeton and Oxford: Princeton University Press, 2004, pp. 64 – 67.

展》中也运用这一模式来分析劳工运动和以色列福利制度发展的关系。

4）事件的时间性与偶然性。历史制度主义对时间性的认识，也就是时间观，区别于结构功能主义的目的论时间观，也不同于斯科克波尔为代表的实验性时间观，历史制度主义坚持事件性时间观。以重大事件为研究对象，强调了事件的现实性、重要性和完整性特征，事件引起结构性转变，进而引起历史性改变，事件性时间观可以包括三个方面的特征：社会关系的路径依赖性、时间上异质的因果性和全面的偶然性。①

（4）制度与理念和文化、利益的关系。利益、观念、文化和制度之间的结构性关系一直是历史制度主义关注的核心。"从制度、利益和观念之间的结构性互动中来分析变量之间的相互关系，才是历史制度主义分析框架的真谛所在。"② 历史制度主义所具有的关系特征，包括制度与个体、行动与政策、国家与社会、权力与利益等关系。历史制度主义的假设中，制度从来就不是政治结构的唯一因素，将经济发展与观念因素整合到制度范畴是历史制度主义，使得制度因果链条影响了政治过程的复杂程度。

1）历史制度主义重视权力斗争对制度的影响，解释制度性权力的作用。豪尔和泰勒（1996）就讨论了权力的非对称性关系，强调制度和权力的直接关系。同样的，皮尔逊（2000）也指出了路径依赖、回报递增和权力对称的关系。伊梅格特（1996）认为制度是行动者的权力斗争，"采取更为宏观的社会学研究路径，并且以权力导向的视角进行研究，进而关注不同历史时段下政治、国家与社会的相互关系"③，研究各种新式的结构性权力。斯坦默（1993）对制度如何影响决策过程中的权力分布进行了分析，认为"制度不仅改变了决策过程中参与者权力的分布，而且决策的制度结构也深深影响了利益集团、政客和官僚自身政策偏好

---

① 参阅刘圣中：《时间中的政治——历史制度主义的制度历史分析》，载《甘肃行政学院学报》，2009 年第 2 期，第 113—114 页。
② 何俊志：《结构、历史与行为》，复旦大学博士学位论文，2003 年，第 104 页。
③ Ellen M. Immergut, "The Theoretical Core of the New Institutionalism", in *Political & Society*, Vol. 25, No. 1, 1996.

的产生"。这些学者的研究都印证了历史制度主义所特有的关系特征。

2) 历史制度主义者中,在运用理念分析制度方面,豪尔是最典型的代表,在豪尔(1986,1989)的一系列著作中都以一贯之地认为经济理念对经济政策和制度有着决定性的作用,制度受到了制度结构和观念的制约。沃尔什(James I. Walsh, 2000)关注了理念对政策的影响,从执行机关权威的分散和集中度、社会对新理念的反应程度两个方面分析英国的政策类型。安德烈·勒库尔斯(Andre Lecours, 2000)关注制度与文化认同的关系,在制度的定义、制度的作用和历史的无规则性与偶然性方面强调文化认同的作用,认为文化认同与历史制度主义有方法论上的亲近,也强调制度与文化认同的复杂关系。制度与文化认同的关系主要运用于欧洲一体化研究,分析欧洲的制度、观念与政策相互促进。利伯曼(Lieberman, 2002)提出了"摩擦论"(friction),认为理念和制度都不能独自解释制度和变迁,制度和理念的摩擦产生了政治变迁的机会和因果机制。布莱斯(Mark Blyth)在其著作《大转型》中分析了经济理念和政治变迁间的关系:理念与制度的不匹配,理念在制度转型的各阶段的作用;理念促进制度化转型的过程。①

3) 理解理念、制度和利益之间的关系。彼得斯(1999)曾提出行动者如何创新或改变主流理念?行动者如何透过现有制度结构推展新理念?理念如何决定制度的本质、如何形塑个体行为?新制度主义更多地关注制度生成、变迁中观念、权力与制度的相互影响和互动作用。历史制度主义强调了冲突、权力斗争和制度中行动者权力地位的不平等,在这种以权力冲突框架前提下,制度生成和变迁的模式有三种:第一种是以道宁为代表的革命制度论,强调旧制度在外部压力下发生内部冲突。第二种是在没有外部压力的情况下,旧制度的内部冲突所引发的制度变迁,现代社会越来越趋向了这种变迁方式。最重要的一种,就是新观念输入,引起利益的整合和旧制度的变革。迪斯蒙特·

---

① Blyth, M., *Great Transformations: Economic Ideas and Institutional Change in the Twentieth Century*, Cambridge UK: Cambridge University Press, 2002.

金（Desmond King）分析了保守主义观念对福利规划制度与权力调整的影响①，韦尔（Margaret Weri）对雇佣革新的制度分析都是对权力、理念对制度的作用，以解释在特定制度局限下的观念变革如何能导致政策变化。②

2. 历史制度主义的主要应用

早期的历史制度主义的研究主要集中在四个方面：国家的政策网络研究、法团主义的法团结构研究、利益集团的差异性研究、制度理论概括的总结。开始是一种从历史和制度角度进行的公共政策研究，随着理论框架的不断扩展，逐渐成为以历史背景和制度结构为取向的研究范式，在我国学者何志俊看来，历史制度主义研究主要有三个向度，制度研究传统、公共政策传统、文化理论研究传统。③ 作者认为，历史制度主义的研究主要从以下方面展开：

（1）国家间公共政策的制度比较研究。从历史制度主义角度看，早期的新制度主义者包括波兰尼《大转型》(1944)、摩尔《民主和专制的社会起源》(1966)、斯考克波尔的《国家与社会革命》(1979) 的理论被认为是新制度主义的源头之一。这些研究大多集中在公共政策的跨国比较研究。"波兰尼对新制度主义方法所作的意义深远的贡献是他的洞察力，即国家在没有管制的市场的建构过程中具有决定作用以及他的嵌入性概念"④，被认为是历史制度主义"关键节点"理论的起源；摩尔重视历史要素的运用，分析历史与现实的结构性关联，强调历史因果与时间序列性，同时强调了其对制度分析的运用，开辟了因变量作为制度分析的历史传统模式；斯考克波尔运用综合性的比较历史方法，分析国内

---

① Desmond King, *Actively Seeking Work*, *The Politics of Unemployment and Welfare Policy in the United States and Great Britain*, Chicago: The University of Chicago Press, 1995, pp. 167–214.

② Margaret Weir, "Ideas and the Politics of Bounded Innovation", in Sven Steinmo, Kathleen Thelen, and Frank Longstreth (eds.), *Structuring Politics: Historical Institutionalism in Comparative Analysis*, Cambridge: Cambridge University Press, 1992, pp. 189–210.

③ 何俊志：《结构、历史与行为》，复旦大学博士学位论文，2003年，第10—15页。

④ 薛晓源、陈家刚主编：《全球化与新制度主义》，北京：社会科学文献出版社2004年版，第97页。

阶级结构、国际压力和国家自主性的逻辑关系和政治过程，产生了巨大的学术影响。这些研究的焦点都放在制度塑造行动者目标与偏好，影响行动者之间的权力分配。

彼得·卡岑斯坦和埃里克·A. 诺德林格是历史制度主义的代表人物，他们的早期著作也可以划入制度主义早期研究的阵营。卡岑斯坦的《权力与财富之间》（1978）从政治经济学的角度，着眼点落实到具体的国家对外政策，强调对"政策网络"的制度分析，强调国内政治体制对国际经济的影响。作者对比了以英国、美国为代表的自由主义政策，以日本为代表的重商主义政策，以意大利、法国、德国为代表的折中政策，分析了政策工具三个方面的差异：意识形态、制度变迁、商贸货币。最后，作者在国家权力的集中与分散程度、国家与社会的联结方式、社会内部的集中与分散程度三个方面找寻政策差异的原因。诺德林格的《民主国家的自主性》与斯考克波尔的"国家中心论"一脉相承，并延伸和扩展了斯考克波尔的观点，重视国家偏好及其与社会偏好的关系，将民主国家纳入自主性分析范围，对民主国家通过提高自主性实现利益进行了详尽诠释。

（2）国际问题和欧盟方面的研究。维多利亚·哈塔姆关注了欧洲法院（European Court of Justice）长期以来并没有对欧盟政治产生关键性影响，但它在《欧洲单一法案》（Single European Act）方面所起到的作用，使其成为协调各国关系的重要制度，其地位也愈益举足轻重。[①] 主要代表成果有皮尔逊（1996）的《通向欧洲一体化的路径：一项历史制度主义的分析》、柏吉尔等人（1996）所著的《国家的多样性与全球资本主义》、彼得·豪尔和戴维·索斯凯斯（David Soskice）（2001）主编的《资本主义的

---

① Victoria C. Hattam, "Institutions and Political Change: Working-class Formation in England and the United States, 1820 – 1896", in Sven Steinmo, Kathleen Thelen, and Frank Longstreth (eds.), *Structuring Politics: Historical Institutionalism in Comparative Politics*, New York: Cambridge University Press, 1992, pp. 155 – 187.

多样性：比较优势的制度基础》。① 保罗·皮尔逊运用路径依赖理论和锁定机制分析欧洲一体化的问题，同时考察因果关系的复杂性和偶然事件带来的政策的"意外后果"，强调时间因素对欧盟制度变迁的影响。

（3）发达国家的经济政策与福利制度。该领域的研究成果集中关注英美等发达国家在社会经济政策方面的差异性、多样性、复杂性。主要的代表成果有彼得·豪尔的《治理经济》（1986）和斯坦莫的《税收与民主》（1993）。豪尔强调了非正式网络组织在塑造行为者、影响政策结果方面的作用。豪尔将政策的结果归结于国家的组织结构以及塑造该组织结构的历史经历，而制度恰恰建构了国家的社会关系和政策的方向。斯坦莫的《税收与民主》研究发达国家的税收政策差异，通过理解政治制度与历史和经济背景互动来提供更加广泛的历史解释，解释制度的差异性成因和后果。通过研究发达国家的基本经济社会制度，研究制度的特殊历史过程和制度模式的复杂表现，该领域出现了一大批优秀的研究者和作品。代表性作品有艾斯平·安德森的《福利资本主义的三个世界》（1992）、斯考克波尔的《保卫战士和母亲》（1992）、保罗·皮尔逊的《拆散福利国家：里根、撒切尔和紧缩政治学》（1994）、《福利制度的新政治学》（2001）等著作及系列论文。

（4）政治过程与社会变革方面。关注民族国家内部的政治权力运作和发展中国家社会变迁。主题宏大的，时段是长期的。介绍发展中国家政治变迁研究的历史制度主义代表作品有：科利尔夫妇的《型造政治场域：关键节点、劳工运动和拉丁美洲政体动力》（1991）、林茨的《民主转型与巩固的问题：南欧、南美和后共产主义欧洲》（1996）、道宁的《军事革命和政治变迁：早期现代欧洲民主和独裁体制的起源》（1992）、埃特曼的《利维坦的诞生：中世纪及现代早期欧洲国家与政权建设》

---

① See Paul Pierson, "The Path to European Integration, A Historical Institutionalist Perspective", in *Comparative Political Studies*, Vol. 29, No. 2, April 1996, pp. 123 – 163; Suzanne Berger and Ronald Dore, *National Diversity Global Capitalism*, Ithaca and London: Cornell University Press, 1996; Also see: Peter A. Hall and David Soskice, *Varieties of Capitalism*, *The Institutional Foundations of Comparative Advantage*, New York: Oxford University Press, 2001.

(1997)、斯科伦内克的《总统政治》(1997)、《构建一个新美国》、汉森（John Mark Hansen）的《获得接近的机会：国会与农业游说，1919—1981》、阿龙·弗雷伯德格（Aaron L. Friedberg）的《笼罩在住房国家的阴影下》等、大卫·巴克曼（David Bachman）的《中国的官僚、经济与领导：大跃进的制度根源》①、迪特里希·鲁斯切梅和斯蒂芬斯（Jone D. Stephens）的《资本主义的发展与民主》、福罗拉（Peter Flora）的《国家形成、国家建设与大众政治》。②

（二）理性选择制度主义的基本理论及主要应用

1997 年，缪勒在《公共选择理论》中展望理性选择理论的发展趋势时指出，必须将行为分析和制度分析相结合。理性选择制度主义继承了理性选择理论的推理逻辑，共享着一套典型的行为假设：认为偏好是稳定的，行为是偏好最大化的工具，而且行为具有高度策略性，这种策略性算计受到规则的约束。③ 按照盖伊·彼得斯的分析，理性选择制度主义有几个共同假设：第一，基于个体行动者追求利益最大化的理性行动为前提预设；第二，制度约束和激励不能改变偏好，只能改变行动者的策略选择，核心目标是预期结果的实现；第三，制度是一种控制方式，所有行动者在制度约束和激励下，理性行动的方式大都相同；第四，理性选择制度主义对已经存在的制度不做预设，制度可以经由制度设计改变激励和行为。

---

① 参见 Stephen Skowronek, *The Politics Presidents Make*, Cambridge: The Belknap Press of Harvard University, 1993; *Building A New American State*, Cambridge: Cambridge Press, 1982; John Mark Hansen, *Gaining Access, Congress and the Farm Lobby*, 1919 – 1981, Chicago and London: The University of Chicago Press, 1991; Aaron L. Friedberh, *In the Shadow of the Garrison State, America's Anti-Statism and Its Cold War Grand Strategy*, Princeton: Princeton University Press, 2000; David Bachman, *Bureaucracy, Economy and Leadership in China, The Institutional Origins of the Great Leap Forward*, Cambridge: Cambridge University Press, 1991。

② Dietrich Rueschemeyer, Evelyne Huber Stephen and Jone D. Stephens, *Capitalist Development and Democracy*, Chicago: The Chicago Press, 1992; Peter Flora, *State Formation, Nation-Building, and Mass Politics in Europe*, New York: Oxford University Press, 1999.

③ 罗春华、吕普生：《理性选择制度主义的制度变迁理论与模式》，载《江西农业大学学报（社会科学版）》，2011 年第 3 期，第 91—92 页。

1. 理性选择制度主义的基本观点

(1) 制度的内生性与外生性理论。早期的理性选择理论认为制度是外生的或给定的。制度作为外生变量的约束的定义先由谢普斯勒（1979）提出，后由诺斯（1990）进一步作出阐述。威廉姆斯·赖克（1980）批判了这一提法，随后安德鲁·肖特（Andrew Schotter）和卡尔弗特（1981，1995）发展了内生性制度的解释。谢普斯勒（1986，2006）区分了外生性和内生性制度。维恩加斯特（2000）也围绕这一区分重新审视了理性选择制度主义。克劳福德和奥斯特罗姆（1995）和奥斯特罗姆（2005）等很多学者都提出了可替代分析框架。提出内生性制度理论，并试图与外生理论结合起来，以期更完整地解释制度变迁。

巴里·维恩加斯特（2000）指出实证层面的制度研究，涉及两个分析层次：外生的制度与内生的制度。第一个分析层次的研究主要涉及制度的功能或制度的影响，视制度为固定不变的和外生的；第二个分析层次关注制度为什么会呈现出特定的形式，旨在解释制度的多样性，视制度为内生的。前者始终关注的是制度的存在条件，以及制度变迁的影响；后者首先关注的则是制度本身，以及条件变化所带来的影响。内生制度理论的提出，调整了理性选择理论制度外部给定假设，使得制度更有自主性。伊泰·悉奈德（Itai Sened）也关注了制度的内生性，他将个体意愿和能动对政治制度创设和确立的作用紧密联系，关注了内生制度中的个体能动和制度创设能力问题。[①]

(2) 关于制度设计的理论。制度设计理论与制度的内生性密切相关，理性选择制度主义高度重视制度设计问题，托马斯·科埃勃（1995）指出，"制度被设计出来使交易关系变得稳定，促成自利个体之间的合作行为，并让交易成本降至最低"。理性选择制度主义对制度的认识主要集中在规则方面，制度并不会在需要时自动出现，而必须经由行动者的创设。好的制度是经过设计的，设计有好多种方法，制度设计时要充

---

① Itai Sened, "Contemporary Theory of Institutions in Perspective", in *Journal of Theoretical Politics*, Vol. 3, 1991, pp. 379–402.

分考虑制度的经验因素和规范因素。有意识的制度设计对理性选择制度主义非常重要，如特里·M.莫（1984）关于规则操作性和班克斯（Banks, 1995）行动者契约关系的创建和信息分享，认为制度设计是一种建立在理性基础上的建构行为。按照古丁（1996）的观点，制度的设计是制度生成理论中最重要的一种方式。[①] 他强调制度的有意识设计和"优化设计"，分析了制度设计的机会和障碍，他认为好的制度设计可以归纳为四个特征：制度是可以修订的，强大的，可以公开辩护的，能够变动和实验的。制度设计需要吸收技术规则和规范价值、符号和认知框架。卡罗尔·索尔坦也指出，理性选择和设计方式对于理解制度过程意义非凡，制度的设计需要重视人的"智识能力"（human intelligence）的作用，制度是设计的产物。[②] 奥斯特罗姆认为制度设计是规则制定者和规则执行者共同博弈的结果，他批判了一些制度主义者则对制度设计持消极的态度，质疑其实证的效果。Dryzek 认为制度设计需要使规则有"粘性"，通过细致的途径使制度产生粘性，政治制度要灵活，但不是"易碎的"，应该调适而非剧烈的变动，适应新环境而非被新环境毁掉。制度设计要包含一系列清晰的、偏好共享的价值，制度设计成功有赖于话语转变和劝说主张这样的"软件"和规则、权利和操作程序这样的"硬件"。[③]

理性选择制度主义的这种功能性的、意图主义的制度变迁受到了历史制度主义的质疑和攻击。在其他新制度主义者看来，强调制度的生成是无意识的结果或者说作为嵌入式的规范、价值、规则和惯习的制度过程是无法控制的。同时，与人类的有限理性和有限知识、对时间因素的忽视都会使制度设计困难重重。

（3）关于制度均衡的理论。制度均衡理论的主要代表人物有谢普斯

[①] Goodin, R., "Institutions and Their Design", in R. Goodin (ed.), *The Theory of Institutional Design*, Cambridge: Cambridge University Press, 1996.

[②] Karol Soltan, "Institutions as Products of Politics", in Karol Soltan, Eric M. Uslaner and Virginia Haufler (eds.), *Institutions and Social Order*, Ann Arbor: The University of Michigan Press, 1998, p. 51.

[③] Dryzek J., "The Informal Logic of Institutional Design", in R. Goodin (ed.), *The Theory of Institutional Design*, Cambridge: Cambridge University Press, 1996, p. 104.

勒（1989）是理性选择理论中制度研究重要的发现者和推动者。在谢普斯勒看来，所有与制度相关的研究都可以纳入理性选择制度主义，在引入制度分析的过程中，选择了均衡作为制度切点，规则和偏好的结构性特征，形成了"结构诱致均衡"（structure-induced equilibrium）的研究路径。谢普斯勒在《制度的均衡与均衡的制度》（1986）一文中提出了该理论，"不仅要根据理性行动者的偏好及最大化行为，还要根据制度性特征来解释社会性结果"。一方面，更为关注现实的社会选择，注重结构性特征，并强调程序的重要，避免了理性选择理论的个体理性加总的分析弊端；另一方面，强调制度的规则特征。谢普斯勒在《制度研究——理性选择研究的教训》（1989）一文中分析了导致均衡的最重要的两个制度性因素：次序（sequence）和个体身份（identity of individuals），次序从行动的先后顺序、时机与步骤的策略性选择入手，而个体身份则是关注选择的优先性和适当性因素。前者重视规则和程序，后者关注理性和选择。

根据陈敦源（2001）对理性选择理论向制度分析转向所作的梳理，理性选择理论内部争论的主要交锋点就是制度在不稳定的政治世界或政策空间（policy space）之中为何表现出稳定，以某种均衡状态作为形式的稳定性的存在多大程度上同制度相关。谢普斯勒（1979）针对这个问题提出：结构诱致均衡（structure-induced equilibrium）是使理性无序转向组织有序的政策结果。他强调了理性选择中"制度的重要性"，"制度或结构诱致均衡"理论推动了理性选择理论研究的制度转向。而谢普斯勒的老师、"实证政治理论"的创造者、著名理性选择理论者威廉·赖克（William H. Riker）（1980）却对此提出质疑，认为制度实际上是个人偏好的聚集，是一种偏好诱致均衡（preference-induced equilibrium），而偏好就其本质而言是不稳定的，那么制度又何以成为均衡的诱因？如果要将制度视为均衡的重要因素，那就必须承认制度是人们共同选择的结果，既然人们可以根据偏好选择制度，那么制度选择就会"遗传"（inherit）政策选择的不稳定性。谢普斯勒则从两个方面回应了赖克的质疑：强调时间性因素，历史所残存的结构因素会影响制度的稳定；强调制度选择领域相对于政策领域的独立性，杜绝"不稳定"的遗传作用。威廉·赖克提出制度选择重要的"遗传问题"(problem of inheritability),他指出,"没有一项制度是新创造的","任何新制度都应看做以往因素的残留物"(hangovers from the past),这个问题的提出被认为是理性选择理论开启了制度研究的大门。

(4)制度自我强化理论。美国学者巴里·维恩加斯特(2000)在《制度制度:理性选择的视角》中关注了内生性制度,运用理性选择方法研究制度的稳定性和稳定模式,提出了制度"自我强化"(self-enforcement)的概念。他指出,"自我强化"的制度有两个条件:一是它必须使特定主体有可能改变制度;二是它必须能够揭示行为主体为什么没有动力改变制度。运用平衡规则分析南北战争前的美国政治稳定,平衡规则为联邦制提供了制度保障;对西欧农奴制的崩溃从制度变迁和制度稳定的角度进行了分析,得出制度对行为持久性的影响与潜在的变迁倾向造成稳定的制度必须是自我强化的概念。

2. 理性选择制度主义的主要应用

维恩加斯特(2000)分析了理性选择制度主义的应用领域,关注西方发达国家主要政治制度(政党、立法机关、法院、选举和官僚机构)功能,国际关系和发展中国家的腐败、革命等问题。彼得斯认为理性选择制度主义的有关文献倾向于集中关注两种类型的制度:官僚机构和立法机构。近年来理性选择制度主义者关注的领域有:运用博弈论来分析地方公共治理、欧洲区域一体化的制度实践、国际经济政治和组织间关系等问题。

(1)作为政治经济学的制度理论研究。在实际研究中,新制度主义经济学、经济社会学、政治经济学、理性选择制度主义的研究领域和内容往往交叠重合,从方法论和演技对象上有很强的相似性与一致性。诺斯在《经济史中的结构与变迁》中增加了"非正式约束"作为补充,他提出制度是由一系列社会认可的非正式约束、国家规定的正式约束及其实施机制所构成;丹尼尔·W.布罗姆利在《经济利益与经济制度:公共政策的理论基础》中、青木昌彦在《比较制度分析》中对制度变迁进行了深入的分析,提出主观博弈论,即内生的博弈规则。这样的著作还有盖伊·彼得斯的《理性选择理论与制度理论》(1999)、维恩加斯特的《政治制度：理性选择的视角》(2000)、谢普斯勒的《制度研究——理性选择研究的教训》(1989)。休·E. S. 克劳福德（Sue E. S. Crawford）和埃里诺·奥斯特罗姆（Elior Ostrom）的《制度的语法》等作品。

其中，在《公共治理之道》一书中，埃莉诺·奥斯特罗姆通过对公共池塘资源这一准公共物品的考察对制度分析框架构建作出重要贡献。探讨如何运用制度解决公共池塘的治理困境，主要解决个体理性与集体理性的冲突，个体理性的盲目性和自发性导致的集体理性的无效性和无序性，治理困境的实质是理性困境引发的制度供给需求。公共池塘资源的占有和资源提供问题，必须对资源分配的架构进行制度设计，潜在的结构和具体场景决定了问题的复杂程度。基于资源占有和资源提供问题必然存在的假设，基于对问题的分层和对代理产生出的供给、承诺和监督问题的思考，奥斯特罗姆提出了制度分析的框架。在对制度的整体性思考的基础上，区别了操作层次的规则、集体层次的规则和基本规则（宪法规则），形成三个层次的规则体系，强调高层次规则对低层次规则的影响和固定。经过对整套框架的思考，埃莉诺·奥斯特罗姆勾勒出理解制度过程多样性的核心问题与分析方法。就分析层次而言，奥斯特罗姆关注的是操作层次和集体层次的规则约束和相互关系。

（2）关于美国国会的研究。早期的理性选择制度主义者都是从关注国会难题而转向制度研究的。谢普斯勒和维恩加斯特在《议会的制度基础》(1987) 一文中，围绕国会之中的专门委员会（committee）的运作机制，对国会中议题筛选、法案引导和议事过程的规则和程序进行了分析，对法案从酝酿到实施表决的具体过程和结果进行了研究，对委员会在国会中的作用模式进行了总结，这一模式认定控制政策议题的国会就是议程设置者，这些研究还涉及国会对官僚机构的影响。凯斯·科瑞比尔（Keith Krehbiel, 1991）在其经典性的著作《信息与立法组织》中关注政治中的信息问题，分析了美国国会委员会成员的权力关系对法案获得通过的影响。这样的著作还有麦克库宾斯和泰瑞·苏利文（Mathew D. McCubbins and Terry Sullivan, 1987）的《议会：结构与政策》；在谢普斯勒和维恩加斯特的《议会制度的实证理论》（1994）中，法里约翰（John Ferejohn）与菲奥里那（Morris Fiorina）在"立法行为的目的性模式"中对宪法和官僚机构进行的研究。

（3）关于制度性权力的研究领域。理性选择制度主义者对权力的关注首先来自对国会中权力的不对称性研究。杰克·奈特（Jack Knight）在其代表作《制度与社会冲突》（Institutions and Social Conflict）中从冲突性视角分析了制度的权力基础，他认为制度收益和集体目标的实现来源于权力冲突，制度的分配性服从于权力的冲突性，集体目标实现的基础是制度性权力的冲突与分配。① 特里·M.莫进一步从权力角度分析制度安排以及两者之间的关系，认为权力是理解政治制度的实质要素（essential），制度运行的基础是权力结构，而不仅仅是合意性结构，他对理性选择制度主义者对议会、立法和利益集团、行政机关的权力问题的分析持赞同的态度，强调权力的基础性地位和结构性作用。② 诺斯认为政治制度"也许是合作的结构，但也可能是权力的结构"。很多理性选择制度主义者将制度变迁视为是对资源分配的权力冲突，维恩加斯特在阐释制度的影响时，强调议会中地位优势者通过对议程设置掌握了垄断性权力。③ 杰克·奈特主张制度起源于利益政治斗争，"一场行动者之间的斗争，目的在于通过相互之间达成均衡从而制定最有利于自己的规则"④，认为资源分配的权力斗争是制度变迁背后的驱动力。

（4）关于欧盟权力演变的研究。理性选择制度主义对欧盟的研究可谓"情有独钟"，其理论优势和方法论特点非常明显，其对于行动者和能动的强调，对"结果性"逻辑的遵从，都有利于对欧盟进行多层次、

---

① Knight, Jack, *Institutions and Social Conflict*, New York: Cambridge University Press, 1992, p. 19.
② Terry M. Moe, "Power and Political Institutions", in Ian Shapiro, Stephen Skowronek, and Daniel Galvin (eds.), *Rethinking Political Institutions: The Art of the State*, New York and London: New York University Press, 2006, p. 32.
③ Bates, R. H., Greif, A., Levi, M., Rosenthal, J. L., Weingast, B. R., *Analytic Narratives*, Princeton: Princeton University Press, 1998.
④ Knight, Jack, *Explaining the Rise of Neo-Liberalism: The Mechanism of Institutional Change*, Cambridge: Cambridge University Press, 1999, p. 20.

多角度的分析。事实上，几十年来欧盟权力变迁的制度实践提供了密集的制度范本，使得欧洲权力拓展和一体化过程成为一个丰富而多维的研究议题，受到新制度主义各流派的持续关注。对欧盟权力的研究最早可以追溯到政治学者弗里茨·沙普夫，他在 1988 年对欧盟的"共同决策的陷阱"问题进行了分析，指出了政策刚性带来的政策陷阱和制度对立。① 乔治·泰斯比利斯（George Tsebelis）和杰弗里·加勒特（Geoffrey Garrett）也尝试运用理性选择理论分析欧盟的决策机制问题。理性选择理论在欧洲联盟中的运用主要基于对立法、司法、政策执行三个方面的分析。在政策执行层面，研究者关注了欧盟的超国家权力和代理者，结合财政、预算等问题从成本和效率的角度对各个欧盟国家的权力授予与分配进行了比较，分析了超国家制度的程序和实施。在立法层面，对欧盟制度规则的设定和议事机构进行了持续的跟踪，关注对于权力的流动和分配、礼让制度、管理机构、咨询委员会等机构的具体机制。在司法方面，分析了欧盟制度体系中的监督、仲裁机制，例如杰弗里·加勒特对欧州法院自治权的研究。在欧盟权力研究方面主要的学者还包括亚历克斯·斯威特（Alex Sweet）和韦恩·桑德霍尔茨（Wayne Sandhohz）、梵比·弗兰基诺（Fabio Franchino）、伯特霍尔德·里特伯杰（Berthold Rittberger）等。②

（5）关于分析叙事的历史分析。罗伯特·H. 贝斯、阿纳·格雷夫、玛格丽特·莱维、让-劳伦·罗斯萨尔、巴里·R. 威恩加斯特在《分析性叙述》（1998）一书中将理性选择理论（如博弈论）和案例研究的历史、叙述相结合，通过对具体案例的分析，探讨了政治和经济间的互动，政治秩序与国家间关系，并强调制度在其中的作用等问题。与历史研究注重历史资料的搜集与整理，深入了解特定历史事件的内涵与意义不同，理性选择学派学者接触历史的目的，是由史料来检定特定的理性选择的

---

① Scharpf, F. W., "The Joint-Decision Trap: Lessons from German Federalism and European Integration", in *Public Administration*, No. 3, 1988, p. 66.
② 参阅赵丽：《欧洲联盟权力演变的新制度主义解释》，载《国际关系学院学报》，2012年第 3 期，第 44 页。

理论，他们重视的是以理论解释为核心的历史研究，而非单纯为了了解某一历史事件的内涵而作的努力。① 这些研究者的研究尝试进行更一般的归纳分析性的"脉络"分析，这可以视为理性选择制度主义的方法的调整，研究了社会与国家层面上个体行为如何与制度环境和特定的文化实体相适应。

这种方法还体现在沙普夫和雷娜·迈因茨（Fritz W. Scharpf and Renate Mayntz, 1995）提出的"以行动者为中心的制度主义"（actor-centered institutionalism）。1997 年沙普夫运用博弈论对奥地利、英国、瑞典、和西德展开政策研究，以此途经进行公共政策的经验研究。该途径假设社会现象是个体行动者、集体和公司行动者相互作用的结果，同时这些结构性的交互结果是由其发生时所处的制度性环境所塑造的。与制度约束下的集体行为结合起来，认同"有限理性"或"以行动者为中心的制度主义"这些基本假设。②

（三）社会学制度主义的基本理论及主要应用

1. 社会学制度主义的基本理论

如前文所述，广义的社会学制度主义主要包括规范制度主义、组织分析中的新制度主义。这三者可以称为社会学制度主义的三个研究途径或三个变体，它们关注社会学制度主义的不同方面且有一定差异，但这不影响它们共享社会学制度主义的突出特征和基本主张。

豪尔和泰勒（1996）就指出社会学制度主义关注制度的"正当性"或"社会适宜性"，分析了组织发展的"社会适应逻辑"（Logic of Social Appropriateness），主张"文化途径"的研究路径，强调制度安排涉及文化权威（cultural authority）问题。

（1）制度同形性理论。在组织分析的新制度主义研究途径的主张

---

① Bates, R. H., A. Greif, M. Levi, J-L Rosenthal, B. Weingast, *Analytic Narratives*, Princeton: Princeton University Press, 1998.
② Scharpf, F. W., *Games Real Actors Play: Actor-centered Institutionalism in Policy Research*, New York: Westview Press, 1997, pp. 4 – 6.

中，制度同形性理论关注了个体理性差异和不确定性条件下的组织、结构和实践相似性，现代组织强大的同形性动力产生制度同形性（Isomorphism）问题。制度同形性包括强制性同形性、模仿性同形性和规范性同形性三种方式。保罗·迪马乔与沃尔特·W.鲍威尔认为：制度同形性是制度变迁的结果，渗透在现代政治生活的程序和仪式中，对于组织而言，同形性既包含文化要素和规范价值，又是推动组织同质性有用的输出工具，是理念和实践扩散的逻辑力量。强调了职业、高等教育、媒介的宣传力被广泛地整合到现代组织中。保罗·迪马乔与沃尔特·W.鲍威尔的理论深受马克斯·韦伯关于合理性和赫伯特·西蒙（Herbert A. Simon）有限理性理念的影响，揭示了行动者在不确定条件的约束下，有限理性背景被惯习、文化信念、网络和制度安排所塑造的能动的、合理性选择。[1]

最近的全球化研究也开始关注政治经济制度的国际性的"弥散"（diffuse），发现除了强制性同形性、模仿性同形性和规范性同形性这三种操作机制外，还应该有第四种机制——竞争性同性形在国家竞争中起作用。研究者相信，国家的变迁被证明，如果他们与国家制度不匹配的对手竞争的话，会输得很惨。[2] 有关最新的研究运用竞争性机制关注了特殊行动者如国际非政府组织通过整合规范和认同压力影响民族国家的政策和实践。

（2）制度演化与制度化过程。社会学制度主义坚持制度演化观，认为与制度相关的社会结构、习俗文化等制度环境因素决定制度的形成和变迁，其所坚持的规范、认知和组织向度都决定了制度演化观的形成。彼得斯总结了三种社会学制度主义的演化观：第一，组织的种群生态模式（population ecology modes）演化观。该演化路径强调组织形态、功能与

---

[1] Andrew Abbott, "An Old Institutionalist Reads the New Institutionalism", in *Contemporary Sociology*, Vol. 21, 1992, p. 754.

[2] Dobbin, Frank, Beth Simmons, and Geoffrey Garrett, "The Global Diffusion of Public Policies: Social Construction, Coercion, Competition, or Learning?", in *Annual Review of Sociology*, Vol. 33, 2007, pp. 449 – 472; Simmons, Beth, Frank Dobbin, and Geoffrey Garrett (eds.), *The Global Diffusion of Markets and Democracy*, New York: Cambridge University Press, 2008.

具体环境结合,核心是关注组织的环境依赖、资源的特定组合,在此基础上形成的组织、制度与环境关系的演化;第二,制度化与同形性趋同的演化观。受文化意义影响的组织同形性的形态趋同,这种趋同承载适宜性(fitness)和合法性(legitimacy),可以说是一种文化意义的趋同,重点关注符号和价值的同形性;第三,沉淀的组织演化观。将组织过去实践的价值理解看做是沉淀(sedimentation)的过程,是一个重新自我定位的过程,反映制度的历史和积累,价值和文化(values and understanding)的积累和演化过程。①

吉普森(Jepperson,1991)具体说明"制度化"是指明确的社会特征与社会状态的形成过程,意味着某种社会秩序或模式的再生产过程,经由例行性程序加以不断促进而成,一旦偏离此种模式,会受到某种限制或制裁;因此制度化是有限的、受文化规范控制的制度变迁过程。吉普森认为制度化的类型有:(1)制度形成(institutional formation);(2)制度发展(institutional development);(3)脱制度化(deinstitutionalization);(4)再制度化(reinstitutionalization)四种。② 鲍威尔进一步指出"制度再生产"有四种途径:通过权力实施,通过复杂的相互依赖,通过理所当然的接受,通过路径依赖。③ 社会学制度主义呈现出对制度的动态分析特征,制度作用的方式就是制度化的过程,而这一过程又受到文化、认知、观念、规范的相互作用,是一个复杂的互动过程。彼得斯认为,这恰恰使得社会学制度主义在解释制度演化及制度产生时具有优势。

(3)制度的秩序性要素。马奇和奥尔森认为制度和秩序密切相关,他们区分了理性、竞争和强制引起的秩序观念,提出了六种秩序观:制

---

① 〔美〕罗纳尔德·L.杰普森、约翰·W.迈耶:《公共秩序与正式组织的建构》,见〔美〕沃尔特·W.鲍威尔、保罗·J.迪马吉奥主编:《组织分析的新制度主义》,姚伟译,上海:上海人民出版社2008年版,第223页。
② Jepperson, R. L., "Institutions, Institutional Effects, and Institutionalization", in W. W. Powell, P. J. DiMaggio (eds.), *The New Institutionalism in Organizational Analysis*, Chicago: University of Chicago Press, 1991, p. 166.
③ W. W. Powell, P. J. DiMaggio (eds.), *The New Institutionalism in Organizational Analysis*, Chicago: University of Chicago Press, 1991, p. 207.

度包含历史秩序、时间秩序（temporal order）、内生秩序（symbolic order）、规范性的秩序（normative order）、人口统计的秩序（demographic order）和符号秩序等。在秩序要素中，马奇和奥尔森重点强调了规范秩序和符号秩序，强调了制度的"规范性"和"价值性"，二者被赋予了核心地位，符号秩序继承了社会学传统中的"神话"和"故事"传统，强调价值和符号在制度中的作用。规范秩序聚焦于规范性基础，强调制度的"合法性"和"适宜"传统，两位学者以秩序性概念为向导，基于偏好内在于制度，规范和程序对个体和群体行为的影响，诠释"适当性逻辑"。

（4）"适当性逻辑"理论。"适当性逻辑"理论是社会学制度主义的核心理论，一方面，"适当性逻辑"本质是制度的作用和影响方式。制度被理解为规范、规则、协定和惯例的集合体制度包含程序和规则，更包含合法性和价值，价值和规则同样重要，"惯例"其实就是"适当性"的行为，遵循价值可以形成惯例，惯例逐渐成为规则，而规则是"适当性逻辑"的形式化。另一方面，"适当性逻辑"包含角色、认同和价值，将宏观背景和微观行为联系起来，形成制度约束，体现组织的同构性。"适当性逻辑"体现出组织对成员的激励作用，强调制度的意义结构，价值的"导入过程"，制度的变迁是价值作用的修正过程。再一方面，"适当性逻辑"包含有限理性和不确定性。"适当性逻辑"具有模糊性，这种有意识的模糊，增加了"适当性逻辑"的开放性。基于此，社会学制度主义者反对制度设计，反对完全理性和制度逻辑的确定性，反对决策作出的完整性判断。

社会学制度主义者明确反对功利主义的、工具性的、个人利益最大化的驱动理论，认为通过函数形式假设、预测各种政策、行动，尽管能有效区分存在的相关利益差异，但是不能够显示组织的同构性。反对经验观察和工具逻辑，认为利益驱动理论可能过早地解构文化政治的组成角色或文化概念化作为处理政治结构和经济关系的工具。马奇和奥尔森正是以对理性选择和行为主义的批判作为其研究的逻辑起点，进一步作出理论架构。当然，"适当性逻辑"以身份条件作为制度解释，在关注了行动者和制度结构的关系取得进展的同时，其评价性模型和具体的价值整合问题依然模糊，在解释上还面临一定困难。

（5）制度的文化架构。社会学制度主义认为组织生活源于文化实践的规范和程序，打破了制度与文化概念之间的界限，豪尔和泰勒（1996）指出"社会学制度主义倾向于把文化本身界定为制度"，将文化中的符号、价值观念、神话、仪式、礼节、意识形态等，都等同于制度。(Friedland & Alford, 1991; Jepperson, 1991)[①] 文化为行为提供模板作用的惯例、符号系统或认知脚本（scripts），即更多采取"文化途径"展开分析，马克·艾斯宾沃和杰拉德·施奈德（2000）分析社会学制度主义将制度和文化同构，视文化为规范和认知，制约制度环境和文化脉络中的行为选择。[②] 强调制度的"认知转向"（recognitive turn），在文化架构中，组织制度的形成与变迁都由文化塑造，无论"制度同形性"，还是"制度化"都是文化决定的社会正当性，体现出"文化决定论"特点。社会学制度主义的理性是社会建构、文化和历史偶然性，对模仿的限制、确立基本偏好和认同、建立意图、目标取向的行动背景被视为遵照"适宜性逻辑"。社会学制度主义假设规范、认同和文化构成利益，因此相对于制度的外生性，制度内生性地镶嵌入文化。在社会学制度主义看来，不存在制度设计和制度选择的概念，文化取向的制度变迁非常缓慢、非常困难。制度究竟是一种社会结构还是一种认知符号，有些人认为组织是制度的重要组成部分，另外一些人则认为制度与组织完全相同，制度和组织实际上是同构的，将制度解释建立在组织结构的基础上，模糊了制度、组织的界限。

（6）重视制度性权力的作用。在社会学制度主义中，权力是"软性的"，是基于规范和价值的理性意图，更关注权力关系及其社会性和文

[①] Jepperson, R. L., "Institutions, Institutional Effects, and Institutionalization", in W. W. Powell, P. J. DiMaggio (eds.), *The New Institutionalism in Organizational Analysis*, Chicago: University of Chicago Press, 1991, p. 166.

[②] Mary C. Brinton and Victor Nee (eds.), *New Institutionalism in Sociology*, New York: Russell Sage Foundation, 1998, pp. 10 – 11.

化性规范。① 基于有限理性和组织之间价值互动的自变量,制度性权力(power of institutions)反映了组织之间互动的理性意图,由此所揭示出这些意图在权力斗争和政策斗争中的变迁和破坏。迪马吉奥和鲍威尔的"制度同性性"也涉及围绕组织权力或生存而进行的政治斗争,关注了组织和权力,对制度与权力关系提供了经验研究。不同于历史制度主义强调权力的结构性和非对称性,理性选择制度主义强调权力的竞争性和选择性,社会学制度主义的权力强调了文化性和社会性。

2. 社会学制度主义的代表性研究成果

近年来社会学制度主义关注的领域有:运用新制度主义的观点解释国会决策的稳定性现象以及不同国家之间同类政策的差异问题等等;东亚与拉美的比较;美国与欧洲国内政策的差异;欧盟东扩和北约东扩、欧洲公民身份、欧盟民主赤字、欧洲一体化进程等的运用。

(1) 关于制度的理论整理研究。马奇和奥尔森在《新制度主义——政治生活的组织因素》(1984)一文中指出政治制度在政治因果关系中占有重要的地位,起着关键性的约束作用。"我们所考察的制度主义既不是一种理论也不是一种无懈可击的批评。它只是主张政治生活中的组织有着特别重要的地位。"约翰·迈耶(John Meyer)和布莱恩·罗恩(Brian Rowan)在 1977 年的经典文章《制度化的组织:作为神话与仪式的正式结构》中,提出了组织的制度性同形命题,组织结构本质上反映的是制度化的规则,制度的无效在本质上是由于组织的内部过程处于"松散耦合"(Loose coupling),在此基础上,迈耶强调了合法性机制(Legitimacy)在组织机构及与制度环境互动行动中的重要作用,强调在社会认可基础上建立一种权威关系,即合法性机制迫使组织接受特殊制度环境要求的合法性行为,当合法性要求形成的压力与组织的效率相悖时,组织会采取脱耦(Decoupling)的办法,解决组织合法性和效率的冲突。这一文章开创了组织社会学领域的新制度主义学派。1983 年,迈耶和斯科特发表

---

① Koelble, Thomas A., "The New Insitutionalism in Political Science and Sociology", in *Comparative Politics*, Vol. 28, No. 1, 1995, pp. 233–236.

了《组织环境：仪式和理性》，进一步奠定了新制度主义研究。

迪马乔与沃尔特·W. 鲍威尔在1983年发表的论文《关于铁笼理论的再思考——组织场域中的制度性同形与集体理性》中提出强制性同构、模仿性过程、规范性压力三种机制，对规范价值和文化要素在"组织场域"内的作用进行了系统解释。与迈耶的理论不同，迪马乔和鲍威尔论证了建立在中层理论基础上的若干实证命题。这两篇文章成为组织社会学领域的新制度主义学派的开创性研究成果，引起了广泛的关注。1991年，迪马乔与鲍威尔将这两篇文章收入其主编的《组织分析中的新制度主义》中，书中的一系列文章进一步丰富和发展了文化取向的制度解释，"大多集中质疑基于竞争逻辑的解释，并关注场域中的争夺（contention）和变迁是如何形成和发展的"。该书最大的特点就是将韦伯和西蒙的思想引入制度理论研究。安德鲁·艾伯特（Andrew Abbott）认为新制度主义是社会学研究在路径、观点和方法上的转向，远离理性主义和功利主张，寻求认知和文化支持。①

这样的代表作品还有马奇和奥尔森在其编著的《重新发现制度：政治的组织基础》（1989）中，围绕制度变迁和稳定来建构制度，强调对非工具性的意义建构，非功能主义考察制度建构和制度设计，可以看做是两人对前期研究的进一步整理。1998年，由维克多·尼和玛丽·布林顿（Mary C. Brinton）共同编著的《社会学中的新制度主义》（New Institutionalism in Sociology）一书，则沿着社会学的学科传统前行，进行理论深化，需要指出该书的作者在后来的研究中，研究志趣远离了政治学，滑向了经济社会学的制度主义。

（2）对不同国家国内政策的跨国比较研究。正如迪马乔与鲍威尔在《组织分析的新制度主义》（2008）中文版序言中所言，"当前，新制度主义研究中出现了另一种线路，其研究的焦点从场域层次转到跨民族国家（transnational）层次，探讨各种新的治理模式是如何在跨越民族国家边

---

① Andrew Abbott, "An Old Institutionalist Reads the New Institutionalism", in *Contemporary Sociology*, Vol. 21, 1992, p. 754.

界的层次上形成和扩散,并产生全球性的共同标准和评价规则(evaluative metrics)的。"

约翰·迈耶和布莱恩·罗恩也指出,"在当前的研究中还存在第三种线路,与制度分析的其他分支特别是历史的和政治的制度主义以及经济史学家的研究进行了持续的对话。最后,在最近的新制度主义研究中,还存在一种重要的努力,那就是试图直接测量制度的影响,并同时在组织场域层次与跨民族国家层次上研究竞争性的、多层次的制度影响。"①

托尔伯特和朱克在《组织正式结构变迁的制度根源:基于1880—1935年公务员制度改革的扩散》一文中,对各州公务员录用制度的实施过程存在的差异性进行研究,在公务员制度没有获得"合法性地位"之前,各州差异性表现明显;在各州缓慢接受该制度后,模仿其他州的做法成为公务员制度采用的根本原因。强调了组织理性和结构模仿、形成观念力量针对组织同形性的发生过程和机制的作用②,该文章成功地在合法性机制研究中引入了文化理念制度的作用。

(3)关于欧洲一体化的研究。社会学制度主义在欧盟研究中的优势在于,该理论对于规范和价值的重视,对于合法性和适宜性的关注,同时制度同形性(Isomorphism)的独特分析路径,对于欧盟的东扩、地区协同、价值认同、财政预算等方面具有积极的意义。同时,对分析欧盟政治社会中的行动者的非正式实践、象征性代表和权力关系有一定价值。

(4)话语制度主义的萌芽。在20世纪80—90年代,话语制度主义作为一种依赖社会行动的修辞性的、观念性的基础方法存在于社会学制度主义的"某一角落",虽然制度的话语分析还不够清晰,观念的叙述和阐释还缺乏结构性术语和扩散性影响,但随着观念在历史制度主义的

---

① 〔美〕约翰·迈耶、布莱恩·罗恩主编:《组织分析的新制度主义》,姚伟译,上海:上海人民出版社2008年版,第2页。

② Pamela S. Tolbert, Lynne G Zucker, "Institutional Sources of Change in the Formal Structure of Organizations: The Diffusion of Civil Service Reform 1880 - 1935", in *Administrative Science Quarterly*, Vol. 28, No. 1, 1983, pp. 22 - 39.

重要性得到加强，话语制度主义在新制度主义中的发展将成为一种潜在的趋势。

三、新制度主义政治学理论的分歧整合、评价质疑

2005年，詹姆斯·马奇和约翰·奥尔森又发表了一篇关于新制度主义的综述性文章《新制度主义详述》，文章对新制度主义的重要概念与理论，制度作用、秩序和变迁，制度主义的界限等方面进行了论述。在这篇论文中作者指出：制度、理性行为者和文化共同体关注了政治生活的不同方面、不同的解释因素以及改善政治体系的不同策略，新制度主义的要旨是补充而非拒斥其他的研究方法。

新制度主义兴起30多年来，制度研究领域内部三大流派之间的交流和融合从来就没有停止过，部分理性选择制度主义者和社会学制度主义者放宽了彼此的理论假设，也有部分理性选择制度主义注重分析历史因素，但各个途径的分歧依然存在。对新制度主义评价和批评质疑相伴而生，制度主义者对制度理论的修补和完善也在不断进行，这种努力和回应不断地增强理论的解释力，同时也不断产生出新的问题。本部分重点阐述以20世纪80—90年代的主要争论的整合以及对新制度主义的评价和质疑。

（一）关于新制度主义政治学各流派的理论分歧综述

1. 关于新制度主义的制度内涵的差异

在历史制度主义内部对制度并没有统一的定义，历史制度主义者投入了大量的精力来解释各自对制度概念的理解。瑟伦与斯坦默认为，制度就是一个系统，包括正式制度和非正式制度。正式制度和有形的系统包括国体、政体、国家结构形式、政府机构、法律规章；而社会的文

化、价值观念、传统习俗等则是非正式制度或无形的社会系统。① 斯坦默认为制度确立了政治博弈的规则，制度确定博弈对象、方式和结果。② 豪尔和泰勒进一步拓展了非正式的习惯、惯例、程序和规范，进入制度的概念体系，这些非正式制度广泛存在于宪政秩序、官僚规程和治理体系中。③ 豪尔在其著作《治理经济》（Governing the Economy）中对制度的界定也强调了"非正式规则、引发服从的程序（compliance procedures），以及标准化的运作实践"④。参照我国学者胡伟的分析，历史制度主义的制度概念内涵大都呈现出结构视角、时间与空间约束、过程视角。

社会学制度主义中制度的概念比较宽泛。第一，不对组织和制度作区分。马奇、奥尔森认为，制度是社会组织的规则，它包括惯例、程序、习俗、角色、信仰、文化和日常生活中的知识。而政治制度是"依照行动角色与情境关系来界定适切行为的相关规则、惯例的集合体，即界定了行动情境以及在该情境中行动者的角色及其义务"⑤。迪马乔、鲍威尔将制度界定为"一种指导人类行为的意义框架符号系统、惯例与习俗等"⑥。社会学制度主义学者理查德·斯科特（W. Richard Scott, 1995）认为，"制度由认知性、规范性和管制性结构及活动构成，并为社会行为提供稳定和意义"。

对于理性选择制度主义而言，诺斯（1994）认为制度是游戏规则，制约和激励结构。古丁（1996）认为，"制度是一个经过评估、得到公

---

① Kathleen Thelen and Sven Steinmo, "Historical Institutionalism in Comparative Politics", in Sven Steinmo, Kathleen and Frank Longstreth, *Structuring Politics*: *Historical Institutionalism in Comparative Analysis*, London and New York: Cambridge University Press, 2001, pp. 2 – 4, 10.

② Clause Off, "Institutions, Role in the Distribution and Control of Social Power", in *Crafting and Operating Institutions*, April 11 – 13, 2003, http://www.yale.edu/coic/offe.doc.

③ Peter A. Hall, Rosemary C. R. Taylor, "Political Science and the Three New Institutionalisms", in *Political Studies*, Vol. 44, 1996, pp. 936 – 957.

④ Peter A. Hall, *Governing the Economy*: *The Politics of State Intervention in Britain and France*, New York: Oxford University Press, 1986, p. 19.

⑤ James March, Johan Olsen, *Rediscovering Institutions*: *The Organization Basis of Politics*, New York: Free Press, 1989, p. 938.

⑥ Rosa Mule, "New Institutionalism: Distilling some 'Hard Core' Propositions in the Works of Williamson and March and Olson", in *Politics*, Vol. 19, No. 3, 1999.

认、稳定的且不断发生的行为模式"①。索尔坦进一步指出,"制度由各种偏好、观念、价值、规范和准则混合而成,它们既可以是程序性的(procedural),也可以是实体性的(substantive)。这些包括偏好、观念在内的要素都是制度的构成部分,它们本身也可以是制度的简单形式。"② 理性选择制度主义者谢普斯勒(2006)区分了作为约束的制度(the institutions-as-constraints)和作为均衡的制度(institutions-as-equilibrium)。③

盖伊·彼得斯(1999)强调在制度规则下的集体理性,分析了作为规则的制度、决策规则、组织中的个体、委托代理理论、博弈论的制度模式五种主要理解。共同点在于都以个人为核心行动者,理性行动的目标是自身利益的最大化,都倾向于制度是某种规则与激励机制。"大多数理性选择理论都倾向于将制度看成规则性的而不是规范性的或认知性的"。休·E. S. 克劳福德(Sue E. S. Crawford)和埃里诺·奥斯特罗姆把对制度的看法归纳为三种:(1)制度是一种稳定均衡;(2)制度是一种规范义务;(3)制度是一种互动规则。④

让-埃里克·兰恩(Jan-Erik Lane)和斯文特·埃尔森(Svante Ersson)基于个体主义的规则(rules)的制度观和基于整体主义的组织(organizations)的制度观。⑤ 兰恩的这种制度观也存在缺陷,其制度观对制度所包含的认知和规范因素重视不够,惯习、习俗、符号等也非常重要。在新制度主义者看来,"制度"的内涵有极为宽泛的含义,制度概念仍然具有模糊性和不确定性。兰恩和埃尔森(2000)指出学界对于制度定义

---

① Robert. Goodin, *The Theory of Institutional Design*, Cambridge: Cambridge University Press, 1996.

② Karol Soltan, "Institutions as Products of Politics", in Karol Soltan, Eric M. Uslaner, and Virginia Haufler (eds.), *Institutions and Social Order*, Ann Arbor: The University of Michigan Press, 1998, p. 47.

③ Barry R. Weingast, Donald A. Wittman, *The Oxford Handbooks of Political Economy*, London: Oxford University Press, 2006, p. 1033.

④ Sue E. S. Crawford, Elinor Ostrom, "A Grammar of Institutions", in *American Political Science Review*, Vol. 89, No. 3, September 1995, pp. 582 – 599.

⑤ Jan-Erik Lane and Svante Ersson, *The New Institutional Politics: Performance and Outcomes*, London and New York: Routledge, 2000, p. 27.

迟迟没有产生一个确切的说法,这也是新制度主义最大的问题,但从功能角度看,这种定义上的模糊有其创造性的价值,有利于推动制度概念的融合。两位学者比较了数十种制度的定义后指出,目前的制度定义包含算计途径和文化途径的双重成分,在模糊的定义中相互结合,在制度定义中存在的只是两种完全相反理念的勉强结合。新制度主义经济学传统的个人主义和社会学传统的整体主义的矛盾仍然存在,这也使得历史制度主义在制度定义上面临着两难困境。由于在制度定义上缺乏统一架构,单靠"制度是重要的研究因素"的内容贫乏的共识为研究方法的基础,经不起考验。

2. 关于新制度主义的流派特征的差异

豪尔和泰勒(1996)在强调历史制度主义核心特征时指出了制度运行中权力的非对称性、强调路径依赖和意外后果的问题[①],瑟伦和斯坦默(1992)则强调了制度的中介性影响、竞争性权力关系、过程性因素[②]。皮尔逊和斯科克波尔(2000,2002)、斯坦莫(2008)都认为历史制度主义的特征,主要在研究主题、方法与时间视野(time horizon)上不同于其他学派:(1)关注一些重大、真实世界的难题或重要议题:解释社会运动、国家发展、体制起源与动力、政体转型等问题。(2)严格地看待历史、时间。历史背景直接影响政治事件的发生,为提出适切解释,主张追踪历时过程[③],详细说明时间序列(timing and sequencing),探寻制度转型以及历史过程的改变程度;(3)以宏观的脉络背景与假设,运用比较、归纳方法,针对一个或数个重大案例,分析政治制度与历时过程的综合效果;认为各国有其特殊历史与环境,历史机遇(contingency)、

---

① Peter A. Hall, Rosemary C. R. Taylor, "Political Science and the Three New Institutionalisms", in *Political Studies*, Vol. 44, 1996, p. 938.

② Kathleen Thelen and Sven Steinmo, "Historical Institutionalism in Comparative Politics", in Sven Steinmo, Kathleen Thelen, Frank Longstreth (eds.), *Structuring Politics: Historical Institutionalism in Comparative Politics*, New York: Cambridge University Press, 1992, p. 7.

③ Paul Pierson, Theda Skocpol, "Historical Institutionalism in Contemporary Politics", workpaper prepared for Presentation at American Political Science Association Meetings, Washington D. C., August 30th – September 2nd, 2000.

偶发事件、时间中各种变量的复杂互动，使真实世界难以预测，因此政治领域很难建立一般性理论。

豪尔和泰勒（1996）分析理性选择制度主义有以下四个特征：（1）假设行动者的偏好固定，行动目的是为了偏好满足的极大化，行动者具有高度策略性的计算能力；（2）将政治视为一系列集体行动之困境，行动者的策略性行动可能产生次优之结果；（3）最大贡献之一，就是强调策略性行动对政治结果产生决定性作用；（4）运用功能论、演绎方法解释制度形成与持续，制度的创设是基于相关行动者的同意，制度的持续是它为相关行动者提供更多的利益。①

总之，理性选择制度主义呈现以下特点：（1）以理性人模型来解释人类的行为和理性，个人效用最大化在政治过程中扮演主要角色。（2）理性选择制度主义一直关注结果的稳定性和公共官僚的控制问题。（3）提供了一个清晰而系统的方法来研究制度的作用，这是制度的约束作用，它强调政治后果的决心的战略作用。（4）明确的比较方法，通过比较不同的制度模式在行为和结果上，通过相应的影响约束如何改变行为和结果的基本条件变化分析。（5）制度的存在是通过解释受到制度影响的行动者提供的价值，内生性制度研究产生了关于制度稳定性，形态和生存的独特理论。（6）这种方法为宏观政治现象如革命和关键性的选举提供了微观基础。

社会学制度主义则有以下三个特征：（1）倾向在更广泛的意义上界定制度范围：将文化中提供意义架构的象征系统（symbol systems）、认知模式（cognitive scripts）与道德板模（moral templates）等视为制度，打破文化与制度的概念界线；②（2）制度与行动者间关系：透过社会化，制度不仅影响行动者的策略计算，更塑造行动者的基本偏好、自我身份认

---

① Peter A. Hall and Rosemary C. R. Taylor, "Political Science and the Three New Institutionalisms", in *Political Studies*, Vol. 44, 1996, p. 938.

② Mark D. Aspinwall and Gerald Schneider, "Same Menu, Separate Tables: The Institutionalist Turn in Political Science and the Study of European Integration", in *European Journal of Political Research*, Vol. 38, 2000, p. 9; Peter A. Hall and Rosemary C. R. Taylor, "Political Science and the Three New Institutionalisms", in *Political Studies*, Vol. 44, 1996, p. 948.

同;(3)制度的起源与变迁:制度的采用或变迁,不是为了提高组织效率,而是提高组织及其成员的社会正当性与适应性。

表1 三个新制度主义流派的主要特征

	社会学制度主义	历史制度主义	理性选择制度主义
科学世界观	整体主义;建构主义;群体认同;共同的经历	修正利己主义;行动由共同的协议所约束或塑造	方法论个体主义;为实现利益最大化的策略性行动者
典型的研究设计与方法	关于文化、认知联结的案例研究,"厚重"描述、诠释的方法论	历史社会学;案例研究,过程追踪,跨国家的比较分析	理性人假设:大规模的数量检测,实验室定量数据和田野实验检验模型
研究的关键主体	组织领域,社会运动,制度扩散	国家政策和权力精英,路径的分歧和"资本主义多样性"	个人选择和结果,集体行动问题,游戏(博弈)脚本
理论焦点	制度和文化背景对能动的塑造	制度和历史背景对能动的塑造	创造稳定的制度和限制最糟的、过多的能动
理论假设	行动者遵从规范和习俗或"适宜性逻辑"	算计和文化逻辑的整合	行动者在一定制度框架中算计最佳行动的过程以实现自身利益
时间范围	长期(最近的过去和将来)	中长期(长期的过去)	短期(目前和即刻的未来)
对制度的界定	规范、规则、文化习俗、惯例,认知框架,实践	正式和非正式程序、惯例、规范和习俗	博弈规则、程序
制度在人类行动中的作用	重要的自变量;受文化约束	中介性变量;自变量;逐渐增大的约束与机会	中介性变量;对情景的约束与机会提供
偏好的形成	由行动者所置身其中的制度构建	内在性的;由制度的影响所创设	外在于决策模式或对决策的理论解释
制度的创设	演进式的;由新的事件或解释所引起的偶然性突变	自我强化和潜在的自我膨胀	减少交易成本;解决集体行动困境

续表

	社会学制度主义	历史制度主义	理性选择制度主义
制度的演进	编造关于共同经历的神话；认知、记忆过程	路径依赖；意外后果	交易过程；演进；选择
关于变迁的观点	"制度化"的变迁，包括模仿、适应和对现存制度的再利用	变迁非常依赖于具体情况，聚焦形态运动和路径依赖（断裂均衡）	行动者的变迁意愿，强调谨慎的设计理性调整和"博弈"
约束的效力	公共和私人部门组织在一定制度环境中对相对的权力较少集团的动员塑造	大集团和有权的行动者的结合阻碍或提升涉及自身利益的改革	基层和商业团体在没有政府核心行动者的帮助下设计自身制度

资料来源：参阅 Mark D. Aspinwall & Gerald Schneider, "Same Menu, Separate Tables: The Institutionalist Turn in Political Science and the Study of European Integration", in *European Journal of Political Research*, Vol. 38, 2000, pp. 1 – 36; Vivien Lowndes, Mark Roberts, *Why Institutions Matter: The New Institutionalism in Political Science*, Basingstoke: Palgrave Macmillan, June 2013, pp. 32 – 33。

总之，三个流派分别依托了经济学、社会学、政治学，体现了不同的学科背景的差异，在相应的研究方法上也体现出方法论的显著不同；理论的适用范围和时间跨度、研究层次上都表现出极大的差异（见表1），对其基本的理论主张和假设的差异，最终都指向了不同的本体论。

3. 关于新制度主义的制度理论的分歧

所有制度分析的核心问题都必须解释：制度与行为之间是什么关系；不同的途径必须对以下三个问题作出解释：（1）个体如何行动（个体理性与偏好如何产生）？（2）制度起什么作用？（3）为何制度会随时间变化而持续存在（或变迁）？对于这三个问题的回答，三个流派分歧巨大。从制度理论的角度看，主要是制度作用、制度变迁和制度设计方面的分歧。

在制度设计上，理性选择制度主义认为制度是设计的结果，理性、偏好和决策决定制度的发展和变迁，制度设计本身就是制度变迁的一种方式，功能主义视角决定了其在制度变迁和制度设计的主要假设。历史制度主义承认行动者的作用，也认可制度设计的合理性，但对有限理性的认知和偶然因素的强调，决定了历史制度主义制度设计的复杂性和结果的不确定性。与历史制度主义在制度设计上的折中主义不同，社会学制度主义明确地反对制度设计的存在及其可能性，认为其无论在逻辑上还是过程与结果上都存在严重的缺陷。

正如鲍·罗思坦所言，制度变迁是"政治制度分析中最弱、也是最难的一点"[1]。新制度主义在制度变迁的视角、外生因素与内生理论、制度动力与具体方式上分歧巨大，面临新的问题。

理性选择制度主义的制度变迁采用功能主义/功利主义（Functionalism）视角。在皮尔逊（2004）看来，这种功能主义视角往往选择制度变迁的某个截面，并不能反映变迁的本质。[2] 理性选择制度主义研究者对制度变迁并无统一的认识，不同研究者间观点差异明显，有的研究者甚至根本就没有将制度变迁纳入研究范围。维恩加斯特认识到制度变迁解释的重要性，但他运用内生变量的调适，对制度变迁的解释更偏向制度演化视角。[3] 谢普勒斯则将制度变迁与交易成本相关联，强调制度变迁中的行动者能动，显示出明显的博弈论视角。[4] 诺斯、格雷夫等理性选择制度主义者则将目光投向了制度变迁的宏观历史比较。

就制度变迁而言，社会学制度主义也视制度为自变量，与历史制度主义相比较，社会学制度主义走得更远，把制度变迁的焦点集中在组织文化，通过合法性概念来说明制度变迁，制度与文化不匹配时就会发生制度变迁。社会学制度主义认为："不存在行动者，因此没有为有意图

---

[1] 〔美〕罗伯特·古丁、汉斯-迪特尔·克林格曼主编：《政治科学新手册》，钟开斌等译，北京：生活·读书·新知三联书店2006年版，第223页。

[2] Piersom P., *Politics in Time: History, Institutions and Social Analysis*, Princeton: Princeton University Press, 2004.

[3] 参见〔美〕罗伯特·古丁、汉斯-迪特尔·克林格曼主编：《政治科学新手册》，钟开斌等译，北京：生活·读书·新知三联书店2006年版，第260—262页。

[4] Kenneth A. Shepsle, "Studying Institutions: Some Lessons from the Rational Choice Approach", in *Journal of Theoretical Politics*, Vol. 1, No. 2, 1989, pp. 141–144.

的行动者进行制度设计留下空间。"① 其对制度变迁主体的认知模糊，也就决定其解释力的不足。

彼得斯认为，在制度变迁问题上，理性选择制度主义与社会学制度主义都只回答了基本问题的一半，理性选择制度主义适合解释稳定偏好的制度变迁；而社会学制度主义关注制度对偏好的塑造和制度与偏好的相互适应。历史制度主义研究强调制度变迁的冲突视角，强调权力斗争和冲突，强调观念和冲突对制度变迁的作用。

4. 关于新制度主义的社会本体论的分歧

社会本体论反映制度与行为之间的本质关系，即制度结构（structure）与行动者动能（agency）之间的辩证关系②，由此形成两种截然不同的研究立场：制度结构塑造行动者并影响政治结果，即"结构主义"或"决定论"，如系统论、马克思主义等；行动者创造制度的结构与政治结果，即"意向主义"或"意志论"，如多元主义、理性选择理论等。

理性选择制度主义视制度为规则，倾向于"结果逻辑"，关注行动者在制度约束下的策略性算计行为，制度设计与变迁都是为了行动者利益算计的结果，他以"行动者为中心"，在本体论上倾向于"功能论"与"意向主义"，即"算计途径"。

社会学制度主义从组织生态的观点，假定个人的偏好与认知受所属社会的文化所建构，行动者根据"适当性逻辑"行动，模糊了制度、组织与文化三者之间的界限。社会学制度主义的本体论是倾向于结构主义和决定论，即"文化途径"。

有学者认为历史制度主义在社会本体论上对"结构主义"与"意向主义"采取折中的态度，制度既是自变量，也是因变量，政治结果是利益、理念与制度互动的产物（Koelble，1995；豪尔和泰勒，1996）。但这种折

---

① Michael, M., "Institutional Design, Uncertainty, and Path Dependency during Transitions", in *Constitutional Political Economy*, Vol. 10, No. 1, March 1999, pp. 27 – 52.

② Hay, C., *Political Analysis: A Critical Introduction*, New York: Palgrave Macmillan Press, 2002; Hay, C. & Wincott, D., "Structure, Agency and Historical Institutionalism", in *Political Studies*, Vol. 46, 1998, pp. 951 – 957.

中态度遭到科林·海和丹尼尔·温科特（1998）的批评，他们提出"算计途径"与"文化途径"作为两种具有社会本体论意义的制度分析方式，分别对应理性选择制度主义和社会学制度主义，历史制度主义摇摆在这两种本体论之间，借用两种不相容的社会本体论，难以进行制度分析。对此，豪尔和泰勒进行了回应，认为两种社会本体性并非对立，历史制度主义可以并且已经提供适当的经验性解释。

也有学者指出，就本体论和认识论而言，历史制度主义流派的学者可以归为现实主义者，而理性选择制度主义流派的学者多为实证主义者，社会学制度主义者从本质来看，应归属为阐释主义者。[①] 其实，新制度主义政治学的这种本体论的差异，都可以在比较政治学和国际关系领域找到对应的本体论渊源。比较政治学者马克·L.利希巴赫认为在比较政治学中存在着这样的竞争传统：理性选择者做着比较性的静态试验，文化主义者生产着诠释性（interpretive）的理解，而结构主义者则研究真实社会类型的历史动力。实证主义、诠释主义和现实主义是可能的社会科学哲学。[②] 从比较政治学角度进行本体论的分析，比较政治学中的理性主义、文化主义和结构主义分别对应了政治学中的理性选择制度主义、社会学制度主义和历史制度主义。这种本体论差异在国际关系领域反映为：现实主义、理性主义和自由主义三大流派，也有学者敏锐地捕捉到比较政治学和国际关系领域本体论差异的学术渊源和合流趋势。"比较政治学中形成的三大理论流派与国际关系学中的三大理论流派之间出现了接近的趋势。具体而言，结构主义与现实主义、理性主义与自由主义、文化主义与建构主义在本体论、认识论和方法论等特征上均表现出较为鲜明的一致性。"[③]

---

① 崔雯：《试从新的视角解读新制度主义——基于本体论、认识论和元理论层面的分析》，载《湖北社会科学》，2012年第10期，第27页。
② 〔美〕马克·L.利希巴赫、阿兰·S.朱克曼：《比较政治：理性、文化和结构》，储建国等译，北京：中国人民大学出版社2008年版，第9页。
③ 高奇琦：《论西方比较政治和国际关系理论路径的趋近》，载《世界经济与政治》，2012年第4期，第90页。

5. 关于新制度主义的偏好的分歧

偏好的概念具有强烈的行为主义色彩,行为主义政治学在很大程度上认为政治是基于偏好进行价值分配,个人则是基于偏好进行理性选择的。在新制度主义各流派中,偏好依然是非常重要的概念,尽管理性选择制度主义修正了制度制约下偏好的作用,但与其他流派相比较,关于偏好仍然具有较大分歧。

历史制度主义认为不仅是行为受制度约束,偏好也受到制度约束。制度对偏好的约束和塑造不仅影响偏好的目标设定,还影响偏好形成的过程和路径。偏好和兴趣受到历史影响,历史决定了当前的兴趣和偏好,是一个各种因素互动的内生性变量,要从历史的维度来透析关键行动者如何产生偏好。历史制度主义者认为离开了相关的情景,任何"偏好"假设没有意义。

理性选择制度主义继承了理性选择理论的偏好与理性密切相关假设,坚持理性人的假设,偏好是固定的、单一的,个体行动的偏好是外在于制度,是一个外生性变量。关于偏好的内生与外生在理性选择制度学派内部也有分歧和争议,但理性选择制度主义对制度的强调,偏好受到制度制约。诺斯关注了制度对偏好的塑造和制度演化对偏好的影响,可以视为制度和偏好的关系的调整。事实上,"个人偏好到底是如何形成的呢?理性选择制度学派将其在理论上'搁置'起来"[1]。

社会学制度主义的认知和规范与理性选择制度主义的理性基础直接对立。社会学制度主义倾向于将偏好的形成理解为内生性过程,认为制度性要素为偏好的选择设定了标准。偏好受到文化制约,偏好不是外在于政治制度。"偏好和意义,如同生活的其他方面,是通过教育、思想灌输和经验相互的结合而在政治中得以发展的。"[2] 强调偏好产生于制度性背景,受到源于社会学的整体主义方法论影响,强调偏好受到历史和

---

[1] 〔美〕凯瑟琳·丝莲、斯文·史泰默:《比较政治学中的历史制度学派》,载《经济社会体制比较》,2003 年第 5 期。

[2] James G. March, Johan P. Olsen, *Rediscovering Institutions: The Organizational Basis of Politics*, New York: The Free Press, 1989, p. 164.

社会及文化的作用,社会学制度主义在个体偏好方面与另外两个流派形成了严重分歧。

综上,如果说制度内涵的分歧是理论差异的起点,那么流派特征的分歧则是对各流派差异的总体把握,而制度理论的分歧则重点体现了核心观点的差异,但真正决定各流派分歧的因素还要归结于本体论的差异,源自于对制度本质差异性的认识。同时,对于偏好的差异带来的影响也不容忽视。这些差异的存在也为新制度主义的理论整合留下了多种可能性。

(二) 关于新制度主义政治学的理论整合

一个理论流派的发展与生命力的重要体现就是它的解释力的不断增强和应用范围的不断扩大的同时,还能与其他流派保持频繁的交流与对话。新制度主义政治学内部的交流对话和流派整合也是基于三分法分类展开。总揽新制度主义各流派,可以发现尽管三个流派在理论渊源、理论假设、研究路径上差异较大,而且各自独立,但实际研究过程中,理论的快速发展正在模糊派别之间的界限,很多研究者都跨越了自己的研究领域。彼得斯在《政治科学中的制度理论》的结尾,强调了新制度主义各流派融合和综合的可能性,他从三个方面分析了新制度主义不同流派存在的共识:以制度分析作为初始立场会取得更多的理论成果;都重视结构在决定行为和后果方面扮演的重要角色;都认为制度和行动者能动之间存在着悖论。在此基础上,彼得斯提出,要更加关注制度本身的研究,特别是制度的产生;同时认为制度研究要可以被证伪。这有助于获得"一种更具理论复杂性和内在一致性的'新制度主义'"[1]。

我国学者何志俊 (2005、2007) 从规范层面和实证层面探讨了新制度主义的交流基础和对话空间。在何志俊的深入综述中,系统分析了豪尔和泰勒 (1996)、瑟伦 (1999)、阿斯沃和施耐德 (2000)、迪马奇奥

---

[1] Peters B. Guy, *Institutional Theory in Political Science*: *The New Institutionalism*, London and New York: Wellington House, 1999, pp. 141 – 151.

(1998)和赛瑞特(1998、2001)、尼尔森研究表明这种整合逐渐由边缘向核心理论深入的过程。① 在分析上述融合之后,何志俊强调了"比较制度分析学派"的重要性,结合外部因素和具体国家的比较,有利于在更高层次展开新制度主义之间的对话和交流。

早在 1996 年,豪尔和泰勒在《政治科学与三个新制度主义流派》中就对制度研究三种分析途径彼此交流的可能有过预判。在他们看来,历史制度主义将能够站在"文化途径"和"算计途径"的中枢位置(pivotal position)上,在一定程度上综合另外两种流派,历史制度主义将综合理性、结构和文化的路径推动新制度主义的新发展。他们认为各派放松各自的假设,补充知识资源是交流最好的形式。阿斯沃和施耐德(2000)沿着豪尔和泰勒的方向,以欧盟研究为例提出了详细的流派整合计划,特别是对理性选择制度主义研究成果的分享。阿斯平沃和施耐德提出,在方法论上,社会学制度主义是一种整体主义,适合于做宏观层面上的长期研究;理性选择制度主义是一种个体主义,适合于在微观层面上做短期研究;历史制度主义是一种修正的个体主义,适合于在中观层面上做中长期的研究。

米切尔·乔吉斯(Michael J. Gorges)指出,在三个新制度主义流派那里仍然存在共有的关键变量:整体性的社会、经济和政治背景,领导权(leadership)和包括规范、意识形态、文化在内的观念因素。② 瑟伦认为,研究文献表明,理性选择制度主义和历史制度主义之间已经展开了持续的交流,二者在理论与经验之间、偏好形成的内生与外生之间、微观基础与宏观历史之间、功能主义与制度主义之间有四个切点的存在。日本学者加藤淳子(Junko Kato, 1996)在《政治中的制度与理性——新制度主义的三个变体》一文中对各流派优点的切合作了有益的尝试。③ 迪马奇

---

① 何俊志、任军峰、朱德米编译:《新制度主义政治学译文精选》,天津:天津人民出版社 2007 年版,第 9—13 页。

② Michael J. Gorges, "New Institutionalist Explanations for Institutional Change: A Note of Caution", in *Politics*, Vol. 21, No. 2, 2001, p. 142.

③ Junko Kato, "Institutions and Rationality in Politics: Three Varieties of Neo-Institutionalists", in *British Journal of Political Science*, Vol. 26, 1996, pp. 553–582.

奥和赛瑞特（Bruno Theret, 1998）在《新制度主义：协作的途径》一文中系统地阐述了新制度主义的三种分析途径彼此之间的交流和对话以及全面整合的可能。

在国际关系领域，杰弗里·斯泰西（Jeffrey Stacey）和伯特霍尔德·里特伯杰提出了理性历史制度主义（Rational choice historical institutionalism theory，简称为 RCHI）是理性制度主义（RCI）和历史制度主义（HI）的"合成物"，这一制度分析框架主要应用于欧盟的制度研究，对理性选择制度主义和历史制度主义的观点进行了融合。

陈敦源（2001）分析了新制度主义跨学科的相互融合。部分理性选择制度主义学者放松了偏好既定、外生的假设，经过制度这个中介因素，研究如正当性（legitimacy）、文化（culture）、历史结构（historical structure）等传统以来一直被经济学者所忽略的研究议题，丰富了经济学的研究内涵（North, 1990; Levi, 1997）；而另一方面，传统接受社会学训练的学者，也开始大量使用社会学的研究方法，经过制度的中介，吸收如偏好（preference）、选择（choice）与集体行动（collective action）等传统以来一直被社会学者所冷落的观念，因而丰富了社会学制度主义研究的内涵。

理性选择制度主义这种"自我强化"后被历史制度主义者的研究所吸收，同时，理性选择制度主义的相关研究者也在积极运用制度的历史研究，如诺斯和赖克的观点。也有若干理性选择制度主义学者开始以问题导向、个案分析的方式，扩大时间视野，将历史背景的叙述纳入理性选择分析中，并着重分析历史因素与制度的关系，假设个体偏好是特定时空限制下的产物，也开始重视政治制度的强制作用，以及行动者间权力的不平等所造成的影响（Levi, 1997; Bates, Greif, Levi, Rosenthal & Weingast, 1998）；这个趋势凸显历史制度主义的问题导向与案例比较等研究路径为其他学派吸纳。这些研究者在案例研究方面推动制度研究的不同流派深入交汇。杰克·奈特运用跨学科的方法，创建了制度变迁的新理论，从制度性分配结果及其冲突解决入手，强调制度的分配效应，理性、社会与历史的制度相融。

对于复杂的制度问题,人们如何形成并按照自己的偏好行事成为历史学家、政治学家和社会运动的理论家之间的一条学术鸿沟。理性选择学者认为无论何时何地,人都尝试达到一定的目标,最大限度地发挥他们的个人财富或权力。相比之下,比较历史学者都强调在解释人行为的历史背景。最近,历史制度主义学者卡赞斯坦和理性选择制度主义学者巴里·温加斯特合著的《偏好与形势:历史制度主义与理性选择制度主义的交汇点》中,研究了制度中的偏好相互作用和环境刺激,在更广泛的历史背景中,促使人们以特定行为引导历史过程。① 制度成为二者的共同基础,制度如何在特定环境下影响人们的偏好,这有希望缩小两个知识分子阵营之间的鸿沟。

从方法论上讲,历史制度主义的逻辑起点是结构主义,它在整体主义和个体主义之间另辟新径,区别于经济学为核心的理性主义和以社会学为核心的文化主义,强调政治经济和意识形态的复杂结构互动。结构主义在解释宏大的历史变迁的宏观性分析中注意到自身的方法论来源的缺陷,力图超越其局限进而调整结构和能动的关系成为一种趋势。结构与能动关系的调整,是方法论的变迁,是结构主义吸收理性主义和文化主义研究方法增强其诠释能力的过程。新制度主义的兴起,一部分比较政治研究学者尝试将研究范围从宏大理论向中层理论转向调整的过程,这部分学者的路径是从宏观分析到历史制度主义,"它以缩短研究时限,限定制度问题,压缩思考处理范围来增强解释力。这在相当程度上处理了结构与能动的关系"。回归国家学派和大部分历史制度主义者都选择了这种途径,例如斯考克波尔将马克思的阶级分析和韦伯的国家分析结合起来,转向与阶级分析相关的国家分析,更直接地面对国家自主性。而另外一些学者坚持宏观分析,"通过制度来进行科学主义和阐释主义的结合,加强分析性选择和叙事性建构之间的强关联性"②,这也使得历

---

① Ira Katznelson, Barry R. Weingast, *Preferences and Situations: Points of Intersection between Historical and Rational Choice Institutionalism*, New York: Russell Sage Foundation, 2005.

② 李路曲:《结构主义及其分析方法的演进评析》,载《经济社会体制比较》,2013 年第 1 期,第 152 页。

史制度主义面临宏观与中观分析的矛盾困惑。尽管存在研究视域的差异，但整体而言，结构与能动的互动转向已体现在新制度主义对政治经济、政策分析与行动者互动等问题的卓有成效的分析中。

当然，并不是所有的制度主义者对新制度主义政治学的交流与融合持乐观态度，哈伊和温科特以谨慎态度提出了明确的反驳，对历史制度主义在"社会本体论"上的独立性及其整合能力提出了质疑。他们认为算计途径和文化途径这两种"社会本体论"意义上的研究方式难以相互融合与对话，历史制度主义的研究取向表现出在理性选择和社会文化路径之间左右摇摆的倾向，对于制度分析而言，意图论（intentionalism）和决定论（determinism）的二元困境无法回避，历史制度主义的整合宏图难以实现。

对此，历史制度主义者进行了一系列的回应，对其核心的观点进行了修补和完善。正是在这个意义上讲，历史制度主义无疑是最重要的，因为历史制度主义在综合分歧、议题拓展、矛盾化解上都存在多种可能性。还有一部分学者，另辟蹊径转向理念，探寻理念整合新制度主义的可能性，这种趋势在新制度主义第三阶段的发展中已经得以体现。

（三）关于新制度主义政治学的评价与质疑

众所周知，所有成功的理论流派都是在不断地批评和挑战中成长发展起来的，新制度主义同样面临着各种质疑和评价，评价与质疑也是新制度主义理论发展中重要的组成部分。需要注意的是，对新制度主义理论大部分的批评都来自流派内部的相关学者，这从某种程度上说明了新制度主义政治学具备较强的学术活力和发展潜力。新制度主义政治学的贡献不仅在于议题和研究范围的进一步拓展，而且在与方法和理论的多维与多元统一，拓展了制度的研究范围，丰富了政治学的研究方法；对行为、价值和制度结构的关系进行了整合，增强了制度的解释能力和检验现实的能力。不过，也有学者认为，新制度主义只是一种新的制度分析范式、研究取向或研究路径，甚至只是一种新的制度分析的学术思潮。因而，它与传统的或旧的制度主义一样，不是一种系统理论形态或一门新的学科。①

奥伟·佩德森（Ore K. Pedersen, 1991）就比较全面地指出了新制度主义政治学存在的九大问题。② 他提出了制度层面变量的地位问题。假如我们认为制度在本质上是价值或规则或知识框架的集合，那么究竟是什么造成了政府政策中那些显而易见的差异？相对于那些规则为基础构成的高级实体，为什么不说起作用的要素是规则，而说是某种有那些规则构成的更高级实体？尽管可以说这些准则（或偏好）的长期性和可预见性或许构建了政府政策中制度性的一面，但接下来又会出现如何区分规则的长期与短期影响的问题。简言之，比起单独考察以规则为基础的行为，或者关注特殊规则或规则的影响，使用制度或者"新制度主义"名号的效用何在？佩德森事实上对制度和价值、规则等概念的含糊不清等基础性问题提出了疑问。

1. 关于历史制度主义政治学的评价与质疑

历史制度主义所采取的历史分析、现实问题导向、重大个案的比较历史方法，能动的过程分析，目的都在于提高解释的精确度，而非建立普遍性理论或提高预测能力；主张"断续式均衡"与"制度动力论"强调环境危机、关键时刻、行动者间权力斗争与理念创新等变迁因素，具有较高的解释力。同时，倾向于将历史制度主义定义为"中层理论"，历史制度主义学者大多质疑政治学可以完全效法自然科学，反对过度强调科学方法，强调真实世界是难以预测的；但从科学理论的角度分析，历史制度主义的人文取向，常常受到批评。

对历史制度主义最大的批评是：（1）欠缺量化方法难以被证伪（falsified），以致理论建构不足；（2）过度依赖环境生态来解释变迁，而且预测历史发展过程中的逻辑上的事后解释，分析问题过程中的滞后性，缺乏预测能力，这与理性选择制度主义和社会学制度主义关注当前的实

---

① 董才生：《论制度社会学在当代的建构》，载《江苏社会科学》，2006年第3期，第93页。
② 参见 Ore K. Pedersen, "Nine Questions to A Neo-institutional Theory in Political Science", in *Scandinavian Political Studies*, Vol. 14, No. 2, 1991, pp. 125 – 148。

际问题不同,现实意义有些欠缺;①(3)经验性的案例研究过于偏重复杂性与特殊性,难以提出普遍的因果关系,被批评为"不具普遍性"、"不能提供有效的概括性"(Aspinwall & Schneider, 2000);(4)历史制度主义学者面对"社会本体论"被批评有内在不一致的问题,甚至是"没有自己的社会本体论"(Hay & Wincott, 1998)②,在理性选择制度主义和社会学制度主义的"算计"和"文化"本体论之间艰难选择;(5)历史制度主义重视观念对制度的作用,但"观念"解释上非常模糊,没有说明观念是内在于制度还是独立存在。

强调"路径依赖"已经受到一些重要的历史学者的抵制,原因是他们认为在本质上而言,历史制度主义是一种独特的防御性的政治分析,"历史制度主义"学者要研究政治的"诗歌",研究过程与详细剖析。有学者认为存在"变量多而案例少"(many variables and few cases)的问题,制度可能因路径依赖而显得效率低下。③ 研究者不可能对历史进行更加科学准确的分析,不可能进行精确的预测,这种方法是静态的,如果运用历史方法准确地捕捉到了不可预测的、偶然的、准确反映行动者自省能力的人类行为,"历史"也可能给予观察者一个关键点,从其中一个可以更好地了解所处时代不同人类能动的差异,并提醒自己不应采取的道路。另外,对"叙事"和"身份"感兴趣的学者通常不是以客观事实来考查历史,而是将历史视为一种"解释"或"神话",行动者重新讲述过去对现在的影响和重新考虑历史。本质上,"路径依赖"的争辩是定量研究在政治学中的角色与运用问题。

基于历史研究的多样化分析方法无疑是可以用做制度变迁的研究,一些制度影响的规律性被用做系统分析和定量分析,但政治过程本身非

---

① Peters, B. Guy, *Institutional Theory in Political Science, the New Institutionalism*, London and New York: Wellington House, 1999, pp. 68 – 69, 75 – 76.

② Hay, C., *Political Analysis: A Critical Introduction*, New York: Palgrave Macmillan Press, 2002; Hay, C., Wincott, D., "Structure, Agency and Historical Institutionalism", in *Political Studies*, Vol. 46, 1998, pp. 951 – 957.

③ Paul Pierson, "Increasing Returns, Path Dependence, and the Study of Politics", in *American Political Science Review*, Vol. 94, No. 2, 2000, p. 264.

常容易受到偶然性事件和主观认知的塑造，使得制度变迁非常难被系统地测量。在任何情况下，都没有单一的变迁模型或者是过去大事件的影响可以在公正的多层次的因果性工作中加入历史解释。①

2. 关于理性选择制度主义的评价与质疑

理性选择制度主义的优点在理论建构，以微观方法凸显个体行为的自主性，运用演绎逻辑建立了一套精致而简约的一般性理论架构。理性选择制度主义比其他的制度主义更能为个人和制度之间提供一种明细的分析上的联系，即制度塑造个体偏好和控制供给组织成员的激励。

理性选择制度主义学者的批评：（1）传承经济学的理性假设与演绎方法，是"理论导向"，其目的是建立一般理论，但被批评为"经验性应用的绝对贫乏"（Green & Shapiro, 1994）；（2）多数理性选择学者的解释是静态的，由于其偏好既定、外生的假设，不能解释现实世界中个体偏好不同的事实，由于其专注于均衡条件，很难解释为什么制度会随时间发生变迁；（3）多数理性选择学者仍采取微观的个人主义方法论，在制度限制下的个体策略性行动仍是分析焦点，强调人类动机的自利本性，特别是自身经济利益假设是一种经济决定论，但事实上其对制度规则的作用解释并不清楚；（4）多数的理性选择制度主义学者，仍是采取功能主义、目的论的观点，主张制度的设计与变迁原因都出自相关行动者的意图，能有效满足相关行动者的利益，不过，现存制度并非全由行动者意图所造成，也未必带来有效的均衡，可能是次优的甚至是无效率的集体结果（Levi, 1997），理性选择并没有很好地解释这种无效状态；（5）多数理性选择学者仍从短期视野中，将研究焦点放在制度的设计与作用。

3. 关于社会学制度主义的评价与质疑。

彼得斯（1999）认为社会学制度主义的结构主义取向，优点是对现存制度的持续而良好的解释，突出结构因素对个体产生塑造的效果；相

---

① Ellen M. Immergut, "Historical-Institutionalism in Political Science and the Problem of Change", in Andreas Wimmer and Reinhart Kossler (eds.), *Understanding Change: Models, Methodologies, and Metaphors*, New York: Palgrave Macmillan, 2006, pp. 237–253.

对于理性选择制度主义的功利主义主张，是一个非常有用的平衡；新制度主义中创造性的概念模糊，对于新制度主义发展有着建设作用。

尽管社会学制度主义受到广泛肯定，但是也有学者认为它存在缺陷与不足。(1) 彼得斯 (1999) 认为社会学制度主义对制度的定义"过于宽泛并模棱两可"，不对制度与组织之间进行明确区分，导致制度的作用与影响过度扩张，易陷入制度决定论的主观限制；(2) 豪尔和泰勒 (1996) 指出，社会学制度主义的理论主张过于苍白 (bloodless)，"它们忽略了制度创设或改革过程中行动者展开权力冲突的重要性"；(3) 安德鲁·艾伯特 (1992) 也指出社会学制度主义在一定程度上对"社会结构的传统"重视不够；(4) 过度低估行动者的自主性，将行动者视为制度结构的反应器与顺从者，不具有反省与创造能力，忽视行动者的理性与自主行动能力，也不能解释个体偏好的差异与冲突现象 (Hay, 2002)；(5) 如果文化决定偏好，那么如何解释同一文化之下，行动者间为何有不同的偏好？(Rothstein, 1996)；(6) 社会学制度主义被批评为太过具体，长于解释制度的持续，但对重大的制度变迁则显得较不具解释力。

4. 关于新制度主义政治学其他问题的批评和质疑

(1) 有学者质疑制度概念的模糊性。琼·布隆德尔 (Jean Blundell, 2006) 指出，制度"概念的模糊性问题"①，把社会学和经济对制度的现有解释引入政治学时，需要考虑概念在政治学中的具体问题和概念关系证伪。概念的模糊性将严重制约理论的解释能力和更具整体性的新制度主义范式的形成和发展。也有学者试图对概念模糊性进行调试和修正，但却使结果变得更加复杂。这个问题可能将长期困扰新制度主义的研究者。(2) 质疑新制度主义政治学理论的普适性。库尔特·维兰德 (Kurt Weyland) 指出新制度主义受到特定背景的限制，只能是一种地方性共

---

① Jean Blondel, "About Institutions, Mainly, but Not Exclusively, Political", in Rhodes, R. A. W., Binder, Sarah A. & Rockman, Bert A. (eds.), *The Oxford Handbook of Political Institutions*, London and New York: Oxford University Press, 2006, pp. 716 – 719.

识，无法作为普遍性理论进行宏大的分析。① 就理性选择制度主义而言，源自于对美国政治实践的总结，运用到拉美地区时这种简约理性模型面临无法处理复杂利益的能力，制约了其解释效果。除去意识形态因素，新制度主义的普适性雄心还面临制度差异性的认识不足和经验案例数量缺乏的制约。(3) 有关制度变迁的质疑来自三个方面。第一，认为新制度主义无法有效解释制度变迁，它更适合解释制度稳定而非制度变迁。斯蒂芬·克拉斯纳（Stephen D. Krasner）强调变迁的困难性和瞬时性、保罗·皮尔逊、约翰·伊肯伯里（John Ikenberry）都强调"政治制度安排典型特征是难以变迁"。第二，对路径依赖理论的批评。如施瓦茨（Schwartz，2002）质疑将制度的报酬递减和路径依赖的报酬递增相互混淆。② 第三，对"不断被打断的均衡"模式的批评。外部冲击不是制度变迁的唯一诱因，该模式忽视了演化式的制度变迁；忽视了个体在制度变迁中的作用；过于强调外生性的制度变迁，忽视内生型的制度变迁③，制度变迁对内生原因、内生动力关注不足。(4) 对于制度决定论的批评。著名的政治社会学者（Seymour M. Lipset, 1993）仍然认为，一国政治稳定最重要的因素是文化与经济的，而非制度。他认为，学者近来为何聚焦在制度上，是因为制度因素相比文化因素而言，感觉上较容易改变，但是并不代表制度就是影响政治稳定最重要的因素。④ (5) 对于新制度主义实践应用的批评。正如马克·阿斯平沃和杰拉德·施耐德教授所指出的，

---

① Kurt Weyland, "Limitations of Rational Choice Institutionalism for the Study of Latin American Politics", in *Studies in Comparative International Development*, Vol. 37, No. 1, 2002, pp. 57–85.

② Schwartz, H., *Down the Wrong Path: Path Dependence, Markets, and Increasing Returns*, Typescript, University of Virginia, 2002.

③ Kathleen Thelen, "How Institutions Evolve: Insights Comparative Historical Analysis", in James Mahoney and Dietrich Rueschemeyer (eds.), *Comparative Historical Analysis in the Social Sciences*, New York: Cambridge University Press, 2003, p. 201; See also, Wolang Streeek and Kathleen Thelen, "Introduction: Institutional Change in Advanced Political Economies", in Wofgang Streeck and Kathleen Thelen (eds.), *Beyond Continuity: Institutional Change in Advanced Political Economies*, New York: Oxford University Press, 2005, p. 8.

④ Seymour M. Lipset, "The Centrality of Political Culture", in Larry Diamond and Marc F. Plattner (eds.), *The Global Resurgence of Democracy*, Baltimore: The Johns Hopkins University Press, 1993, p. 137.

对欧洲一体化的研究,"尽管取得了这些令人瞩目的成就,但是,这些研究几乎没有达成对于已经出现的欧盟制度形成的共同理解。与此相反,研究者们都处理以规则为基础的行为所呈现出的各种面相时,所表现出的却是一种相当杂乱的方式"。Claudio M. Radaelli,Bruno Dente,Samuele Dossi(2012)①认为新制度主义研究以其理性、组织性、历史性及话语性等多种特性来看,是比较政治学和公共政策分析的最成功的范式。然而,新制度主义在比较政策分析实践中也暴露出了四个陷阱,它们是"制度决定论"、"先入为主"、"次优残余解释"和"没有基础机制的理论推测"。这些问题都是应当纠正和尽量避免的。

四、新制度主义政治学的最新发展趋势

2000年以来,新制度主义在政治学中的发展进入了一个新的阶段,理论和方法进一步整合,主要表现在如下几个方面:新制度主义类型划分进一步拓展;新制度主义各流派的制度理论的发展与整合;应用领域进一步扩展;跨学科比较分析趋势明显;研究方法进一步完善和融合。

(一)新制度主义类型划分的拓展

时至今日,关于流派的争论与讨论远未终止,不断有学者对其分类方法进行补充。2006年,西方主流的政治制度研究者们跨国合作撰写了《牛津政治制度手册》(The Oxford Handbook of Political Institutions),该书的内容分为三个部分:第一部分为路径,介绍制度研究路径和方法;第二部分为制度,介绍了制度在实际领域的各种分类;第三部分为过去与现在,对制度研究作出总结。《牛津政治制度手册》对当前的新制度主义政治制度研究的主要路径进行了重新分类,并将其划分为规范制度主

---

① Claudio M. Radaelli, Bruno Dente, Samuele Dossi, "Recasting Institutionalism: Institutional Analysis and Public Policy", in *European Political Science*, Vol. 11, No. 1, 2012, pp. 537–550.

义、理性选择制度主义、历史制度主义、建构制度主义、网络制度主义五个流派详细叙述。

在这五个流派中，除去理性选择制度主义、历史制度主义，由马奇和奥尔森撰写的"规范制度主义"与"社会学制度主义"的内容大体相似。另外，学者们还陆续发现了"程序制度主义"、"女性制度主义"、"实践制度主义"等类型，补充完善了新制度主义类型：

1. "建构制度主义"（constructivist institutionalism），或称做话语制度主义（discursive institutionalism），对新制度主义政治学发展注入了新的动力。该流派主要代表人物为科林·海，他将在国际关系理论中有较大影响的建构主义引入政治制度的研究，施密特则称其为话语制度主义，认为该流派没有与传统的三种流派划分形成竞争，而是补充和完善了三种流派。罗伯特·利伯曼（Robert C. Lieberman）则认为与之前三种流派侧重于静态分析不同，该流派注重理念与政治的互动，强调解释制度变革的动力学（the dynamics of institutional change）。这一流派表现出了极大的学术活力，较好地解释制度变迁问题，甚至呈现出用理念整合新制度主义的新趋势。

2. "网络制度主义"强调组织之间的关系，这类关系对行为进行约束。它主要关注五个领域，即政策网络、组织、市场，政治动员和社会运动，社会影响，社会心理及其政治文化。[①] 从关系角度来解决社会现象；强调复杂性的假设，认为关系是复杂的；制度是一种网络，约束行为，也为行动提供资源；网络制度主义强调社会资本、信息与资源等形式的非正式制度。这些探索丰富了新制度主义的观点和类型划分，对新制度主义的拓展有着积极的意义。但就一个流派而言，网络制度主义"还处于发展过程中，其研究更多的是描述，而不是分析，并且缺乏本体论的支撑，所以还构不成一个流派，只是提供了一个新的视角"[②]。

---

① Ansell, Christopher, "Network Institutionalism", in Rhodes, R. A. W., Binder, Sarah A. & Rockman, Bert A. (eds.), *The Oxford Handbook of Political Institutions*, London and New York: Oxford University Press, 2006.

② 参见朱德米：《理念与制度：新制度主义政治学的最新进展》，载《国外社会科学》，2007年第4期。

3. "女性制度主义"。Fiona MacKay, Meryl Kenny and Louise Chappell (2011)① 对新制度主义进行了性别透视,提出了女性新制度主义。结合现存的新制度主义优点和缺点,分析了女性新制度主义的特征。一方面,女性制度主义批评、寻求克服制度研究中的性别盲区,关注女性作为政治程序中的行动者,研究了性别和政治制度影响的交互作用。另一方面,吸取了新制度主义的分析优势,运用新制度主义的概念和工具回答女性主义政治科学家所关切的问题。二者的对话为理解"真实世界"有关政治与公共生活中的权力不均衡以及制度存续和变迁的机制等问题提供了重要的新见解。

他们认为,目前为止主流的新制度主义文献在很大程度上忽视了性别与制度的关系。好的制度主义应该认识到性别概念对制度构造的重要性。性别关系被理解为重要的社会关系和文化构成要素,同时也是权力和阶层关系的重要体现,也是重要的制度和社会结构因素。这种性别关系被认为是制度化的,镶嵌在特殊的政治制度,约束和分享着社会互动。性别分析有助于丰富我们理解制度的关键领域如正式和非正式制度、制度生成、延续和变迁,性别结构、女性能动和权力以及女性政治科学家从新制度主义中的潜在收获等。

新制度主义提供了工具和框架有助于女性主义者分析制度存续和变迁的动力机制概念;女性主义的研究有助于新制度主义更好地关于制度的性别属性的理论化。新制度主义和女性主义分享了很多共同关切,都为彼此提供了重要的视角,形成了女性新制度主义,但女性新制度主义还在不断发展中,关注新制度主义的女性政治学家和女性新制度主义者都认识到需要进一步对制度动力、性别权力、政治生活中的性别均衡模式进行探索。二者可以共同推动制度的存续和变迁的研究合成分析和共同机制的探索。

4. "制度程序主义"(institutional processualism)。制度程序主义结合了

---

① Fiona MacKay, Meryl Kenny and Louise Chappell, "New Institutionalism Through a Gender Lens: Towards a Feminist Institutionalism?", in *International Political Science Review*, Vol. 31, No. 5, 2010, p. 588.

新制度主义和公共管理改革研究。代表人物是巴泽莱（Michael Barzelay）和加列戈（Raquel Gallego），从公共管理的角度对公共政策和制度变革的转变过程研究，制度程序主义主要关注各类互动的制度背景和政策制定、组织决策和组织变革的过程及二者之间的关系。①

5. "实践制度主义"（Practical Institutionalism）。② 该流派认为，实践视角可以理解为设计视角，区别于因果视角、解释视角。这种探索有着积极的意义，但其基本观点没有成形，总体影响力不大。

总体而言，新制度主义的流派进一步拓展，视野更加开阔，主要从如下几个方向展开：第一，实证分析和案例分析相互结合，解释的框架更加合理；第二，新制度主义类型的拓展，女性制度主义、网络制度主义、程序制度主义等快速发展；第三，建构制度主义对制度变迁、理念和制度化完成后的制度变革的关注，弥补了新制度主义分析的不足。

（二）新制度主义制度理论的进一步发展

从埃文斯的"国家回归"，到布莱斯的"理念回归"，再到瑟伦的"行动者回归"、坎贝尔的"资本主义回归"，新制度主义不断实现理论的交融和整合，围绕制度变迁、制度设计、制度作用形成了丰富的理论资源，新制度主义取向呈现出多重性、竞争性、替代性、批判性的特点。多重性是新制度主义理论和方法上呈现出多元化的趋势，竞争性体现了各流派和分支之间存在很大的分歧与争论，替代性是理论观点呈现出不断的补充和替代的过程和趋势，批判性是新制度主义在发展中价值性逐步得以强化。基于此，本部分重点考察了话语制度主义、动态的制度变迁、制度设计、制度多样性和复杂性的理论等理论发展。

---

① Michael Barzelay, Raquel Gallego, "From 'New Institutionalism' to 'Institutional Processualism': Advancing Knowledge about Public Management Policy Change", in *Governance*, Vol. 19, No. 4, October 2006, pp. 531 – 557.

② John Ferejohn, "Practical Institutionalism", in Daniel Galvin, Zan Shapiro, Stephen Showronek, *Rethinking Political Institutions—The Art of the State*, New York : New York University Press, 2006, pp. 72 – 77.

1. 话语制度主义和后结构主义话语理论

施密特（2010）[①] 认为三个传统公认的新制度主义——理性选择制度主义、历史制度主义和社会学制度主义——都在日益寻求"内生"变迁，这通常意味着求助于理念和话语。重视理念和话语的方法被归为第四类"新制度主义"——话语制度主义，其关注的是制度背景下理念的实质和话语的互动过程。这个最新的"新制度主义"流派拥有通过解释实际偏好，策略和行动者规范取向来提供洞察动态的制度变迁的巨大潜力。话语制度主义学者已经在利益和不确定性、关键节点和增量变迁、规范和文化问题上超越了传统制度主义的方法，确定了适合该分析框架的宽泛路径。他们对制度作了动态定义，即结构和构建的意义对能动来说是内生的。一方面，能动的思想能力背景使它们能够创造（和维持）制度，另一方面，能动的话语能力前景使它们能够表达对制度的批判，从而改变（或维持）制度；而以前的新制度主义在激励、路径依赖和文化框架等外部规则遵守的结构中是静态比较的。同时，施密特也指出了话语制度主义的改进空间，包括理念转变的理论分析过程，运用以前的新制度主义来研究背景信息，以及将利益和地位的力量融入到理念和话语力量中的分析。

施密特强调理念可以概念化利益、价值并塑造制度。理念呈现出多样的形式：具体的政策理念、一般纲领性的理念、下属的公共哲学、基础经济理念、关键时刻产生的集体记忆。与布莱斯（Blyth）更注重理念不同，施密特更强调行动者在制度变迁中的作用，他认为理念和话语都是行动者来掌控的，同时理念在不同的结构背景中也会呈现出不同结果。国家仍然是主要的考察对象，施密特关注不同的能动者，强调话语过程的重复本质。

弗朗西斯科·帕尼扎和罗米那·米瑞利（Francisco Panizza, Romina Miorel-

[①] Vivien A. Schmidt, "Taking Ideas and Discourse Seriously: Explaining Change through Discursive Institutionalism as the Fourth 'New Institutionalism'", in *European Political Science Review*, Vol. 2, No. 1, 2010, pp. 1–25.

li, 2013)① 撰文试图研究后结构主义话语理论（Post-structuralist Discourse Theory, PSDT）与话语制度主义（Discursive Institutionalism, DI）之间的相互作用。强调 PSDT 对 DI 有三个重要影响：第一，话语本质上是政治的，这种政治包含了对立和政治前沿的话语构建。PSDT 使得话语被充分理解为政权的构成部分，而不仅仅是政权的补充；第二，PSDT 中不完整结构和分散的学科概念，表明制度从来不能决定代理人的身份，而这种失败恰恰使得制度变迁有了可能，也使得 DI 分析模型中的制度变迁具有内生性；第三，PSDT 的核心论点为多样的和不完整的制度结构使得代理人可以建立一种多样的身份识别关系，这也可以帮助我们更好地理解代理人身处制度中时怎样从制度外思考、谈论和行动，以及理解他们话语能力的来源是什么。

相应的，DI 可以帮助 PSDT 更系统地利用自身的理论观念去分析制度。PSDT 认为制度中存在多种压制和理论与实践的冲突，这种冲突可能被激发出来从而扰乱制度秩序，这在高度制度化的社会中用来解释变迁过程是一个重要的观念。在这样的社会中，PSDT 分析变迁的发展能力尚显不足。DI 认为变迁可以从每天的政治增量变迁到深度系统化的危机多种情形下发生，这能更容易理解政治和制度之间的关系。DI 对于变迁、混乱和危机之间关系作了更为细致而差别的理解，这种理解可以作为对 PSDT 所强调的更为制度化形式的政治活动中的政治分裂这一观点的补充。DI 对制度运作的广泛的实证分析为 PSDT 提高自身对制度的理解提供了丰富的素材。

同时，PSDT 可以为制度变迁的实证分析提供一系列有价值的理论和方法工具，也可以将 DI 的观点融入到自身的分析当中。PSDT 和 DI 都有着自身的缺点和不足，但是这并不影响我们对这两种方法的共同研究。

斯蒂芬·贝尔（Stephen Bell, 2011）② 认为我们应当反对那种历史制度主义无法解释制度变迁或者不可避免地陷入僵化而且在制度生命中过

---

① Francisco Panizza, Romina Miorelli, "Taking Discourse Seriously: Discursive Institutionalism and Post-structuralist Discourse Theory", in *Political Studies*, Vol. 61, No. 2, June 2013, pp. 301 – 318.

② Stephen Bell, "Do We Really Need a New 'Constructivist Institutionalism' to Explain Institutional Change?", in *British Journal of Political Science*, No. 4, 2011, pp. 883 – 906.

度静态的、最终避免不了"粘性化"的观点。事实上，历史制度常常有两种现存的版本被忽略了，即历史制度主义有"粘性的"和"更灵活的代理集中"两个版本，后者能够有效容纳代理人关注和关键的建构（话语）主义观念，至此，准确定位代理人在制度和广泛结构环境范围下的辩证关系中的运作变得至关重要。这就是为什么制度方法一开始就得到了发展。无论此处提出的现代建构主义还是代理集中的历史制度主义或者二者的综合体最后被贴上历史制度主义的标签还是建构制度主义的标签，这都不是特别重要，重要的是有解释力的因素之间适当的综合。

2. 制度变迁的理论

理性选择制度主义和历史制度主义的制度变迁理论先是受到制度经济学逻辑的影响，而后又受到新达尔文进化理论的影响，路径依赖理论和断裂均衡理论在20世纪80—90年代主导了政治学的制度变迁理论。本世纪以来，新制度主义各个流派都从各个方面回应了制度变迁理论不足的质疑，动态、渐进、演化的制度变迁得到进一步发展，新制度主义的各流派都认识到内生性的、渐进制度变迁的革新性意义，制度变迁过程由内生因素和外生因素共同驱动，发掘能动和行动者在制度变迁中的重要作用。理性选择制度主义也放宽了时间限制，制度变迁中的时间、空间因素得到进一步重视。制度变迁成为新制度主义理论的新核心。

（1）制度变迁的类型划分

朗兹根据制度变迁的速率（Tempo of change）和结构与能动的平衡关系（Structure agency balance）两个维度作为坐标轴，速率反映了制度变迁的节奏快慢，按速率为坐标可以分为渐进制度变迁和断裂制度变迁，以结构—能动轴（Structure-agency axis）为坐标可以将制度分为结构的变迁和能动的变迁。因此，将制度变迁分为四种：一是结构的、渐进变迁，二是结构的、断裂变迁，三是能动的、渐进变迁，四是能动的、断裂变迁。[1]

首先，结构的、渐进的变迁观点，主要由斯科特（2001）和保罗·皮

---

[1] Vivien Lowndes, Mark Roberts, *Why Institutions Matter: The New Institutionalism in Political Science*, New York: Palgrave Macmillan, June 2013, p.117.

尔逊持此观点。斯科特坚持结构观点，相同的制度是不同行动者在不同层面互动的结果，制度变迁来自行动者对制度的传递和解读与制度的微观、中观、宏观的结构的不匹配，同时外部环境和结构变化也能导致这种不匹配出现。认为能动总是受到结构约束，在变迁方式上倾向于长时间的、渐进的演化理论。在制度变迁维度上，分为监管（规则）、规范（实践）和文化认知（叙述）的维度。① 皮尔逊则从路径依赖的角度考察行动者追求利益的历史社会背景，特别是制度变迁的时间效应。制度变迁的过程是巨大的，却是缓慢的、无形的（big, slow-moving and invisible）。②

其次，结构的、断裂的变迁观点强调了理念的回归，包括 Paul Sabatier（2007）③ 的联盟视角和布莱斯（2002）的理念途径的制度变迁。Sabatier所主持的支持联盟框架（Advocacy Coalition Framework，ACF）关注政策社群中政治精英的相互作用，及其对经济社会和政治变迁条件的反馈。精英集团在政治变迁中扮演了重要的角色，他认为在行动者联盟关系中信念远比利益更重要。这种"信念体系"不仅能理解行动者的目标，还能考察其结果。行动者在多种联盟中的冲突战略，行动者作为"政策破坏者"（Policy brokers）寻找某种合理补偿缓解联盟间的冲突，Sabatier被认为是边缘的制度主义者，其信念体系是偏结构性的，同时由于其坚持冲突是受外部冲击的。布莱斯聚焦于经济政策的"大转型"，运用建构主义的方法认为理念是制度变迁最重要的因素，在对现存制度的斗争中，观念是最有力的武器，新观念作用于制度，强调危机时刻的观念转型。

再次，能动的、断裂变迁观点强调国家的回归，强调能动胜过结构，关注制度的形成时期，主要有 Eric Schickler 关于美国国会"脱节的

---

① Scott, W. R., *Institutions and Organizations* (2nd edn), Thousand Oaks, CA: Sage Publications, 2001, pp. 195 – 202.

② Pierson, P., "Big, Slow-moving and Invisible: Macrosocial Process in the Study of Comparative Politics", in J. Mahoney and D. Rueschemeyer (eds.), *Comparative Historical Analysis in the Social Science*, Cambridge: Cambridge University Press, 2003, pp. 177 – 207.

③ Sabatier, P., Weible, C. M., "The Advocacy Coalition Framework: Innovations and Clarifications", in P. Sabatier (ed.), *Theories of the Policy Process*, Boulder, CO: Westview Press, 2007, p. 196.

多元化"(disjointed pluralism)① 的研究、施密特的话语制度主义。Schickler 分析了议会制度变迁的不同方面：议会体系的权力和范围的变迁，议会成员变成领袖的角色变迁，作为理性选择制度主义者，他关注典型的多重集体利益塑造议会制度的变迁，成员基于不同利益动机对改革的支持，通过创新积累和竞争动机的激发，调适一系列变迁意图激发相互冲突的变迁进而提升竞争利益。联盟的互动提升相互冲突的目标产生制度冲突大于和谐，行动者选择战略和相对不受约束的方式等。施密特（2009）运用话语制度主义分析制度变迁的动力，聚焦于公共行动的话语协调、话语交流、话语审议过程，她主张国家作为行动者的重要作用，她运用话语制度主义分析比较国家政治经济问题，以及政治经济和公共政策中政治领导者的作用。

最后，能动的、渐进的变迁强调行动者回归。Schneiberg 和 Lounsbury（2008）② 分析了制度变迁中的社会运动角色，瑟伦和莫霍尼（2010）则对渐进制度变迁的类型作出划分。Schneiberg 和 Lounsbury 关注集团如何相互联合起来支持或反对或行动者为了创造新制度安排或现存制度进行的实践；强调行动者深思熟虑的策略行动和自我认知的动员，变迁来自运动组合和制度过程；体现政党斗争的策略和机会本质，强调利益集团的合作、共同的政治俱乐部和单个问题联盟，运动带来了权力和资源，界定了政治制度环境的边界。瑟伦和莫霍尼关注了宏观层次的制度变迁，最关键的是关于资本主义多样性的争论，批判了断裂均衡的制度变迁模式；提出渐进转型模型，强调制度的内生动力和行动者能动，行动者持续的解读和实施活动，行动者的竞争和权力争夺，不断的利益聚合，制度进行复杂、多样的、渐进的变迁。

朗兹则进一步指出，制度变迁具有三个核心特点：第一，制度变迁

---

① Schickler, E., *Disjointed Pluralism: Institutional Innovation and the Development of the U. S. Congress*, Princeton, NJ: Princeton University Press, 2001, pp. 5 – 18.

② Schneiberg, M. and Lounsbury, M., "Social Movements and Neo-institutional Theory: Analyzing Path Creation and Change", in R. Greenwood, C. Oliver, S., Sahin-Andersson and R. Suddaby (eds.), *Handbook of Institutional Theory*, Thousand Oaks, CA: Sage Publications, 2008, pp. 649 – 652.

同时受到内生性和外生性力量驱动;第二,渐进变迁同样能产生转型效应;第三,制度稳定和制度变迁都是人类能动作用的产物。制度变迁不再是解释制度对行为塑造和政治结构的辅助性问题,变迁和稳定必须同时考虑,不再彼此独立。变迁和稳定都是行动者之间面对结构性互动、现存制度约束与环境挑战的结果。制度的实施可能被规则承担者、规则制定者共同决定,规则强化者打断,制度同时约束代理者和目标,制度如何变迁还要受到环境和制度的制约,行动者通过"借用"、"记忆"、"分享"作出反馈。制度、行动者和环境三个因素共同决定了制度变迁。朗兹教授通过"政治电影"(politics-the movie)的方法,政治戏剧丰富的时间空间特征考察制度主义者的能动,行动者在制度变迁中维持、抵抗、修订和重新再发现,朗兹甚至认为能动概念是新制度主义的核心,对于理解变迁具有特殊的重要性。

(2) 渐进转型的变迁理论

该理论来自斯崔克和瑟伦,他们没有关注制度变迁的剧烈突变,而是关注制度的内在、渐进变迁,并对制度变迁作了更加细致的一种类型划分。二人在其著作《超越连续性》(2005)中将渐进的制度变迁的具体形式分为"替换"、"层叠"、"漂移"、"转变"和"衰竭"五种。[①] 其中,"替换"、"层叠"两种形式是行动者主动选择的结果;后三种制度变迁形式则是受外部环境变化或功能变化影响,行动者受环境变化被迫选择或者有意忽略。事实上,两位作者用功能主义的视角来看待制度变迁,制度变迁发生在制度功能已经转变但是正式规则没有转变的时候。这种观点在实际操作时会面临一些困难:首先,准确地确定制度所承担的功能是困难的,特别是将功能的定义作出区分;其次,对制度的重要功能的挑选并不总是容易的事;再次,确定某些规则已经转变远比确定某些功能转变容易得多;最后,如果制度事实上包含规则和功能结果,那么问题变成当规则发生变化而功能没有发生变化或者功能发生变化而规则

---

① Streeck, Wolfgang and Kathleen Thelen (eds.), *Beyond Continuity: Institutional Change in Advanced Political Economies*, New York: Oxford University Press, 2005, p. 31.

没有发生变化的情况下，变迁在多大程度上会发生？二者发生的可能性相当还是有重大意义的不同？① 在坎贝尔（John L. Campbell，2007）看来，斯崔克和瑟伦最具创新性的贡献就是提出"漂移"、"转变"和"衰竭"三种制度变迁类型。

如表2所示，莫霍尼和瑟伦（2010）分析了在特定的制度背景下结构如何成功地影响变迁能动（change-agents）和变迁策略（change-strategies），瑟伦用他和斯崔克在2005年提出的"替换"、"层叠"、"漂移"、"转变"渐进的制度变迁的具体形式。针对传统强调结构、约束和激励，提出第一个问题，政治背景能够提供的否决现存制度的强弱程度？针对注重规则的模糊性和滑移（slippage）的可能性提出第二个问题，目标制度能够为行动者提供解释和执行自由裁量的机会程度？通过对这些问题的回答为行动者提供在特定制度环境下选择的策略和模型，制度约束行为但是不会消除能动。②

表2 制度变迁的背景和制度来源

		目标制度的特征	
		解释/执行中低水平的自由裁量	解释/执行中高水平的自由裁量
政治背景的特征	强否决的可能性	层叠	漂移
	弱否决的可能性	替换	转变

来源：Mahoney, James and Kathleen Thelen, "A Theory of Gradual Institutional Change", in *Explaining Institutional Change: Ambiguity, Agency, and Power*, (eds.) J. Mahoney and K. Thelen, New York: Cambridge University Press, 2010。

制度研究的学者越来越多地将政治系统视为相互依存的复合规则，

---

① Jone L. Campbell, "Institutional Reproduction and Change", in Glenn Morgan, John Campbell, Colin Crouch, Ove Kai Pedersen, Richard Whitley (eds.), *The Oxford Handbook of Comparative Institutional Analysis*, Oxford and NY: Oxford University Press, 2010, pp. 107–108.

② Kathleen Thelen, "Beyond Comparative Statics: Historical Institutional Approaches to Stability and Change in the Political Economy of Labor", in Glenn Morgan, John Campbell, Colin Crouch, Ove K. Pedersen, Richard Whitley (eds.), *The Oxford Handbook of Comparative Institutional Analysis*, Oxford and NY: Oxford University Press, 2010, pp. 53–58.

必须相互补充，才能运作良好，规则往往不完全复制。不同层次的制度的概念化分析都反映出进化理论的趋势，如"多级选择理论"，认为选择压力可能发生在多层次。这有助于解释制度的起源，通常被设计旨在解决集体行动的问题，以及合作和竞争的行为及两者的出现。个人、团体和他们的环境之间的经常性互动是进化理论的核心变迁机制。这种本体论立场使得制度主义者更接近"互动论范式"的进化理论，试图进一步完善制度变迁理论。

在《渐进的制度变迁理论》一文中莫霍尼和瑟伦（2007）[1] 重点探讨了被制度主义者忽略的各种渐进式变革。二位作者认为，制度一旦建立，往往会随着时间的推移以微妙、渐进的方式发生改变。这些缓慢和零碎的变迁也同样可以塑造人类行为，形成实质性的政治结果。他们认为，制度变迁发生的条件往往是，解释规则和执行规则出现了问题，为行动者采用新途径实施现有规则开辟了空间。通过考虑这些问题，作者观察到并得以推断出增量变迁的形式，而这些往往被大多数制度分析所忽视，认为遵从（Compliance）是制度变迁分析中的一个变量。作者提出了制度变迁的新模式，该模式强调将增量变化的特定模式与制度背景的特点和制度本身特性相联系，制度本身的特性指允许或吸引特定种类的变迁战略与变迁推动者。该模式将制度特性中的变化性视为激励不同类型的变迁战略，进而与那些促进特定种类的增量变化的特殊变迁推动者相关联。

瑟伦（2009）[2] 认为，将制度的权力分配特征作为焦点可能更具优势。如果制度被视为行动者、各种组织强制执行或者遵守的一套规则，那么规则从来都不是"简单"地适用，它们总是被有分歧和利益冲突的行动者诠释、执行和通过。瑟伦重点分析了制度的"规则遵循者"之间的政治联盟和持续进行的政治操纵，开辟了一个空间，探讨战略、

---

[1] James Mahoney, Kathleen Thelen, "A Theory of Gradual Institutional Change", http://www.newbooks-services.de/MediaFiles/Texts/5/9780521118835_Excerpt_001.pdf.

[2] Kathleen Thelen, "Institutional Change in Advanced Political Economies", in *British Journal of Industrial Relations*, Vol. 4, 2009, pp. 471–498.

冲突和能动在所有时候都非常重要，并不仅仅是在制度结构完全崩溃的罕见时刻。制度变迁的进化论方法将人类的认知与主观能动视为分析核心。制度变动（variation），人类有能力决定新制度的产生；制度选择（selection），在不同的制度模式间进行选择；制度复制（replication），补充不完美、复制和重复成功的行为。

（3）制度演化理论和制度变迁动力

在新近的制度研究中，新制度主义学者们倾向于把制度的起源、稳定维持和急剧变动看成是一个统一的演化过程。斯崔克在《历史中的制度：回归资本主义》一文中探讨了历史制度分析的三种前沿趋势：第一，由制度变迁的静态视角向制度动力的动态视角转换，制度变迁不再是特殊案例的核心概念而成为任何社会秩序的普遍条件；第二，对单个制度的比较分析可能被结构化的历史进程中的制度发展等宽广的动力系统背景所替代；第三，通过对制度演化的理论分析，解释新制度主义视角下制度变迁的历史动力、发展和资本主义的演化机制等问题。在文中，斯崔克进一步从空间特性、方向、来源、模式、机制五个方面比较了静态制度变迁和制度动力的运作机制及其在资本主义发展和历史中的相互关系。①

奥赖恩·刘易斯和斯坦默（Orion Lewis and Sven Steinmo，2006）在《重视演化：制度分析和演化理论》一文中认为演化理论提供了一个合适的框架，分析动态的政治理论。演化理论假定的是变迁，着眼于一种互动的因果关系：因为具有引发微观和宏观层面动态变化的机会，也许能调和关于"能动"和"结构"关系的可能性，作者因此认为演化理论框架为整合新制度主义各分支提供可能。奥赖恩·刘易斯和斯坦默（2008）从本体论和认识论的角度分析了制度变迁研究的缺陷，结合生物学演化理论，认为制度变迁是一种动态、渐进的复杂过程；强调内生制度变迁的源泉来自复制和选择过程，这种过程是不完整的、是一种增量性变迁；强调内生性制度变迁是制度与环境两个层面选择的结果，这种选择

---

① Wolfgang Streeck, *Institutions in History: Bringing Capitalism Back In*, MPIfG Discussion Paper, 2009, http：//www.mpifg.de/pu/mpifg_dp/dp09 - 8.pdf. 2012 - 11 - 14. downland.

与不完整复制之间的"摩擦"是内生性制度变迁的主要机制。Ian S. Lustick（2011）[1]认为政治学一直以来不接受用演化特别是达尔文的观点来分析和解释，在很大程度上没有认真利用演化理论。只要利用演化思考的概念，历史制度主义者就能够拓宽他们的发现和增强他们观点的深度和严谨。演化理论的关键概念应当被用来解释历史制度主义的突出成果，解释未形成理论的历史制度主义。奥赖恩·刘易斯和斯坦默（2012）认为渐进的制度变迁可理解为一种演化过程，可以通过"广义进化论"（generalized Darwinism）来解释，进一步完善了内生性制度变迁的演化理论。进化理论提供了广阔的理论框架，有助于进一步消除"化约论"和静态本体论。结合认知、理念和决策与其他因素共同致力于制度变迁与人类进化。在选择机制和复制操作不断产生新的变异的条件下，认知、认知模式和理念以及人类进化的范围与步伐成为理解人类的制度构建的中心。制度的变迁和复制主要来自于理念和认知架构的增殖和内在化，通过整合理念融入到制度变迁的分析有助于更好地了解制度演进机制。[2]作者认为，新制度主义学家已经采用了许多演化理论的元素。但是，他们缺乏整合这些不同研究的综合性基础。演化理论不但不会取代目前的研究，反而会更加凸显它们，整合它们以及勾勒出进一步需要阐明的领域。另外，后期的研究指向了关于政治理念产生和孕育的进一步研究，选择和反馈的机制，以及不同系统的演化潜力。显然，这些研究方向只是研究政治变迁的一个总体的方案。

（4）动态的制度变迁理论

坎贝尔（2010）[3]在《制度的再生与变迁》一文中评析了对制度变

---

[1] Ian S. Lustick, Sven Steinmo, "Taking Evolution Seriously: Historical Institutionalism and Evolutionary Theory", in *Polity*, No. 1, 2011, pp. 1 – 31.

[2] Orion A. Lewis, Sven Steinmo, "How Institutions Evolve: Evolutionary Theory and Institutional Change", 2012 Northeastern Political Science Association 0032 – 3497/12, www.palgrave-journals.com/polity/, Vol. 44, No. 3, July 2012, pp. 314 – 349.

[3] Glenn Morgan, John Campbell, Colin Crouch, Ove Kai Pedersen, Richard Whitley (eds.), *The Oxford Handbook of Comparative Institutional Analysis* (*Oxford Handbooks*), Oxford and NY: Oxford University Press, 2010.

迁研究的六种主要途径及不足：第一，功能主义和技术效率；第二，弥散（Diffusion）模型；第三，冲突和权力斗争；第四，现成补缉和诠释；第五，意图和结果的差距；第六，制度的复杂性。在此基础上，坎贝尔最后总结了制度变迁的核心观点：首先，将行动者作为制度变迁主体如何被纳入到制度过程，将包含斗争、冲突和协议角度分析制度变迁，制度依靠竞争性的权力来平衡，制度变迁的过程是多种力量共同建构的结果。其次，对行动者的日益强调，行动者如何理解和解释制度变得非常重要，制度既是约束行动者可供选择的边界限制，也是行动者实现自己目标的重要资源。行动者对制度的解读和翻译变得非常重要，制度具有的易被行动者解读的模糊性和开放性使得制度的延展性程度得到提高。再次，路径依赖的概念被以更加动态的方式来理解。一方面，制度提供资源和机会激发和鼓励行动者调整制度安排，哪怕只是渐进和演化的方式。另一方面，我们理解制度如何约束，只是可供行动者选择而非完全决定。所以路径依赖概念在解释制度变迁时变得更为有用，成为一种约束性变迁。最后，政治经济中的多样性制度是一种多维现象，这导致了对制度环境中制度相互联系和制度复杂性的高度关注及其对制度变迁的影响。

在对渐进制度变迁的反思中，斯崔克和瑟伦（2005）认为制度内的个人行为结果是由规则的制定者（ruler-makers）和规则的接受者（ruler-takers）之间的连续互动决定的，在这个过程中规则的新阐释得以被发现、发明、拒绝或采纳。[1] 斯崔克（2010）[2] 认为比较制度分析应当从静态观点回归到动态观点上来。如果我们以现有的制度变迁为起点，不管比较与否，描绘出一种方法的核心概念，那就是变迁不再是一种特殊情况，而是任何社会秩序中的一般条件。这将会完全消除制度静

---

[1] Streeck, W., K. Thelen, "Introduction: Institutional Change in Advanced Political Economies", in W. Streeck and K. Thelen (eds.), *Beyond Continuity: Institutional Change in Advanced Political Economies*, Oxford: Oxford University Press, 2005, p. 16.

[2] Wolfgang Streeck, "Institutions in History: Bringing Capitalism Back", in Glenn Morgan, John Campbell, Colin Crouch, Ove Kai Pedersen, Richard Whitley (eds.), *The Oxford Handbook of Comparative Institutional Analysis*, Oxford and NY: Oxford University Press, 2010, pp. 659–686.

态和制度动态之间的区别。制度变迁的静态和动态概念的比较见下表。

表3 两种制度变迁

	静态变迁	动态变迁
属性空间	常量/一般性的	历史的/周期的
方向	可逆的/波动的	不可逆的/顺序的
来源	外生—有条件的	内生—辩证的/外生—有条件的
模型	间断平衡	增量的/跨越阈值的
机制	短而强的冲击	不完美的再生/时间因素：累积，转变，流动，枯竭等

在制度和社会学中，动态观点似乎要优于静态观点。社会动态理论定位它们的客体在时间长河中是不可逆的，从而来认识客体的历史本质和独一无二性。变迁是永恒的，同时也是增量的，就像人类环境最重要的变迁都是从用来发生这些变迁的时间中发现的一样。

（5）制度复杂性与制度变迁

坎贝尔（2010）结合制度复杂性的理论，分析解释制度变迁的五种新的理论动向：

第一种理论动向包含洞悉制度多样性（variety）和杂交化（hybridization）本质。真实世界的政治经济制度在理论与实践上是复杂的、多样性的，行动者可以选择来实现制度变迁，通过"替换"、"层叠"等过程实现制度的多样性和杂交化，从这个意义上讲，制度是一种资源，行动者可以用以追求自身的利益。甚至有学者认为异质性（heterogeneity）越强的制度环境，行动者越容易真正致力于革新性的制度变迁。因此，国家政治经济的异质性和杂交化易于制度的灵活性和制度变迁的革新性，同样有利于经济社会绩效。

第二种理论动向包含制度的相互作用。它强调制度互补性阻碍普遍的变迁，因为行动者犹豫害怕一项制度变迁产生的"涟漪效应"（ripple effects），批评者指出研究制度变迁需要一种关系途径，制度的互补性决定了制度变迁的发展。一项制度的变迁可能激发行动者创造另一项新的制度。

第三种理论动向包含不同层次制度的连接。与第二种理论强调制度的水平联系不同，强调地方、地区、国家和国际层面制度的垂直联系，关注制度的自上向下与自下向上的作用。

第四种理论动向包含制度含义的模糊性，制度是开放的、可阐释的（interpretation）。该理论认为制度的含义、社会规范和规则永远不能不含糊或清晰表达，对制度内涵的阐释是竞争的，随时间发生变化。这种对制度含义阐释的变动加剧了行动者同时面对多元复杂的场景中定义利益和战略行动的困难。同理，制度互补性的本质也可以开放去解读，认为对制度的阐释是最重要的，因为它决定了行动者如何通过解读制度进行斗争、议价和妥协。对制度的解读问题还能用来分析为什么理念和话语影响制度变迁，施密特指出不同的政策制定者运用不同国家的话语策略去促进依赖于特殊政治经济制度的结构变迁。甚至理性选择理论者诺斯也认识到制度阐释对于制度变迁的重要性。

第五种理论转向包括制度的起源。它认为制度的起源来自于现实世界中不同的制度之间的刺激可能产生的张力或彼此之间的矛盾。人们通过制度变迁试图去消除这些矛盾或解决这些张力。同理，制度规则阐释的模糊性创造机会解释制度导致了制度变迁，因此，变迁不仅需要突如其来的外部冲击，也是一个内生性诱发的过程。理论研究者已经开始吸收这种认识进入他们的制度变迁理论。[1]

（6）制度互补性理论

制度互补性（institutional complementarities）是历史比较政治学中的一个概念，最初用于资本主义多样性的研究，近年来逐渐被新制度主义研究者引入制度变迁的比较研究中。有学者认为尽管路径依赖理论有力地驳斥了制度变迁的功能主义论调，但是路径依赖更适合解释制度的起源和产生，在解释制度变迁的"历史的作用"过程中依然有大量的盲点（Mahoney，2000；诺思，2008），因此引入制度互补性概念。制度互补性理

---

[1] Jone L. Campbell, "Institutional Reproduction and Change", in Glenn Morgan, John Campbell, Colin Crouch, Ove Kai Pedersen, Richard Whitley (eds.), *The Oxford Handbook of Comparative Institutional Analysis*, Oxford and NY: Oxford University Press, 2010, pp. 102–106.

论已经被经济学家、政治学家和社会学家广泛地接受。豪尔和金格里奇（2009）将制度互补性定义为"一组制度的存在能为其他制度带来可见的回报时该制度是互补的"①。斯崔克认为，制度互补性是制度稳定的根源，制度的互补性和制度之间的相互作用为制度变迁提供了重要的动力。瑟伦也认为制度互补性理论越来越与制度变迁动力理论相联系，是消除制度设计与制度后果之间差距的重要手段，制度的调整变得非常重要。

(7) 制度变迁与观念

瑟伦和斯坦默认为，"制度塑造着有关政策的观念，影响这种观念的吸收（absorption）和扩散（diffusion）"②，斯坦默（2008）认为近年来历史制度主义学者有两项重大知识议题：试图更好地理解制度变迁的机制；明确"理念"在政治与历史中的角色。"理念"在历史制度主义中具有独特的地位与影响，不仅影响政府运作与政策制定，理念改变或创新对制度建立与变迁都有重大影响；虽然理念难以量化研究，它的政治影响却不容忽视，可将行动者动能带进历史制度分析，还能补充断续性均衡与路径依赖在解释制度变迁的不足。③

(8) 制度学习与制度变迁

诺斯等人对制度变迁中的学习机制的重视传统，将学习活动视为新制度产生和制度变迁的起点和前提④，维兰德（2008）研究了国家间学习而导致的制度变迁的分析，该理论将制度变迁的动力划分为供给方和需求方两个维度，一方面关注了决策者们通过学习外国的制度模式和观念

---

① Hall, P. and D. Gingerich, "Varieties of Capitalism and Institutional Complementarities in the Political Economy: An Empirical Analysis", in *British Journal of Political Science*, Vol. 39, No. 3, 2009, pp. 449–482.

② Kathleen Thelen, Sven Steinmo, "Historical Institutionalism in Comparative Politics", in Sven Steinmo, Kathleen Thelen, and Frank Longstreth (eds.), *Structuring Politics: Historical Institutionalism in Comparative Politics*, New York: Cambridge University Press, 1992, p. 25.

③ Steinmo, S., "What Is Historical Institutionalism?", in D. D. Porta, M. Keating (eds.), *Approaches in the Social Sciences*, Cambridge UK: Cambridge University Press, 2008, pp. 150–178.

④ C. Mantzavinos, Douglass C. North, and Syed Shariq, "Learning, Institutions, and Economic Performance", in *Perspectives on Politics*, Vol. 2, No. 1, 2004, p. 75.

经验，另一方面制度变迁往往受到外部刺激显现出"传染效应"①。有国内学者敏锐地发现了新制度主义在制度学习主体的差异和学习对象的不同。从制度学习的主体方面看，诺斯等理性选择制度主义者关注的是制度学习的个体，或者叫微观主体的学习过程，社会学制度主义者们关注了组织间的制度学习，维兰德则关注了超大型组织的国家作为制度学习主体。在制度学习的对象方面，诺斯强调学习的实践，社会学制度主义强调对外部组织模板的学习，维兰德则强调学习对象来自国外的观念和模式。②

3. 制度相似性与制度多样性

在最新的新制度主义发展中，关注点存在从制度的相似性向关注制度的多样性转变的趋势。随着"行动者能动"的回归，行动者跨越时间、空间、能动和权力适应和建构规则变得越发重要，制度的多样性和相似性交织在一起，新制度主义者们将制度多样性作为经验观察的起点，治理的多层次，行动者的多元，新环境的不断变化都推动了对制度多样性的关注。

事实上，制度经历了相似性向多样性的转变。制度的相似性由如下因素决定：第一，神话的制度。植根于组织理论的社会学制度主义将制度化视为一种神话和象征因素包含到特定的结构和文化，称之为"模板"，驱动意识形态塑造制度环境，制度神话权力增加同质化（或同形性），使组织趋于相同的结构和功能需求，形成"合法性蔓延"（contagion of legitimacy）③；第二，效率的制度。效率框架解释持普遍的经济逻辑，用来解决复杂的经济交换；第三，预测的制度。诺斯分析了制度除"效率"和"神话"途径外，还有"预测"途径，认为核心问题是处理有

---

① Kurt Weland, "Toward a New Theory of Institutional Change", in *World Politics*, Vol. 60, No. 2, 2008, pp. 281 – 314.

② 李振：《制度学习与制度变迁：新制度主义进展》，载《比较政治学研究》第4辑，中央编译出版社2013年版，第60页。

③ Zucker, L. G., "The Role of Institutionalization in Cultural Persistence", in W. W. Powell and P. J. Dimaggio (eds.), *The New Institutionalism in Organizational Analysis*, Chicago: University of Chicago Press, 1991, p. 105.

限理性,通过预测减少不确定性,强调非正式约束的"粘性"产生制度的预测性;第四,可操控的制度。理性选择学者视政治制度为效率交换的障碍,可操控的制度被用来追求效用最大化,用制度整合个体行动者的动机,建立"制度熵"(institutional entropy),减少行动者能动;第五,全球化的制度。对宏观结构驱使的回应,全球化增加了制度的相似性,如欧洲国家追求相似的财政货币政策和市场监管的同质化。[1]

同样,制度的多样性理论的差异性主要来自于三个方面:第一,嵌入性制度。对神话的制度模板的同形性过程提出质疑,作用于具体环境和权力关系要适应制度的多样性,效率制度过度抽象于现实,过于简化动机和非历史的提出批评,嵌入性制度如格兰诺维特(1992)提出制度是嵌入社会关系,制度嵌入在国家、金融体系和教育训练体系;[2] 第二,冲突的制度。制度之间的竞争和竞赛,不同集团行动者基于不同的文化资源和现存的多重竞争,权力分配和关系转换成为制度多样性的源泉。制度冲突不可避免,成为主要的政治现象;第三,模糊的制度。模糊性成为制度多样性的第三个源泉,模糊性与行动者的诠释和解释密切相关,行动者对规则进行模糊解读,转换规则和实践,制度的形成得益于灵活的行动者的创新性工作,模糊成为行动者争夺的权力资源,瑟伦和莫霍尼称为"模糊性妥协"[3],制度的模糊包含了进一步变迁的机会和再结构化的动力,通过诠释和行动者竞争的平衡,模糊性还为制度设计提供了资源。[4]

在塑造制度的相似形和多样性上,科林·海认为制度结果在本质上是非决定论的,强调"偶然效应"。朗兹认为,"偶然效应"主要包括:

---

[1] Vivien Lowndes, Mark Roberts, *Why Institutions Matter: The New Institutionalism in Political Science*, Basingstoke: Palgrave Macmillan, June 2013, pp. 145 – 149.

[2] Granovetter, M., "Economic Institutional as Social Constructions: A Framework for Analysis", in *Acta Sociologica*, Vol. 35, No. 1, 1992, p. 72.

[3] Mahoney, J., Thelen, K., "A Theory of Gradual Institutional Change", in J. Mahoney, K. Thelen (eds.), *Explaining Institutional Change: Ambiguity, Agency and Power*, Cambridge: Cambridge University Press, 2010.

[4] Vivien Lowndes, Mark Roberts, *Why Institutions Matter: The New Institutionalism in Political Science*, Basingstoke: Palgrave Macmillan, June 2013, pp. 150 – 156.

第一，制度过程和影响在本质上不可避免的相互作用；第二，偶然性强调效果产生的持续过程而不是消除多种结果；第三，强调制度变迁的非决定性，重新认识制度长期发展的能动效应。① 科林·海强调能动是偶然效应的主要源泉，布莱斯强调制度变迁中理念冲突带来的偶然效应对政策路径的塑造。偶然效应的特点：第一，持建构主义观点的将这种偶然性归于能动，坚持非决定论；第二，行动者认知和能力失败源于对复杂环境控制的巨大差异；第三，行动者的空间维度，受到外部空间影响，其他行动者有意无意的影响；第四，时间维度。行动者行动对制度立即的、或者经过持续的时间才会出现的影响；第五，行动者之间相互竞争的影响，观念、解决措施的妥协和竞争。②

在朗兹看来，偶然性来自时间和空间。在时间的偶然效应方面，包括三个方面：第一，序列，行动者行动的顺序；第二，时机，特殊的时间点；第三，节奏，行动者行动的快、慢和持续过程。三个时间要素影响行动者对待新旧规则的张力，将新的价值迁入新规则的动态过程，制度如何"发现，发明，建议和反对"，经过时间如何被"采用"、"记忆"或"忘记"。在空间的偶然效应方面，强调制度不同的分析层次对政策的影响，各层面不匹配导致的偶然性，行动者如何影响制度变迁的空间和发生，主要涉及：第一，制度之间的相互作用，制度的持续变迁和共存，一些制度再生、转型、调整或者被抛弃。制度聚集并相互作用，弥补"制度空隙"；第二，政治领域和非政治领域的制度的关系，制度的互补性与多样性共同作用，如金融制度、性别制度、财产制度对政治制度的影响；第三，基于前述两点，制度内部与外部、制度内生性与外生性的连续体。随着制度模糊和外部建构，行动者对制度进行重组和分化。③

---

① Colin Hay, C., *Political Analysis: A Critical Introduction*, Basingstoke: Palagrave Macmillan, 2002, p. 141.

② Vivien Lowndes, Mark Roberts, *Why Institutions Matter: The New Institutionalism in Political Science*, Basingstoke: Palgrave Macmillan, June 2013, pp. 157 – 158.

③ Vivien Lowndes, Mark Roberts, *Why Institutions Matter: The New Institutionalism in Political Science*, Basingstoke: Palgrave Macmillan, June 2013, pp. 157 – 168.

4. 制度设计理论的新发展

新制度主义发展的第三阶段形成了关于制度变迁的跨界观点。理性选择以制度设计为核心，有意识地建构制度格局，制度设计者追求相关的利益，与委托代理模型形成了共鸣，强调建立一系列清晰、可控制的规则，实现制度监督和调试的效果。社会学制度主义者调整了对设计的态度，强调行动者理性有限的本质的同时，他们不再否认行动者有目的地塑造政治制度过程中面临的不确定性和斗争性。最新的历史制度主义研究也开始接受制度设计的观点，瑟伦（2009）强调制度变迁包含着制度设计，制度设计有三个要点：第一，制度设计者不能完全控制他们所创造的制度的使用；第二，制度设计所产生的断裂，常常是重要的政治补偿，制度和规则在开始是模糊的，设计的结果是利益的冲突整合；第三，制度分配权力，不可避免地会竞争。[1] 话语制度主义强调制度设计，施密特强调了理念的动员对制度设计的作用。施密特聚焦于精英行动者操控制度架构的能力，它从制度设计的易错性和非精英行动者整合战略再设计的机会进行了分析。[2] 通过"策略—关系途径"，科林·海强调制度设计是战略选择，形成两个反馈环，行动者干预和行动者策略学习的形成。[3]

通过对主流的制度主义学派的回顾，制度设计面临着一些挑战：第一，行动者倾向于机械地认为变迁是正式规则和结构，忽视实践和阐述；第二，制度设计者常常低估反对者对现存制度结构的反对动员和制度模式的密集互联所提供的可能抵抗；第三，制度设计如果不持续地维持的话，制度可能枯萎。维护不仅是要消除制度结构的差距，而且是要减小偶然性效应对制度的影响。制度设计不仅包括制度创设，还包括制

---

[1] Thelen, K., "Institutional Change in Advanced Political Economies", in *British Journal of Industrial Relations*, Vol. 47, No. 3, 2009, p. 491.

[2] Schmidt, V., "Taking Ideas and Discourse Seriously: Explaining Change through Discursive Institutionalism as the Fourth 'New Institutionalism'", in *European Political Science Review*, Vol. 2, No. 1, 2010, pp. 1 – 25.

[3] Colin Hay, C., *Political Analysis: A Critical Introduction*, Basingstoke: Palgrave Macmillan, 2002, pp. 126 – 134.

度规则、时间模型和故事复述的强化。

皮尔逊认为制度设计有四种制约：第一，行动者所持的动机会带来多重的影响；第二，设计只会遵循适宜逻辑，而非结果逻辑，合法性优先会损害效率性；第三，政治行动是短期行为，偶然因素不可避免；第四，外部环境的变迁，弱制度可能变强，强制度可能枯萎。皮尔逊揭示制度设计可能的缺陷，她不反对行动者的制度调整，但是反对制度设计的功能主义。这种怀疑论是制度设计影响力影响的重要因素。①

事实上，制度设计存在着很大的悖论。彻底全面的设计很少有能够满意地实现设计者的初衷，制度变迁很难去控制，因为内在的权力关系存在于制度安排中，政治制度本质上是嵌入的或网状的，新制度很容易受到现存制度安排获利的人或者认为新规则会损害其利益的人的抵制。他们有可能去调整适应具体的环境变化，新旧制度通常也会共存、有张力。甚至即使是新的正式规则已经实施，但非正式的实践和叙述还可能以旧的方式塑造政治行为。

最新的制度理论不再强调预先设计（pre-designed），尝试对制度变迁中行动者能动的强调，但在行动者有目的的制度设计的长期程序和影响上，学者们的观点差异仍然巨大。皮尔逊和 Schickler 不怀疑行动者有能力致力于制度设计，但高度质疑其取得满意结果的能力；布莱斯、科林·海、吉普森都认为危机形成时刻，政治行动者可以根据其所持观念重新设计制度，但在竞争和冲突条件下，其结果是不可预测的；施密特认为行动者在过程和结果上可以更多地进行控制，通过"协调话语"和"交流话语"将理念对政体、经济条件的预测进行操控。奥斯特罗姆则认为行动者在地方层面上可以设计制度，特别是在公共池塘资源问题的解决上更加有效。

朗兹认为制度设计是对现存制度结构如规则、实践和支持性话语的开发和模糊，行动者通过创造和维持规则，通过可修正性（revisability）

---

① Pierson, P., *Politics in Time*, Princeton, NJ: Princeton University Press, 2004, pp. 103 – 132.

和稳固性（robustness）原则加强制度在一定环境中的"粘性"，其主要方式是现成补辑，同时承认制度设计可能面临的失败。制度设计的三种主张①：

第一，设计表达价值，没有中立的设计。最新的关于制度设计及其经验观察认为，制度设计包含着政治价值，涉及能动和制度的关系，制度设计的政治行动者不可避免地通过制度机制追求价值"黏性"。加入制度的嵌入性的价值。制度不可避免地体现价值和权力关系，制度变迁需要价值的转换和导引，制度变迁需要价值和话语的支持。

第二，设计通过（嵌入）能动而构成，是行动者鲜活的经验。设计依赖于多元的制度企业家的创新性设计，是行动者回归的一种产物。制度变迁随人类的能动而变化，形成了"制度记忆、制度借用、制度分享、制度遗忘"四种方式。② 首先，制度记忆主要是基于过去的旧的方法运行，新意图赋予旧制度的重新诠释。其次，制度借用涉及制度资源的转换和行动空间的调整，行动者基于多种环境调整战略，多重行动者、多重规则的制度设计。再次，制度分享向外部找资源，跨越边界寻找制度资源和能力。最后，制度遗忘是从维持的现存制度中撤退，不是无心的而是战略性的忘记。

第三，设计以现成补辑的方式进行。朗兹建立了可修正和稳固性两条标准，来设立设计策略。在他看来，设计不是重新开始，更多的是制度环境中制度因素的重新整合，采用"现成补辑"的方式。大部分时候，制度设计者希望渐进地取代先前的制度结构，避免剧烈替代带来的负面效应。

5. 新制度主义理论的一致性妥协与融合趋势

玛丽-洛尔·德杰里克（Marie-Laure Djelic）论述了跨越不同制度变异可能产生的一致性妥协。有趣的是，这种跨学科的妥协使我们更接近社

---

① Vivien Lowndes, Mark Roberts, *Why Institutions Matter: The New Institutionalism in Political Science*, Basingstoke: Palgrave Macmillan, June 2013, p. 195.

② Vivien Lowndes, Mark Roberts, *Why Institutions Matter: The New Institutionalism in Political Science*, Basingstoke: Palgrave Macmillan, June 2013, pp. 180–185.

会科学中一些有关早期"旧制度主义"的关键见解。

玛丽-洛尔·德杰里克关注了当前的制度研究中持续的重要争论，认为制度存在着多样的、丰富的定义，当前制度定义中存在着缺陷，进一步激发了对制度的讨论：（1）制度是只包括正式的制度还是也包括非正式惯例的？（2）制度是物质（material）的主体（如法律和编码、协调系统、组织布置、技术和程序）还是包括认知的脚本和文化模式？（3）制度是有局部的、区域的边界约束的还是实质上没有边界的广阔的模型？（4）制度是外在于行动者、先于行动者存在还是人类设计和行动的产品？（5）制度是理性的有效率的还是受非理性的历史偶然性影响的？（6）制度是博弈的规则还是只有或当其发挥作用时使博弈的规则变成制度？[①]

首先，关于制度的定义，产生的妥协包含三个主要方面。第一，如果制度被理解成"提供稳定性和意义的博弈规则"，关于规则本质的相关概念就是多维度的。规则可以是正式的或非正式的，外部结构的或者认知和文化框架的，规则的结合会随着时空而变化；第二，一种日益盛行的概念认为没有一种制度是不包含某种程度的挪用，植根性和稳定性的制度，最终还是博弈规则和规则实现方法的集合；第三，制度日益被理解成对复杂人类行动的历史集合的反映，同时，也是在任何一个时点，对个人能动外部约束的反映。制度是人类行动的产品，但它们是经历了时间和有着部分未知发展过程集合从而构成的复杂产品。

玛丽-洛尔·德杰里克特别对制度研究中的能动（agency）问题进行了深入分析，认为产生的妥协有五个主要方面。第一，能动理论是和制度约束理论相适应的，但是能动的相关概念应该是"软性的"（soft one）。从制度主义角度看，行动中总是"嵌入"（embedded）能动；第二，制度是约束但也是资源——很多时候是丰富的多种多样的资源池（pool of re-

---

① Marie-Laure Djelic, "Institutional Perspective-working towards Coherence or Irreconcilable Diversity?", in Glenn Morgan, John Campbell, Colin Crouch, Ove Kai Pedersen, Richard Whitley (eds.), *The Oxford Handbook of Comparative Institutional Analysis*, Oxford and NY: Oxford University Press, 2010, pp. 15–40.

courses)。不可否认,这个资源池的多样化和异质化为能动提供了空间;第三,制度企业家(institutional entrepreneurship)是个人英雄主义的一个罕见案例。大部分时候,它反而反映出一个空间传播的、多节的和复杂的过程;制度企业家经常是一个集体概念;第四,能动过程也有一个重要的时间维度,大部分的时候制度变迁包括多个阶段和排列顺序;第五,与制度变迁相关的能动类型一般都是被含义不明确的、不可预期的发展和复杂动机这样的词汇来描述,而不是体现出一个本位明确的和理性战略行动的形象。①

关于制度变迁,产生的妥协指向了在同一时间渐进的和间接的过程。最近的研究不再简单地从单方面的变迁和暗含一方不变另一方就不会变的强大的路径依赖二者中选择其一来研究了。他们开始研究具有变革结果的增量变迁。新制度主义变迁模型也从间断平衡论转向了正在进行的和经常的微妙变化的累积效应。对制度系统本身来说机制可以是外生的和内生的。对于无论是外部冲击和压力,还是更多微妙的传播方式,转化和演绎来说,自然都有发展空间。但是,内生机制仍然扮演了一个重要的角色。对于整个制度体系的再结合或者自主整合都能产生内生变迁。制度沉淀物的重新发现和重新改造也是有可能产生制度变迁的。对于制度框架的新目的来说,制度变迁是内生机制的另外一种形式。制度累积也是内生机制的一种形式——制度的元素在已有的制度安排上累积起来。如果制度框架中的微机制不断重复,集合和结合起来,那么它最终会带来脱制度化(de-institutionalization)和再制度化(re-institutionalization)。

最后,玛丽-洛尔·德杰里克提出制度研究的三个重要领域面临挑战。首先,当今的跨国化(trans-nationalization)暗示在研究领域、实体产业、国家之间体现出了脱制度化和再制度化的过程,对于这种相互作

---

① Marie-Laure Djelic, "Institutional Perspective-working towards Coherence or Irreconcilable Diversity?", in Glenn Morgan, John Campbell, Colin Crouch, Ove Kai Pedersen, Richard Whitley (eds.), *The Oxford Handbook of Comparative Institutional Analysis*, Oxford and NY: Oxford University Press, 2010, pp. 15 – 40.

用，我们需要更多实证研究和系统的理论思考，特别需要通过探索跨国化发展来揭示在已有制度安排下制度以不同方式产生和建构的复杂过程。第二个挑战与政权、利益和霸权主义有关。我们需要从对反映内生机制和外生机制相结合的脱制度化和再制度化过程的温和的、中立的描述中摆脱出来，在研究中重视相关的权力博弈。不仅如此，还要探索霸权主义的建立和霸权主义的主张。最终，我们应当更进一步研究霸权主义逻辑和更多经典的、已有的基于利益和资源的权力博弈案例之间的复杂的相互作用。第三个相关的挑战很明显是我们将观念的冲突和混乱秩序重新整合为制度观点的能力。去制度化和再制度化、制度稳定性、制度产生和变迁的过程都暗含着个人、约定、相互作用、演绎、权力博弈和协商。所有这些反过来注定产生争斗、混乱和冲突。争斗、混乱和冲突本质上是全世界制度观念的一部分。学者们甚至也可以再进一步证明这是制度主义与结构功能主义或者理性行为框架的严格区别。

（三）新制度主义政治学应用领域的扩展

近年来学者们用新制度主义的理论与方法不断拓展研究领域，主要有如下方面：

1. 发达国家经济政治问题的研究拓展。瑟伦运用历史制度主义分析发达工业国家劳动力市场的制度变迁问题，比较了资本主义多样性途径（The Varieties of Capitalism, VOC）和实用主义建构途径（The Pragmatic Constructivist, PC）两种方法，面对超越静态比较的挑战而转向动态的制度主义，不只是关注包括制度的效果，重要的是关注制度的再生和变迁，作者对比了 VOC 和 PC 二者在分析劳动力市场制度和政治经济变迁时各自的优势和不足，通过历史制度主义的框架结合比较 VOC 和 PC 的相关实例文献分析了制度和制度变迁，整合二者避免前者的制度决定论和后者的不确定性，提出了进一步分析的建议。① 沃尔夫冈·斯崔克（2010）在《重塑资本主义：德国政治经济学的制度变迁》一书中结合德国的经济发展讨论了制度分析的历史作用，渐进的制度变迁的动力机制，理性设计和经济的功能主义在解释制度稳定时的局限性，并分析了抑制影响资本主义社会秩序中的周期难题。德国一直被认为是欧洲协作市场经济的典范，作者对德国工资环境和工资结构、商业劳动贸易协会、社会政策、公共财政和合作政府的经验性研究，对内生性变迁的模式、原因和程序进行了分析，通过一种宏大历史的制度变迁方法分析了战后民主资本主义经济的自由化。②

2. 对地区安全与发展、就业、教育、规划政策等广泛领域拓展。Jane Jenson 和 Frédéric Mérand（2010）探讨了如何用社会学及制度主义研究欧盟问题。他们认为应当跳出固有的组织和自我的规范意识框架，回归到用新制度主义的社会学根源来探索欧盟问题。在研究欧盟制度主义的时候，应当采用对行动者关注、对权力的分析和认识论这三种"社会学者般的思维"③。同时，新制度主义对于恐怖主义研究正在不断被尝试并取得新的进展。2009 年，来自美国军事专科学院的 Scott Helfstein 在《恐怖的治理：新制度主义与恐怖组织的演化》一文中运用新制度主义理论对反恐战争进行了根本性的重新思考。作者通过治理或制度的透镜观察恐怖主义活动，利用科斯的理论解释与不同的组织结构相联系的成本收益，认为反恐的努力可能驱使一些组织趋向更大的自治同时迫使其他人采取一般的官僚化过程。通过探索恐怖组织面临的不同成本，测量与不同团体相联系的恐怖主义者特征，组织理论能够有助于解释恐怖主

---

① Kathleen Thelen, "Beyond Comparative Statics: Historical Institutional Approaches to Stability and Change in the Political Economy of Labor", in Glenn Morgan, John Campbell, Colin Crouch, Ove Kai Pedersen, Richard Whitley (eds.), *The Oxford Handbook of Comparative Institutional Analysis*, Oxford and NY: Oxford University Press, 2010, pp. 41 – 43.

② Streeck, Wolfgang, *Re-Forming Capitalism: Institutional Change in the German Political Economy*, Oxford and NY: Oxford University Press, 2009, p. 2.

③ Jane Jenson, Frédéric Mérand, "Sociology, institutionalism and the European Union", in *Comparative European Politics*, No. 1, 2010, pp. 74 – 92.

义研究的趋势分化：群龙无首的圣战或不断提升的官僚化。①

还有，如对台湾就业与"关系"的研究（Ko-Yu Pan，2003），对"制度、价值、领导与福利国家创建"的研究（Frieda Fuchs，2001），对公共事务中的项目设计的制度分析（Myeonghwan Kim，2004），政府中就业的增长与减退（Chang Kil Lee，2001），对教育机制的规划、设计与建构的研究（Chike Ngwaba，2005），以及新制度主义与工作场所的性别研究（Surya Monro，2007）等等。这些研究都取得了突出成果，也推动了学科理论本身的发展。

Zuke Talyor（2013）运用历史制度主义分析规划学的文化问题②，新制度主义提供了一种框架来分析规划的体系和实践，认为规划学领域流行的文化分析方法有两个缺陷：规划文化定义的不严密、对文化的稳定与变迁解释里的不足。为了增加解释的精确性，作者引入包括嵌入规范和传统的正式制度，运用制度和文化的生产和再生产来解释和理解稳定和变迁的结构模式。运用历史制度主义的制度分析方法来弥补和修复规划的文化分析缺陷，解释规划中的历史和当下变迁的体系、规范和实践。新制度主义提供了四种制度变迁与稳定的来源：交易成本、政策反馈、政治环境和内生性的自由裁量权制度的互动、制度互补性，为新制度主义在规划的制度设计和制度动力的应用研究提供了理论、经验和规范的视角。

泽基·塞热哲（Zeki Sarigil，2007）在其博士论文《内生性制度》中关注内生性制度变迁，建立国家层面的以行动者为中心的制度变迁分析框架，将制度变迁分为冲突过程的两个阶段：动员阶段和讨价还价阶段。在动员阶段，一些内部和外部的发展有助于变迁主体通过权力转移的机制和/或负反馈（意识或物质）实现结构变迁的动员；在讨价还价阶段，制度行动者的讨价还价是一种替代性制度安排，在一定意义上这是

---

① Scott Helfstein, "Governance of Terror: New Institutionalism and the Evolution of Terrorist Organizations", in *Public Administration Review*, Vol. 69, No. 4, July/August, 2009, pp. 727 – 739.

② Zuke Talyor, "Rethinking Planning Culture: A New Intuitionalist Approach", in *Town Planning Review*, Vol. 84, Issue 6, November 2013, pp. 683 – 701.

一种发生在一定制度环境中的特殊形式的议价。这样一个讨价还价的过程，不仅是一个物质利益上的战略竞争，也是制度行动者之间在观念利益（例如，合法性）上的一种象征性的论争。制度环境下讨价还价行动逻辑的二维视角：结果性逻辑与适当性逻辑，并结合土耳其的军民关系与文化权利（库尔德人问题）这两个关键领域展开，欧盟1999年决定承认库尔德人的候选人状态是主体动员结构变迁的主要诱因。亲变迁行动者（pro-changeactors）（如民族主义者、官僚和军事精英）和亲现状行动者（pro-status quo）（自由主义者、商业团体和亲西方的国内集团）双方就民主化与西方化改革；威胁到国家安全、民族团结等问题的讨价还价过程。

安德烈·勒库尔斯（Andre Lecours, 2005）主编的《新制度主义：理论和分析》，制度学者们讨论了结构和能动、国家与社会关系、制度创设和变迁、偏好信息、制度、文化、理念、认同、理性和利益之间的复杂关系网络。所涉范围包括：国家主义、民主转型、政党整合、政策网络、战争与和平、国际认同、主权和公共政策选择，对制度与社会的关系及其在政治分析中的作用作了理论思考和实证分析。① 2013年，朗兹和罗伯茨（Vivien Lowndes and Mark Roberts）出版了他们的新书《制度为什么重要：新制度主义政治学》，对为什么要研究制度，新制度主义的三个发展阶段，制度作用的三种方式：规则、惯例和叙事，权力和能动的关系，制度变迁，制度多样性，制度设计等问题进行了深入的研究。②

3. Andreas Schedler（2009）运用新制度主义研究威权政体③，分析了四个问题：第一，制度的必要性（institutional imperative）：威权制度设计的根本挑战。作者认为非民主政体统治的制度基础长期以来被新制度主义所忽略，认为制度在独裁权力中发挥着关键作用；第二，制度的景观（institutional landscaping）：威权统治面临的根本制度选择；威权制

---

① Andre Lecours, *New Institutionalism: Theory and Analysis*, Toronto: University of Toronto Press, Scholarly Publishing Division, 2005.
② Vivien Lowndes, Mark Roberts, *Why Institutions Matter: The New Institutionalism in Political Science*, Basingstoke: Palgrave Macmillan, June 2013.
③ Andreas Schedler, *The New Institutionalism in the Study of Authoritarian Regimes*, 2009, http://libreriacide.com/librospdf/DTEP-215.pdf.

度设计者面临两种根本性制度选择，首先制度设计者要创造制度景观的大致轮廓，设计权力和政策斗争的制度场域。同时打开某种制度空间，必须保证制度选择在其操控之中；第三，制度的控制（institutional containment）：有效利用各种制度场域的控制战略，所有权威统治者所建立的正常的民主制度要嵌入到威权统治中，为了平衡代表和控制的冲突，威权统治者从制度景观（institutional landscaping）转变为制度园丁（institutional gardening），从宏观制度设计到微观的制度设计和微观管理，在制度设计后转向了制度控制，控制战略领域更加具体宽泛；第四，制度的矛盾（institutional ambivalence）：威权制度中政权支持者与政权反对者角色的张力。创造和操控政治制度帮助威权统治者实现政权存续，制度事实上承担了威权政权的支持功能，但由于制度由人来操作，不免会违背设计者的意愿。威权制度的设计因此面临着困境：政治制度对威权政府的统治和存续提供独立的贡献与政治制度被授予的权力和自治边界之间的矛盾。威权制度设计者梦想着涤除矛盾，他们热衷于探寻威权支持制度但不包含维权覆灭的可能性。如果统治者想继续稳定，他们必须作出调整走出制度设计的矛盾阴影。

非民主条件下的制度选择及其后果的研究还缺乏一个共同的经验目标（威权政体），共同的理论假设（正式的威权制度的重要性），新制度主义的独裁研究仍然是截然不同的研究事业的组合，可以通过系统对话从相互的研究交流中汲取营养。作者提出了非民主政治的新制度主义研究可能面临的三个共同挑战：共同的方法论挑战是对制度操纵的系统观察，需要背景知识、对权力的敏锐洞察和数据分析；共同的理论挑战是弥合概率和可能性的解释途径存在的鸿沟；共同的实践挑战是威权政体在管理制度矛盾的过程中要面临民主国家和国际行动者的挑战，支持和反对者都会从国际中寻求民主发展的经验资源。但是民主化仍然没有达到科学标准，仍然被视为一种地方知识和政治判断。

4. 制度与观念的关系研究。奥伦与斯蒂芬·斯科伦内克（2003）在《美国政治发展探索》一书中，进一步阐述了理念与制度的相互作用的"多重秩序"（multiple orders），两种"种族秩序"（racial orders）：白人至上种族秩序和变革种族秩序，结合美国南北战争期间的观念与制度关系分析政治发展。① 史密斯（Rogers M. Smith，2003）综合分析了利伯曼与奥伦和斯科伦内克的观点，多元传统与多元秩序，进一步分析了制度与观念二者的关系。②

5. 福利政治问题实证研究进一步拓展丰富。艾宾浩斯（Ebbinghaus）对福利制度"超越路径依赖"进行了探索研究，提出了"路径依赖—路径改变—路径转向"的演变模式；③ 彼得·斯达克从实证角度对养老金改革进行了分析，探索渐进性制度变迁的改革方向；④ 爱玛玻尔、盖蒂与舒马赫（Amable, Gatti & Schunmacher）在《福利国家缩减：党派政治影响重审》一文中，对 18 个 OECD 国家政党的意识形态对福利国家演变的影响进行了分析，从结构的角度研究了政党在国家政治变迁中的作用及策略；⑤ 强森（Jonsson）的《20 世纪冰岛福利制度》一文关注了冰岛的福利制度变迁；⑥ 麦德森（Madsen）分析了丹麦政治变迁与福利制度改革的关系；⑦ 贝克尔（Becker）以荷兰为例研究了欧洲的竞争性法团主义与福利制度的关系。⑧ 虽然福利制度研究重点关注的是欧洲发达国家，但已经有研究者开始将南欧国家、日本、澳大利亚福利制度也逐渐纳入其研究视野。

---

① Orren, K, S. Skowronek, *The Search for American Political Development*, Oxford: Oxford University Press, 2004.

② Rogers M. Smith, *Which Comes First, the Ideas or the Institutions? —Toward a Synthesis of Multiple Traditions and Multiple Orders*, 2003, http://www.yale.edu/coic/smith.doc.

③ Bernhard Ebbingbaus, "From Path Dependence to Path Departure in Welfare Reform Analysis", in *European Politics & Society*, Vol. 5, No. 2, 2006, pp. 1 – 4.

④ Peter Starke, "The Politics of Welfare State Retrenchment: A Literature view", in *Social Policy and Administration*, Vol. 40, No. 1, 2006, pp. 104 – 120.

⑤ Rruno Amable, Donatella Gatti and Jan Schumacher, "Welfare State Retrenchment: The Partisan Effect Revisited", in *Oxford Review of Economic Policy*, Vol. 22, No. 3, 2006, pp. 426 – 444.

⑥ Jonsson Gudmundur, "The Icelandic Welfare State in the Twentieth Century", in *Scandinavian Journal of History*, Vol. 26, No. 3, 2001, pp. 249 – 267.

⑦ Aase Mygind Madsen, "Denmark-which Type of Welfare Regime? And Recent Political Changes in Denmark", Http://www.euronodele.com.

⑧ Uwe Becker, "An Example of Competitive Corporatism? The Dutch Political Economy 1983 – 2004 in Critical Examination", in *Journal of European Public Policy*, Vol. 12, No. 6, 2005.

（四）跨学科的比较制度分析趋势明显

约翰·L. 坎贝尔（2004）的《制度变迁与全球化》探讨了制度分析存在的几个重要问题，并提供了系统的概念、方法和工具来解决这些问题，分析全球化现象，提出了一种新的制度变迁理论。他分析了新制度主义制度分析存在的问题、制度变迁的方式、机制及思想观念等问题。《制度变迁与全球化》首次界定了组织社会学、经济社会学和政治社会学，以及比较政治经济学、政治学和国际关系学中的重要研究视角之一，即"新制度分析"所存在的共同问题。重要的是，该书指出不同的理论范式应该进行建设性的对话和交流，以促进新制度主义的发展。①

同样的著作还有安德烈亚斯·维默和莱因哈特·科勒斯的《理解变迁：模型、方法和比喻》，对制度变迁跨学科的六种模型进行了全面的综合性的比较研究，即自然科学中的混沌理论和基因科学的进化理论，经济学中的路径依赖和新制度主义，社会科学中的新现代化理论和新历史方法。这六种模型分享了四种理解变迁的后机械式的变迁模型（post-mechanistic models of change）：变迁的非线性、部分决定论、分支效应、不可逆性。比较了六大范式所共有的三种基本模型：偶然性模型、转型模型和历史模型。作者还指出制度变迁跨学科研究的四种方法：概念的交换、借用、转换、迁移、改变等；研究工具的转换；方法论的借用战略；隐喻的流动。这种跨学科研究的"贸易交换"完善了制度变迁研究的方法和理论创新。②

2010年，来自不同国家、不同学科、不同研究领域的学者编写了《牛津比较制度分析手册》，书中全面地对制度跨学科、跨国家、综合性、应用性的比较研究的理论与方法进行了分析。全书分为四个部分：第一部分：比较制度分析的理论与方法。关注了制度的多样性、社会科

---

① 〔美〕约翰·L. 坎贝尔：《制度变迁与全球化》，姚伟译，上海：上海人民出版社2010年版，第32—59页。
② Andreas Wimmer, Reinhart Kossler (eds.), *Understanding Change: Models, Methodologies, and Metaphors*, New York: Palgrave Macmillan, 2006, pp. 1–42.

学数据的定性比较分析,历史和比较视角的重要性,制度和行动者之间错综复杂的关系,制度再生和变迁的本质,制度互补性、制度比较研究的方法论和解决途径等问题;第二部分:制度,国家和市场。涉及市场模式、国际比较、金融体系、产业政策等方面的制度研究应用;第三部分:组织的经济主体。关注了全球化与企业的制度建设等问题;第四部分:比较制度分析的挑战。国家转型、制度竞争力等问题。该书是新制度主义最新研究成果特别是应用型成果的体现[1],是对制度在全球经济社会治理中的作用日益重要的一种跨国、跨学科的研究尝试。最后,该书对东中欧的制度变迁所带来的对政治过程、福利体系和经济组织之间的相互关系的关注;审视了国家的失败和制度的本质;金融市场的增长及其如何影响国家制度体系的全球化属性;制度、制度化的竞争力及其影响都有着积极的意义。

(五)研究方法进一步完善和融合

新制度主义最新发展的另一个表现就是研究方法的革新。一些新的研究方法不断被引入新制度主义研究,方法论和研究方法的不断完善,推动着新制度主义的进一步发展。围绕质性分析和量化研究这两种主要方法,形成了多样性的研究方法。新制度主义的方法论谱系包括:比较方法、实验方法、数理模型、博弈理论、"民族志"、叙事性分析、历史案例分析。跨度非常大,微观到宏观、规范到经验、定性到定量、现代到后现代,阐释性方法和叙述性方法结合。

1. 比较方法。新制度主义的比较和比较方法占主导地位。比较方法被认为是检验理论命题最重要的方法,既能够对复杂现象中普适性法则进行探究,也可以对独特的政治现象展开深入阐释和评价。比较方法可以考察各种议题和各种难题,在考察制度、环境和行动者的系统关系上优势明显,包括定性和定量方法。第一,定量比较。涉及多数个案的

---

[1] Glenn Morgan, John Campbell, Colin Crouch, Ove Kai Pedersen, Richard Whitley (eds.), *The Oxford Handbook of Comparative Institutional Analysis*, Oxford and NY: Oxford University Press, 2010.

量化比较，基础定义"主要因果推论从统计分析中获得，统计分析最终加强了理论模型的强度"①，对特定现象进行多个案的比较，特点是关注不同个案的共同点而不是不同点，研究侧重于分析。Large-N 主要依赖对于案例相关变量进行量化测量，特别是对计量经济学的依赖。该方法占据着主导地位。第二，定性比较。涉及少数个案的定性比较，"整体主义"，将个案当做整体来把握，具有更多的描述性特征，方法论比较简单，该方法的经典运用是巴林顿·摩尔的《民主和专制的社会起源》，引起了广泛争议。"历史制度主义"的兴起，提供了小 N 数（两三个案例）研究为基础的定性比较研究的案例，有决定论性质的预测。历史制度主义主要是中小样本的时空分割研究（small-and medium-N studies），主要依赖于归纳和理论构建而非理论检验方法（theory-testing）。社会学制度主义运用多种方法，对长时间段的规范、行为等进行量化分析。标准的社会学制度主义的研究项目是在整个政治单位中，一般民族国家或国家以下一级的单位，较长一段时间的政策衔接波的定量模型，利用时间序列或事件历史分析。第三，定量比较和定性比较的融合。知识进步的最好情形就是加强 large-N 研究和 small-N 历史研究的对话，在对立的理论阵营中寻求不同的理论经验。

2. 现成补辑（bricolage）的方法，原意是用手头现有的工具修修补补，在新制度主义里指对制度进行创新性的重新组合，自下而上、渐进的对制度修补。建构制度主义运用该方法最多。

3. 实验方法。近年来，实验方法在社会科学领域的应用取得了重大的进展，政治学家敏锐地捕捉到这种实验方法对于政治学研究的价值，历史制度主义者斯坦莫（2014）认为将比较历史和制度分析的最基本的观念和方法与实验研究设计的观念和方法结合起来，涉及不同专业知识的结合，将历史制度主义和实验方法结合起来研究福利国家的支付

---

① Lieberman, E., "Nested Analysis as a Mixed-Method Strategy for Comparative Research", in *American Political Science Review*, Vol. 99, No. 3, 2005, p. 434.

意愿的问题。①

4. 反事实分析法。这是历史学家运用该分析方法最多,回溯性的因果逻辑推演,历史现象背后的本质追踪,历史制度主义者运用反事实分析法分析制度变迁的偶然性。路径依赖的分析是典型的反事实分析方法。给定路径没有被逆转的原因不在于它无法逆转,而在于没有形成合力来扭转这种局面。

5. 分析性叙事是一种特殊的方法论,是理性选择分析和叙述分析融合集中来研究制度及制度对政治经济行为的影响的方法论创新,其方法论意义是显著的。该方法既非理论驱动也不是方法论驱动,而是一种问题驱动,是历史分析与逻辑推理的融合,以行动者为中心,以案例和演绎为基础,这种分析方法补充了宏观结构分析。受逻辑和案例的双重限制,实证分析和逻辑结构同样重要,对案例的反复检验和重复阐释,追求理论普遍性和案例深度分析的平衡。随着新制度主义的不断发展,方法体系的不断完善成为显著的趋势,正如马奇和奥尔森所说:"新制度主义的要旨是补充而非拒斥其他的研究方法。"②

六、结语

新制度主义在社会科学领域的兴起,为各个相关学科提供了认识制度理论和实践的重要资源和学术工具。政治学领域的新制度主义深受经济学、社会学中的制度研究影响,在继承政治学传统制度研究,批判行为主义和理性选择理论基础上,确立了政治学新制度主义理论范式。其发展历程可以分为三个阶段:20 世纪 50—70 年代的萌芽或重新发现,

---

① Sven Steinmo, "Historical Institutionalism and Experimental Methods", Draft chapter for Oxford Handbook on Historical Institutionalism, Orfeo Fioretos, Tulia Falleti and Adam Sheingate (eds.), Oxford: Oxford University Press, Forthcoming, March 31, 2014.

② 〔美〕詹姆斯·马奇、约翰·奥尔森:《新制度主义详述》,允和译,载《国外理论动态》,2010 年第 7 期,第 48 页。

20世纪80—90年代的分化与范式确立，2000年以来的理论发展与整合。

虽然有众多分类方法，但来源多样的新制度主义范式基本被分为历史制度主义、理性选择制度主义和社会学制度主义三个重要分支。在第一阶段，新制度主义在经济学、社会学和政治学中出现萌芽或各自被重新发现；在第二阶段，新制度主义理论的主要发展、主要分歧和融合、评价与质疑都围绕这三个重要的分支展开。历史制度主义制度变迁理论和制度效能理论在国家公共政策、福利国家、发达国家政治经济等方面进行了广泛而充分的研究。理性选择制度主义则对制度设计、自我强化、制度均衡等理论对美国国会、欧洲一体化、权力与理念等展开研究。而社会学制度主义则通过制度同性形、制度演化与制度化、制度秩序等理论进行了关于国家政策和制度理论的比较分析。

由于新制度主义这三个理论流派基于不同的学科假设和理论预设，其在制度内涵、流派特征、制度理论、社会本体论、个体偏好这五个方面有巨大差异和分歧。繁杂的新制度主义理论涉及的研究范围之广、内容之多增加了文献整理的难度，但也不乏探寻共同与差异梳理路径。新制度主义从其诞生之日起，就预设了对话交流的可能性，尽管有反对整合的声音，各个流派都放宽了假设并加强融合，但历史制度主义更多地承担起新制度主义的整合任务，特别是结构与能动、宏观与微观、理论与实践等方面的融合。

进入新世纪以来，新制度主义政治学取得了更进一步的发展。第一，新制度主义类型进一步拓展，建构制度主义、女性制度主义、程序制度主义等流派形成；第二，新制度主义各流派的制度理论的发展与整合，话语制度和后结构主义话语理论、制度演化理论和制度变迁动力等研究趋势出现；第三，跨学科比较制度分析趋势凸显，跨国家、跨学科、综合性、应用型的比较分析成果增多；第四，制度研究的适用领域不断扩大，广泛地运用于政治经济、地区安全与发展、就业、教育、规划、女性制度主义、威权政体等方面；第五，研究方法进一步完善和融合，比较方法、实验方法、后现代方法广泛使用与融合。我们试图对新制度主义制度理论的新动向进行了归纳总结，当然，制度概念的模糊性、制度运行机制的复杂性、制度结构影响下行动者的作用,制度与理念等理论及其实证研究方面存在的争论依然尖锐,有待进一步的理论拓展与丰富。 CPS

2013—2014年中国比较政治学理论研究述评

杨晓起[*]

【内容摘要】 本文主要对2013年和2014年上半年发表在国内学术刊物上的比较政治学理论包括理性选择理论、政治文化理论、结构主义理论、比较历史分析和新制度主义等重要的理论范式进行综述。通过在2013年至2014年6月中国知网学术论文检索以及同一时期的《比较政治学研究》和《比较政治学评论》发现,比较政治学相关学术论文共计发表70余篇;按类别看,有关理性选择理论的论文有27篇,有关结构主义理论的有11篇,有关政治文化研究的有26篇,有关比较历史分析的有3篇,有关新制度主义的有9篇。本综述以这些学术论文为分析蓝本,以其中有关比较政治学的学术论文为分析对象,进行分类和评述。

【关键词】 比较政治学;结构主义;理性主义;文化主义;比较历史分析;新制度主义

---

[*] 杨晓起:上海视觉艺术学院讲师。

一、理性选择理论

马苹在《政治学中的理性主义研究范式》① 中指出，作为社会科学中一种重要分析框架的理性主义研究范式，在政治学中具有不同层次的表现方式，并在文章中分为西方国际关系理论、奥尔森的集体行动的逻辑、布坎南的公共选择理论和博弈论四个方面进行了探讨。西方国际关系理论中，主流的国际关系理论学派在基本假设上都遵循理性主义假设，把国家视为具有理性的行为主体；都强调国际社会的实质是处于无政府状态，国家是理性的并且是基本的国际行为主体；国家作为国际社会的一员，寻求自身的利益最大化。而要达到这一目标，国家必须采用合理、明智的手段和措施，既能做到成本最小、获益最大，同时又能使行为控制在自己的能力范围之内。奥尔森在《集体行动的逻辑》一书中得出一个结论："由于搭便车行为的存在，理性、自利的个人一般不会为争取集体利益作贡献。集体行动的实现其实非常不容易。集体人数越多，产生集体行动就越困难。"② 经过调查和分析，奥尔森还发现了集体行动比较容易产生的两种条件：一种条件是集体成员收益的"不对称"；另一种条件是"选择性激励"的存在。布坎南的公共选择理论认为，个人在参与政治活动时也是以成本—收益分析为依据的，以个人利益最大化为目标。政府并非永远代表公共利益，他们的理性能力也是有限的，因此，政府行为容易造成资源配置的低效率。政府对公共物品的提供具有垄断性，公众对其监督也倍感困难。此外，布坎南还分析了现代民主政治的经济后果，就是选民要求提供公共福利的压力使得政府不断扩张财政，造成赤字。博弈论的基本假设就是行为主体是理性的、自私的、

---

① 马苹：《政治学中的理性主义研究范式》，载《辽宁师范大学学报（社会科学版）》，2013年第7期。
② 〔美〕曼瑟尔·奥尔森：《集体行动的逻辑》，陈郁、郭宇峰、李崇新译，上海：上海人民出版社2003年版，第30页。

短视的，目标是个体利益的最大化。其中心思想是将具有自主利益的行为体设定为理性行为者，假设他们在给定的规则条件下，在预测其他参与者行为取向的基础上，对自己的行为类型（如合作、背叛等）将获得的结果进行得失比较，进而决定采取哪一种行动策略。作者在最后指出，政治学领域中的理性主义虽然在政治学诸多领域中产生了广泛的影响，但是，它存在着一个最主要的缺陷就是它所强调的理性尤其是物质利益的适用范围的有限性。

马苹在文章中对政治学中的理性主义研究范式进行了多维度的探讨和分析，并指出了其在产生广泛影响的同时，也存在着重大缺陷，即它所强调的理性，尤其是物质利益的适用范围是有限的。文章重在描述，着重阐释了政治学中的四种理性主义范式的运用和表现形式，并没有就四种理性主义范式进行深入的分析和批判，只是在文章结语中进行总体概括。

二、政治文化理论

李路曲在《政治文化研究的概念困境》① 中指出，学术界对作为政治文化研究主要方法的经验方法的批评文章从概念的视角对其进行了引述和分析：如果一个理论没有解决内部的概念问题，它就可能自相矛盾或使解释机制模糊不清；如果没有解决外部的概念问题，就可能忽视与它相关的研究传统的基本认知和概念借用及创新。

学术界一直以来就用经验主义的方法或标准进行政治文化研究，很少有效地利用概念，很长一个时期没有意识到经验方法和标准在很大程度上要依赖于概念的作用，从而削弱了其解释力。政治文化研究不能进行概念的创新，因此产生了"外部的"概念问题。这种局限性是由其狭隘的方法论所造成的，它主张只有通过特定的研究技术才能进行政治文

---

① 李路曲：《政治文化研究的概念困境》，载《上海师范大学学报》，2013 年第 3 期。

化研究。

所以，要使政治文化研究取得新进展，不仅要使理论经得起经验的检验，而且也要使理论有合理的结构以利于详细而清晰地阐明机制，包括鼓励人们吸收自己研究传统之外的有价值的概念资源，使概念问题融入理论，或者说在解决经验问题和概念问题两方面都有所突破。

机制是一种含有较多理论成分的因素，它主要被用来分析理论所要解释的现象，使理论更为精密和可信。在这里，机制是由策略的理性行动者的行动所构成的，而理论提供了关于这种集体行动、选举后果或社会制度的聚合现象的解释。我们所寄望的既有的操作机制所操控建立的规则，不一定能提供必要的或充分的条件。这样，政治文化研究不仅忽略了其他研究传统所提供的概念资源，而且还没有很好地利用专门的解释机制。实际上，正是由于没有很好地解决概念问题而削弱了它对机制的利用，从而也削弱了解释文化与政治关系的能力。

政治文化研究的动力主要不是理论和数据，而是技术。然而，用方法论技术来驱动政治文化研究不可避免地产生了令人困扰的概念问题。困难不仅仅是在方法论方面，在以并不严谨的调查方法为工具、把文化与政治的关系作为一个经验问题并对假设和检验开放时，政治文化研究自然就会产生令人望而却步的概念问题，由于存在着外部的和内部的概念问题，它对于文化与政治关系的研究难以切实可信。从外部的概念问题来看，尽管政治文化研究的提倡者宣称他们的主观性文化概念是主流概念之一，然而，自20世纪60年代初以来就有大量的文献对他们的心理的或主观的文化概念提出批评。驱动政治文化研究的调查方法几乎没有提供它在解释中缺失的特定的因果机制。正是由于政治文化研究缺乏详细解释的机制，因此它难以成为一种行动理论。赋予政治文化研究以生命力的规范方法论工具对于解决这个问题也无能为力。政治文化研究不是把它的文化或文化变迁的概念建立在一种由可信的解释机制支撑的行动理论的基础上，而是求助于一种本身值得怀疑的功能主义，结果是它很难阐明政治文化与政治安排或经济发展之间的因果关系。政治文化研究的支持者和批评者都没有阐明政治文化研究的基本解释架构的功能主义特性。政治文化研究面临着一个重要而无法回避的任务,即它必须真正清晰地说明文化与政治相联系的功能机制。

普特南看到了政治文化研究面临的概念困境,因而将寻求概念资源的努力转向其他学科,在"社会资本"的概念中他似乎找到了分析文化与政治关系的那种能说服人的机制。普特南的这一理论得到了某些经验和数据上的验证,使研究成果更为可信,从而推进了政治文化研究。但是这只是程度上的进步,距离去除论证的含糊性和建立明确的因果机制或确切的解释机制还很遥远。普特南把社会资本打造成一个解释性概念并且阐明它的特殊解释力的努力并不成功,他只构建了一种模糊的社会资本概念,而且还凸显了这种模糊性的功能主义特性。另一种处理问题的方式或研究路径是,承认社会资本本身不是一种解释概念。普特南无法做到既避免功能主义的诱惑,又能超越理性选择理论对其社会资本概念的挑战,因而他实际上未能修补这个给政治文化研究带来困扰的概念困难。他的经验研究对这个问题的解释仍然具有模糊性。他关于政治文化如何运作和推动个人行动以及如何维持或改变聚合的政治或经济行为的解释虽然至少部分地可信,但缺乏机制上的说服力。由此看来,由于概念上的困难,政治文化研究并没有取得实质性的进展,其各种因果解释还是缺失的。

作者在最后指出,要使政治文化研究取得进展,就必须克服概念上的困难,从一种完全由经验支持的理论转变为一种较少经验支持的理论。所以,如果政治文化研究能够把构建良好的概念作为经验研究的支撑,并有相关的令人信服的解释,它就会有更大的价值。

李路曲在《政治文化变迁的连续性与非连续性》[①] 中指出,在政治文化的实际运行中,文化变迁的连续性可能会随着变迁而改变或被调适,文化变迁的中断在一定条件下是存在的。

文化的连续性是存在的,这种连续性以人们习得的行动导向为基础。行动导向是在一定环境中引导行动者以特定方式行动的并具有相当

---

① 李路曲:《政治文化变迁的连续性与非连续性》,载《新视野》,2013年第6期。

普遍性的倾向，它使行动模式化。导向一旦形成，就有一定的稳定性，但并非不可变，并且它不仅仅是主观对客观现象的反映，主观经验也会影响导向。

文化的变化是一定会发生的，如果绝对地排除文化范式和主题的变化，那么政治文化理论就不能对变化了的世界作出解释，就会失去意义。保持政治文化范式变化的方式有两种：一种是"范式保存"，即文化的范式和主题所发生的变化通常是保持它们本来状态的变化，也就是说，文化中的变化是适应变化了的结构和情景而发生的，但这种变化是保持现存的文化范式并与它相协调的变化；另一种保持范式变化的方式是对新的经验和情况作出强求一致的或自己的理解和解释，这会导致一定的认知和准则的变化，这在进行不同的个体认知的实验中经常会发生"知觉的扭曲"。

但是过于僵化的连续性预期或缺乏对于非连续性变化的处理，导致了以往的文化主义者在处理政治文化变迁问题时不得不用牵强的理论补救。文化主义的一个预期是，虽然现代社会中的社会流动使人们经常面对新的情况，但不能因为社会流动而轻易地改变文化的本性，否则会导致文化功能失调，会因此而付出昂贵的代价，所以保持范式的文化变迁是一种渐进而有效的变化；文化主义的另一个预期是，社会越是具有现代性，交流越多，文化就越容易具有普遍性。由于文化在现代社会中，情景和结构变化的频率和速度越来越高，而关于导向具有惯性的假设否定了导向可以经常而迅速的重新定向的可能。

尽管如此，从文化主义预设的前提条件中仍可以产生一种有很强说服力的关于政治变迁的文化理论，它认为社会文化变化的特性通常是范式保存的变化，如果这种变化是与现代化进程相适应的，那么它就是趋于规范的、具有普适性的和有弹性的文化变迁；它认为突然的社会的非连续性变化的文化是存在的，至少在一定时期内是"无形式的"，这时，它对个体来说是缺乏凝聚力的，对总体来说是碎片化的；当文化因素或文化惯性及其载体退入到传统的或未受政治转型或新文化冲击的地方性结构中的情况发生时，普遍的一致性就成了仪式主义的和机会主义的。

政治转型是研究政治文化变迁的重要的时期，在这一时期，文化的连续性和非连续性问题可以集中地展示出来。典型的政治转型是近代以来发生的社会革命。一般来说，革命性的转型在短期内很难导致社会和文化的根本性改变，尽管有时会发生形式上的巨大变化。革命转型的短期效应很可能要大于长期效应，人们只能在剧变过程中尽力做一些改变，但当生活再次平静下来后，就不再能改变什么了，或者说其改变是渐进而缓慢的了。一般来说，在长期的增量变化中所完成的转变要多于企图通过激烈的革命所完成的转变，尽管在特定情况下革命所推动的转型是必不可少的。一些国家把文化变迁看做是一种系统的社会工程，以通过长期的文化和社会化活动来实现由传统向现代社会的转型，而不是以文化革命的方式来完成这种过渡，但却发生了实质性的转变。

尽管文化主义认为人们只能在很小的程度上设计变化，但主观推动的实质性的政治和文化变迁是客观存在的，只不过它是在客观的社会结构发生变化的基础上，通过长期和系统的文化工程来实现的。

陈元中和李鹏飞合著的《政治文化发展与政治制度创新关系论析》[①]一文，作者首先分析了政治文化及其秩序性特征和政治制度及其规导性特点，并探讨了二者之间的相互关系：一是结构关系。在结构形式上，一方面两者作为政治系统的重要组成部分，统一于一定的政治系统内。另一方面两者存在很大程度上的交叉，主要表现为政治文化作为政治制度的深层支撑存在，政治制度作为政治文化的实物载体出现。在结构内容上，政治文化包括政治心理、政治思想和政治价值观，政治制度包括正式政治制度、非正式政治制度及其执行机制。而非正式政治制度即是规范化了的政治文化。二是功能关系。一方面，政治文化影响着政治制度目标的形成与转变、制度运作过程的组织与协调、制度结果的预测与控制；另一方面，政治制度创造了政治环境即外部的政治文化氛围，也塑造了制度精神即内在的政治文化追求。然而，其功能关系的发挥依赖

---

① 陈元中、李鹏飞：《政治文化发展与政治制度创新关系论析》，载《学术论坛》，2013年第9期。

于两者的适配程度。

对于政治文化和政治制度的关系,作者在文中作了进一步的阐释。政治制度创新对政治文化有四方面的诉求,即存量的政治心理基础、先进的政治思想指导、需要科学的政治技术支撑、需要宽松的政治文化氛围。政治文化发展与政治制度创新始终呈现一种互动共进的状态。一是先进的政治文化促进政治制度持续创新;首先,进取的政治心理保障政治制度的持续创新;其次,先进的政治思想指导政治制度的持续创新;再次,科学的政治技术支撑政治制度的持续创新;最后,宽松的政治氛围活跃政治制度的持续创新。二是政治制度创新塑造了新型的政治文化。政治制度创新激发了民主政治心理;丰富了先进政治思想;创造了和谐政治氛围。

王为在《论以政治制度为基础的现代政治文化》[①] 一文中指出,从政治文化的分析视角看,现代政治文化的重要特征表现在两个方面:一是具有普遍政治共识;二是体现了合法化的政治参与。而从实质上看,这两方面特征都和现代政治制度有着密切的关系。现代政治制度的构建目标、价值体现及其政治功效,使其可能成为多元化社会凝聚政治共识的重要力量,实践证明,现代社会的政治共识就是对现代政治制度的共识。因此,它成为现代政治文化的基本内容。现代政治文化还体现在公民不仅具有政治参与的意识,还有政治参与的能力。但是,不同政治体制下民众政治参与的水平、功效及其自我评价是不一样的。正是现代政治制度为社会政治参与提供了必要的保障,从政治参与权利,到政治参与渠道,再到政治参与所需要的信息,足以保证社会利益表达的通畅和有效。这样,在有效解决社会矛盾,舒缓政治压力的同时,更是提高了民众对政治制度的信任,由此,政治共识得以加强。不仅如此,公民对政治参与产生效能感,将促进其参与行为规范化、有序化和常态化;从而减少冲突性、暴力性的参与行动,趋向理性化的参与。这势必有利于建立平稳的政治秩序,进而影响整个政治系统的稳定。

---

① 王为:《论以政治制度为基础的现代政治文化》,载《教学与研究》,2014年第1期。

最后，作者从现代政治文化的视角审视中国的政治发展，指出中国正进入现代化社会，伴随着经济和社会的转型，政治文化也在悄然发生改变，即以往传统的、以权力为主体的政治观念逐渐转向现代政治思维。基于此，中国面临的重要议题将是现代政治制度的构建，这也是政治体制改革的重要组成部分。

丛日云与王路遥在《关于政治文化研究"复兴"的争议》[1]一文中，对政治文化复兴的过程、存在的质疑以及复兴后的新特点进行了阐释。作者首先按照时间顺序对"政治文化复兴"观点进行梳理，这在一定程度上也是对政治文化复兴过程的回溯。作者介绍了罗纳德·英格尔哈特、米切尔·布林特、威尔达、派伊、阿尔蒙德等学者对政治文化重新提及和重视。"政治文化复兴"的说法一经提出，质疑和否定的声音也随之而来。有学者认为，政治文化研究本身存在硬伤，"复兴"的努力只会功亏一篑。也有学者认为，所谓的"政治文化复兴"，只不过是方法论上层次谬误的重现。还有很多学者对政治文化研究的具体环节提出了批评。这些批评主要集中在如下方面：政治文化概念存在的问题；政治文化研究在问卷设计、变量分析和理论适用性方面存在的缺陷；政治文化研究在方法论上存在的谬误等等。维巴、派伊、雷曼、奇尔顿、莱辛格等就政治文化概念本身提出了质疑；英格尔哈特、道尔顿、道奇和泰勒、弗拉纳根等指出了政治文化研究在变量分析上存在的问题；马什、科茨和伦巴德对政治文化研究者提出的理论的适用性提出了质疑；克拉克、比恩、萨基、沃里克等从政治文化研究的具体方法上提出了质疑。从这些质疑声中可以发现如下特点：一是围绕政治文化研究产生的批评作品的数量很大；二是对政治文化研究的批评是全方位的；三是批评者并非都来自同一研究学派。上述批评大都得到了相关研究者的回应，而且大多数的批评也被驳倒。这一方面说明复兴后的政治文化研究仍然存在需要改进的地方，另一方面也说明批评者虽然提出一些很中肯

---

[1] 丛日云、王路遥：《关于政治文化研究"复兴"的争议》，载《教学与研究》，2013年第1期。

的意见，但并不足以从整体上否定政治文化复兴的存在与合理性，也不足以否定政治文化研究方法是一种颇具潜力的研究方法。

复兴后的政治文化研究积极回应各种批评，其展现出的一系列新的趋势与特征在很大程度上也消解了对它的批评。作者在最后也对这些新的趋势和特征进行了归纳：首先，政治文化研究数据的来源上。20世纪50—60年代的政治文化研究的数据仅来自固定的时间点，而复兴后的政治文化研究数据的追踪时间长达二三十年，并且数据仍在不断更新中，这有力地回击了批评者对政治文化是一个静态概念的指责，并使研究政治文化的持续性和变迁成为可能。其次，政治文化研究的内容上。20世纪50—60年代的政治文化研究被指责具有种族中心论的倾向，研究内容主要限于西方的政治文化，并且以西方的公民文化标准来衡量其他国家的政治文化，而80年代末期以后的政治文化研究涵盖了世界上广大国家和地区，出现了"非西方"政治文化的研究，不同类型的政治文化之间出现了对话和互动，西方学界也不再以西方政治文化为标准来定性和测量其他国家的政治文化，学者们开始关注本土政治文化在现代化进程中的作用。再次，在与其他学科的关系上。20世纪80年代末期以后的政治文化研究不是简单回到阿尔蒙德的科学方法，而是融合了更多其他学科的知识，这都表明重生的政治文化研究对其他学科的知识采用了包容吸纳而非忽视和排斥的态度，这也使得它解释现实和预测未来变化趋势的能力进一步加强。此外，50—60年代的政治文化研究尚处在探索阶段，80年代末期以来的政治文化研究已经掌握了相对熟练的调研访谈技能，采用了三角交叉检视法来进行政治文化的分析，使得结果更加可信和有效。最后，除了宏观理论构建之外，复兴后的政治文化研究大大地拓展了研究视域。作者在文章最后，对政治文化研究作了一种较为客观的评价：政治文化研究虽然力图实现研究的确定性和预测性，但由于它的研究对象本身具有的不确定性，它始终不可能像自然科学那样精确。政治文化研究虽然不能对社会发展的每个细微变化都作出准确地预测，但是对社会、经济和政治发展的大的趋势还是有预测和解释能力的。

三、结构主义理论

结构主义方法是 20 世纪下半叶最常用来分析语言、文化与社会的研究方法之一。它主张从事物的整体上,从构成事物整体的诸要素的关联上去考察事物、把握事物。所以,它强调事物的整体性、系统性、共时性;强调结构分析的现实性、简化性和解释性。

李路曲在《结构主义及其分析方法的演进评析》[①] 一文中认为,结构主义因超越了集体主义和个体主义的方法论视角而受到重视,但它因忽视了能动性而一度受到严厉的批评。在已有的研究中,比较政治学所采用的主要方法有大过程的比较、案例比较、变量比较和关联比较。然而,在现实政治和社会中,这些方法都还难以提供非常清晰的解释。在回应这种批评也即自身发展的过程中,结构主义出现了一种发展趋势及两条发展路径:一种趋势是它超越结构主义的局限而力图展现出结构与能动的关联性;一条路径是从宏观分析到新历史制度主义,它以缩短研究时限,限定制度问题,压缩思考范围来增强解释力,并在相当程度上处理了结构与能动的关系;另一条路径是在宏观分析中处理结构与能动之间的关系。从方法论上来看,它力图通过制度将科学主义与阐释主义进行结合。这种结合强调分析性选择和叙事性建构之间存在着强关联性,强调要在对案例进行系统建构的基础上对其进行加工,以便进行系统的比较。

李路曲从理论层面就结构主义及其分析方法所存在的问题进行了分析,并通过宏观性的分析、历史与社会的学科中的"分析性叙事"提出结构主义与能动主义的结合。同时,李教授指出,关乎结构与能动之间关系的模型到目前为止还没有被广泛而深入地应用到经验研究之中,这就不能使我们有效地检验、发展和完善这些理论模型。

---

① 李路曲:《结构主义及其分析方法的演进评析》,载《经济社会体制比较》,2013 年第 1 期。

四、比较历史分析

历史制度主义是西方政治科学在 20 世纪 70 年代末 80 年代初以来出现的一个新的制度主义流派,它产生和发展的直接动力是对六七十年代盛行的行为主义和宏大理论的反动。历史制度主义主要批判地吸收了结构—功能主义的一些观点,吸收了比较政治学中的政治发展理论。

杨光斌教授在《复兴比较政治学的根本之道:比较历史分析》[①] 中指出:中国的社会科学远远落后于中国实践,既不能有效地解释并理论化中国社会的现实发展,也不能提供有效的理论来引领实践;中国的比较政治研究与中国的国际地位严重不相称。为此,杨光斌教授呼唤最为传统的方法——历史制度主义作为复兴比较政治学的根本之道。

在文中,作者指出,判断学科发展的最高标准是对于我们生活于其中并很大程度上影响我们生活进程的社会结构的理解提供实质性的启示。通过分析发现,比较政治学研究在东西方发展处于衰落之中;20 世纪 80 年代以后的比较政治学方法论更加系统化也更加旗帜化或标签化了,形成了方法论至上主义了。究其原因,作者认为,现代化研究(1950—1970 年的比较政治学研究)都不约而同地使用比较历史分析,将"序列"、"时间性"作为重要的分析概念,寻求的是对社会结构有实质性的启示,对人类善业有实质性的帮助;目前的民主化研究(1980 年以后的比较政治学研究)属于典型的"即时性结果",即"同步的因果分析",追求速成的民主,但民主并不是最高价值和最高目标。

面对此种困境,为复兴比较政治学研究,作者呼唤比较历史分析的回归。在作者看来,比较历史分析的核心要素就是比较方法、案例的个案研究以及时间意义上的路径依赖。对于"比较方法"问题,作者认

---

① 杨光斌:《复兴比较政治学的根本之道:比较历史分析》,载《比较政治学评论》,2013 年第 1 期。

为，首要的是比较，比较出理论；其次是历史，也就是说比较历史分析的研究内容主要是历史上的案例。对于"案例研究"问题，作者提出了三个可供他理论的问题。一是案例的重要性。作者认为没有案例（经验）就没有理论；社会科学家无论是关注当下的情势，还是怀揣未来，都被迫研究历史，从历史中发现具体的事情的进展以及理解未来所需要的知识。二是案例的数量。西方研究者一般认为，可供比较研究的案例的数量有限，但是作者却认为是他们视域太狭隘，问题意识太有限。作者认为，两个以上的个案研究很重要，国别研究也很重要。三是求同—求异的研究方法问题。作者认为，学者们更青睐于求异法，一是因为求异可以凸显原创性，二是因为求异法更容易操作。求异法有助于我们理解社会是怎么来的？求同法则有助于我们理解社会结构（过去），更有助于理解面临的国家建设（现实与未来）。

对于案例研究中的"路径依赖"范式。作者认为，历史制度主义引进"路径依赖"使得案例比较方法有了更强的理论性。作者在诺斯、皮尔森和马赫里等人研究的基础上，根据他个人对比较历史的理解，尝试性地提炼出可供学者操作的研究路径：时间过程——关键点（历史节点）——时间顺序——自我强化与反应序列。（1）时间过程。它意味着路径依赖范式具有宏观历史和宏观结构的特征；是说从过去某个时间点上发生的事件一直在持续地发挥作用，以及诸多事件如何不同地发挥作用；将制度变迁视做一个连续的过程，而且是因果关系的机制。（2）关键点或历史节点。作者认为，历史节点包括但不限于以下三种：革命后的制度设计或制度选择的"立宪时刻"、社会总体危机或国家危机所推动的改革时刻、政治或经济危机所形成的变革时刻。在制度变迁那里，历史很重要，路径依赖可能导致连续性的制度变迁，而关键时刻行动者的观念、偏好及行为的非预期性又有可能导致非连续性的制度突变。（3）时间顺序。这是历史制度主义不同于其他理论的亮点，是寻求因果关系的机制的关键。历史制度主义发现，在宏观历史进程中存在着一种内在规律：在时间顺序上，事件发生越早，其影响力越持久，事件出现得越晚越没有影响力；早发事件塑造着后来的制度和行为方式。作者强调，理解时间顺序的关键是反应序列和偶然事件，其中关键时刻的偶然事件启动了具有决定性的制度模式或者事件链条。当然，这里强调偶然性是为了说明制度变迁和世界政治中充满着复杂的、非线性的非预期性。作者在这里也指出，在案例研究上，时间顺序尤其适用于解释比较变迁或比较国家建设。（4）自我强化。作者强调制度变迁中的自我强化，但是并不否认历史分岔，因为自我强化的惯性将随着时间顺序中反应序列的类型的变化而变化。

作者认为，作为比较历史分析的最新演进成果的历史制度主义本身就是折中的产物，是典型的混合性的折中主义方法，主要体现在以下几方面：一是宏观视野—中观理论—微观机制的混合；二是连接政治学各分支学科的桥梁；三是沟通社会科学各学科的桥梁。同时，作者还分析了比较历史分析的方法论意义：一是以因果关系的"机制"为取向的研究；二是路径依赖分析改变了"提问方式"和"回答问题的方式"；三是路径依赖分析不但具有方法论意义，还提供了认识政治稳定或制度变迁的新视角。

作者在上述分析的基础上，基于中国关怀，探讨了比较历史分析适用于什么样的研究议程从而更好地发展中国的比较政治研究。作者指出，一个国家所处的历史进程（语境）决定了研究者的"身份意识"，"身份意识"不一样，"问题意识"（研究议程）也不一样，而不同的研究议程决定了不同的研究方法。中国比较政治学的语境就是转型社会的国家建设，具体可分为两类：一是国家建设中设计的宏大的历史问题和中观的制度安排问题；二是比较政治与国际问题的一体化研究所面对的问题。在这里，作者主要关注第一类。就国家建设而言，至少要研究历史节点上的以下几个问题：比较政治发展道路、国家建设的次序问题、治理危机研究和政府质量。

黄晨与周宇翔合著的《历史制度主义：瓶颈与展望》[①] 指出，历史

---

① 黄晨、周宇翔：《历史制度主义：瓶颈与展望》，载《比较政治学评论》，2013年第2期。

制度主义发展到今天，已经成为比较政治学领域最具解释力、也最流行的范式之一。文章归纳了历史制度主义存在的几种主要的解释进路，并指出这一范式的发展存在的瓶颈。在演化理论的启发下，作者在对政治分析和经济分析给予区别对待的基础上，提出历史制度主义改进的一个可能性方向，即通过探索行为者与制度学习、互动的微观机制，历史制度主义才能进行更加精准的解释。

首先，文章指出了历史制度主义的四种解释进路：一是强调"理性行为者"的进路；二是强调文化或观念的进路；三是强调制度本身的进路；四是强调制度、观念和行为者之间的结构关系，该进路研究认为，上述三种变量都不可能单独作用，他们之间的关系和作用方式也会对新制度产生巨大的影响。这四种进路几乎包罗了比较政治研究的所有主要变量，而且每一种进路的深入研究，都需要同时完成行为者、观念和制度的说明。这既表明了历史制度主义的全面性，又体现了其瓶颈所在。

作者在分析四种进路的基础上，对历史制度主义提出了三个疑问：疑问一是历史制度主义要穷尽所有政治中的因素吗？历史制度主义的这种"大历史"最危险的结果在于"其解释是否能够被伪证"；一种社会科学理论的边界如此模糊，变量内涵如此之大，显然是无法证伪的，也就是说无法证明其有效性，正所谓"全都说"等于"全没说"。疑问二是这种被泛化的历史解释既然湮灭了单变量关系，是不是也就无法为我们找出有效的因果关系，也就不具有社会科学的价值了呢？这也就是历史制度主义"缺乏本体论"的特点，即我们无法确定到底谁是自变量、谁是因变量，也就难以弄清某项政治变迁的动力。但是，这里真正的问题在于研究评判尺度的丧失，因为这样一来，几乎所有的历史制度主义进路都是相似的，那么其研究价值便与范式无关了，完全取决于研究者的洞察力。疑问三是那些最终出现在结论中的"因果机制"往往是研究者对某些因素或关键事件的放大而最终建构出来的结论——而这是有风险的。这种风险首先表现在解释方面，历史制度主义的基本解释模式，是以一种"顺藤摸瓜"的方式寻找关键因素或时间上的"关键点"，然后通过对这些因素的路径依赖分析和系统分析加以放大，直至能够解释当前的制度和绩效。这种倒溯式的路子有极强的主观性和"走错"的可能性。其次表现在道德方面，即如果制度的稳定状态只是少数行为者的观念、偏好或者偶然行为推动形成的，而历史制度主义者深重的"路径依赖"观念又对变革持保守态度，这自然会引来无数质疑：这种"均衡"有正当性吗？

作者将上述三个疑问概括为对象混杂、缺乏因果机制、建构的片面性，而这三个疑问归根到底是一个问题：即历史制度主义能不能够将制度、观念与行为者作用的微观机制解释清楚。根据演化经济学家所总结的完整的制度分析的五个指标——超微观分析到微观分析；微观分析到总体分析；总体分析到动态变化；协同演化；宏观历史，即最终的整体解释——分析政治学领域的历史制度主义，得出结论：历史制度主义所欠缺的微观机制，正是前两个微观层面。按照演化经济学的标准衡量，研究制度演化存在着两难的问题：一是"无视复杂性的个体研究"，即偏向新古典范式和理性选择制度主义研究着重于微观选择，却缺乏对宏观演化复杂性的意识，而且其微观基础"理性人"是一个预设而非历史实在；二是"无视个体的复杂性研究"，即偏向就制度主义和历史制度主义的研究着重于宏观系统的路径依赖、偶然性和复杂性变迁，却在否定新古典范式之后，没有拿出一个替代性的微观基础。而历史制度的分析要获得发展，就必须兼顾"个体性"和"复杂性"，更多地从个体实证而非预设，动态而非静态，多层而非单层，政治过程而非制度文本的视角进入，转向复杂性的"非正式制度＋正式制度＋组织"的"混沌模式"和"涌现研究"。

最后，作者还提醒历史制度研究者，在借鉴演化经济学理论的同时，要注意政治制度和经济制度存在的天然差别。

张晒在《历史制度主义：从"制度回归"到"路径依赖"——兼论在中国政治学研究中的适用性》[①]中，试图以方法论的核心要素为线索或逻辑，以历史制度主义对行为主义尤其是对旧制度主义的改造与超

---

① 张晒：《历史制度主义：从"制度回归"到"路径依赖"——兼论在中国政治学研究中的适用性》，载《理论月刊》，2014年第3期。

越为观察对象,对历史制度主义方法论作一个简要述评。同时,对历史制度主义在当代中国政治学研究中的适用性问题进行探讨。

作者首先回溯了以静态研究为主的"旧制度主义"政治学和剔除制度或将制度边缘化的行为主义研究,正是行为主义的式微激起了制度研究的复兴。历史制度主义批判继承了旧制度主义政治学的研究范式,理性反思了行为主义政治学的不足之处,承接了集团理论和结构功能主义的一些分析视角,同时吸纳了历史社会学的有关理论资源。最主要的是,历史制度主义把制度因素重新纳入政治学的核心范畴,即"回归制度"研究。并且,历史制度主义对制度研究的回归不是"重复式回归",而是"改进式回归",这主要体现在扩展了制度研究的范围、指出了制度变迁的根源、调整了制度作用的层次。

正是因为从事这样的宏观研究(相对于行为主义和理性选择理论而言),使得历史制度主义取得了意外的收获,即发现了(政治)制度变迁过程中存在的"路径依赖"现象。历史制度主义认为,"路径依赖"的确意味着制度会在一定时期内保持相对稳定,然而,这并不意味着制度会静止不变。当制度外在的力量以及制度自身难以克服的缺陷所引起的自我消解的反作用力积累到相当程度时,制度仍然会发生剧烈变革。作者从四个方面分析了"路径依赖"产生的原因:保守主义者对传统社会的坚守、既得利益者对自身利益的维护、目光短浅者对改革红利的疑虑、悲观主义者对未知世界的恐惧。

对于历史制度主义是否适用于研究中国政治问题,作者给出了肯定的回应。具体原因包括三方面:一是历史制度主义与马克思主义在气质上表现出高度一致性;二是历史制度主义能够有效地解释中国传统政治制度变迁;三是历史制度主义能够有效地解释当前中国改革困境问题。

五、新制度主义

刘乃源与马雪松的《新制度主义政治学视域下制度变迁的学理诠释》[①]从学理层面阐释了制度变迁在新制度主义政治学视角下是如何进行的。制度变迁在新制度主义政治学研究的理论化方面取得了丰富的成果,但是新制度主义者对于制度变迁存在不同的观点:一方面,在基本内涵上缺乏一致的认识。首先,从不同的分析视角和理论立场出发,制度变迁大致可以分为博弈论视角、演化论视角和历史视角三种理解方式。其次,从制度变迁分析的三个视角中可以得出关于变迁时段的不同认识。另一方面,在新制度主义政治学理论文献中,对制度变迁的过程也存在相互冲突的两种观点。一种观点是将制度变迁理解为受到所处时段中各种要素深刻影响的连续性及阶段性过程,制度通过抵制那些使其脱离相应轨迹的运动而呈现一定的稳定性。另一种观点则认为制度变迁是持续不断的并在本质上具有有机特征的组织变迁过程。在认识到制度变迁有其丰富内涵的同时,作者基于制度生成和制度维系在时段上的发展顺序,将制度变迁理解为制度安排在一定条件下由于某种因素的影响,而随着时间的发展脱离既有轨迹的过程。

作者从供给者、随机因素、制度类型等方面分析了制度变迁的具体条件。作者认为,第一,制度变迁往往需要必要的供给者。因为制度变迁的供给同需求一道,构成了理解制度变迁的重要视角;制度变迁的供给者具备有效施行某种主张或安排的强制性或诱致性力量。第二,制度环境中的随机因素对变迁的过程和结果也有重要的作用。其一,制度安排的背景因素影响制度的维系及行动者之间的相互作用,制度环境的变迁可能导致制度安排发生不同程度的变化。其二,制度变迁的随机因素

[①] 刘乃源、马雪松:《新制度主义政治学视域下制度变迁的学理诠释》,载《湖北社会科学》,2013年第3期。

也包括变迁发生的时机，制度环境中各种因素发生组合的时段往往会对制度变迁的方向和轨迹产生截然不同的影响。其三，文化或观念因素也对制度安排产生作用，在某种情况下会促成制度发生变迁。第三，考察制度变迁必须结合对于制度类型的充分认识，这是由于不同种类的制度在变迁方面往往表现出极为显著的差异。这主要体现在不同种类和处在不同发展阶段的制度在开放性的制度环境之中，随着时间的演进而具有多种多样的变迁可能和变迁轨迹。

作者又分析了制度变迁的动力机制的四个显著来源。一是社会经济或政治背景的宏观性变化可能使潜在性制度凸显出来，并对政治结果施加影响。二是社会经济背景或政治权力均衡状态的变迁可能导致旧的制度被用于完全不同的目的，这主要表现为行动者通过现有制度追求新的目的。三是外生变迁可能导致行动者在现有制度之下的目标或策略发生变化。这三种制度性动力机制的来源其实可以归为一类，即同一制度随着时间的发展而产生不同的结果。四是政治行动者还可以通过调整自身策略来适应制度的变化。

历史制度主义通过考察制度性动力机制的来源并揭示动态约束模式的理论内涵，从经验研究中归纳出政治制度变迁理论的三个一般性命题：稳定制度安排之下的政策变迁动因、制度本身的变迁机制，以及特定制度约束下的观念创新如何通过政治制度与政治观念之间的互动而得以发生。

王成礼与严海波在《新制度主义政治学研究范式的演进逻辑》[①]中梳理了新制度主义政治学研究范式的演进过程，阐明了新制度主义是在扬弃旧制度主义及行为主义研究范式基础之上，主动接纳新制度主义经济学的研究范式的成果。

从传统制度主义时期到旧制度主义时期。 古希腊时期，政治学研究的核心内容主要围绕"制度设计与制度建构"展开，即通过制度研究与制度设计来实现某种政治价值目的。也就是说，政治学的研究范式基本

[①] 王成礼、严海波：《新制度主义政治学研究范式的演进逻辑》，载《中国矿业大学学报（社会科学版）》，2013年第4期。

"锁定"在政治学传统制度研究的这条路径，几乎难以摆脱这种"路径依赖"的研究范式。这一时期被称为"传统制度主义时期"。19世纪末20世纪初，西方国家相继完成工业革命，资本主义制度纷纷建立，这意味着西方政治家及思想家对未来理想制度设计的实现，在他们看来政治学接下来的主要功能就是从对制度设计、建构和解释的研究转移到对制度的运行状况和绩效的评价上来，考虑如何使现有的制度运转得更好以利于资本主义发展。人们一般将这一阶段的政治学发展过程称为旧制度主义时期。旧制度主义研究范式的主要特征：一是坚持结构主义的"制度决定论"；二是旧制度主义将人性假设为常量，漠视政治行为主体的心理、动机、情感等偏好方面的研究；三是旧制度主义注重政治制度的历史——比较研究的方法。

从旧制度主义时期到行为主义时期。到20世纪60年代，行为主义研究范式被学界广泛采纳，行为主义政治学逐渐取代旧制度主义政治学，制度研究被排除在主流政治学研究视域之外。尽管行为主义理论研究方法多种多样，但在价值祛除、方法至上和政治研究对象上表现出高度一致性。过分强调价值祛除、保持"价值中立"是行为主义研究范式的主要特征。行为主义政治行为主要集中在以下层面：一是公民的个体政治行为研究，主要指公民的投票活动和其他政治参与行为的研究；二是精英行为的研究，主要是对立法者、政治领导者和政府官员的决策生态环境研究；三是利益集团的研究，主要对利益集团和政党的活动研究；四是国家或非国家组织单位行为规律的国际层面研究上。

从行为主义时期到新制度主义时期。新制度主义政治学范式是在扬弃旧制度主义及行为主义研究范式基础之上，主动接纳新制度主义经济学的研究范式的成果。新制度主义在共同的话语下，表现出共同的研究范式：一是从制度决定或行为决定到制度与行为并重；二是从整体主义或个体主义到整体主义与个体主义融合；三是从静态分析或动态分析到动静相结合。新制度主义在扬弃旧制度主义和行为主义研究范式的过程中，也暴露出自身研究范式的不足或困境；新制度主义派别之间对制度主要观点的差异性及对立性，减缓了新制度主义理论发展的步伐。新制度主义政治学研究的当务之急是建立学派之间的交流平台，放宽各流派在理论起点的基本假设探寻相互对话的切入点，尽快结束各派纷争的混乱局面。

李振的《渐进式制度变迁理论：比较政治学新制度主义的新进展》[①]将制度化视为转型国家政治发展的核心议题。

早期的新制度主义在分析制度变迁方面并没有显示出应有的解释力。三个流派的新制度主义更适合于解释制度的持续性而非制度变迁；即使那些少数能解释制度变迁的分析，也更集中于整体性或源自外来冲击的变迁过程。针对早期的新制度主义三大流派的观点，作者进行了批判。作者指出，早期的新制度主义更适合于解释制度的持续性，因为这一研究路径的逻辑是关注制度的再造，而不是关注制度的变迁。即使那些关注制度变迁的研究，也主要是在解释制度为什么会发生变化，并将导致制度变迁的原因主要归结为外部性因素。在早期新制度主义的框释图景中，这样的制度变迁更多是剧烈的和显著的，因而缺乏对常规社会状态下渐进式制度变迁的关注。

但是，在实际的政治制度变迁的案例中，绝大多数的制度变迁都是渐进调试的结果。最近十年来，新制度主义在制度变迁理论框架的构建方面取得了显著的进展，这尤其体现在解释和分析渐进式和内生性制度变迁方面。马哈尼和西伦等人提出的渐进式制度变迁理论及其四个模型，即取代式、分层式、漂移式和转换式，为解释和分析常规社会状况下的制度变迁提供了有力的分析工具。所谓取代式就是指旧制度为新制度所代替，有激进和缓慢两种形式；分层式指新规则以旧制度附加条款的形式出现并进而改变了原有制度的结构性功能，它主要是对已有制度的局部进行修订或增补。漂移式则发生在旧制度的形式保持不变，但制度存在的外部环境发生变化从而导致制度所产生的影响发生变化之时。转换式则是制度的外形保持不变，却被以新的形式加以阐释或执行。

但是，作者也指出，它仅仅代表了一种开始，而非结束。同时，渐

[①] 李振：《渐进式制度变迁理论：比较政治学新制度主义的新进展》，载《国外理论动态》，2014年第5期。

进式制度变迁理论未能充分关注发展中国家的制度变迁现象和案例。更为重要的是，渐进式制度变迁理论忽略了制度变迁中学习的重要性。上述成就和不足，都为将来的研究打开了新的空间。

李振的《制度学习与制度变迁：新制度主义进展》① 以诺斯等人的观点为基础，总结了其他学者对制度变迁过程中学习活动的研究，特别讨论了学习主体的差异和学习对象的不同，进而还讨论了可能影响制度学习的一些因素。

该文第一部分分析了早期新制度主义的几个流派对于分析人类学习行为在制度变迁中的作用的欠缺；第二部分讨论了以诺斯等人为代表的学者研究制度性学习如何引致制度变迁的相关成果；第三部分则进行了简要的概括。

它指出，在早期新制度主义的三个流派中，历史制度主义认为，在政治过程中，学习机制是缺失的或弱化的；而多数理性选择制度主义者们也认为，制度变迁是一个不连续的、有意识的过程，而不是一个持续的调整和学习过程。因此，他们的讨论并不能回答新制度或其构想的来源问题；只有社会学制度主义在其对制度同构的主张中，可以找到以组织为主题的制度学习的影子。

诺斯等人十分强调人类的学习对解释制度变迁的重要性，他们认为，这样的学习活动可以产生新的制度构想，进而成为解释制度变迁的起点。通过分析，可以将与制度学习相关的讨论总结为以下两个方面：一方面是制度学习的主体。以诺斯等人为代表的理性选择制度主义主要关注个体单位的学习活动，这样的学习活动可以产生新的制度的构想，进而成为解释制度变迁的起点；而早期的社会学制度主义主要关注的是组织间的制度学习。另一方面是学习的对象。诺斯等人强调从实践中学习；而社会学制度主义则强调的是对外部组织模板的学习；维兰德的理论中所强调的学习对象也是来自国外的观念和模式。

---

① 李振：《制度学习与制度变迁：新制度主义进展》，载《比较政治学研究》第4辑，中央编译出版社2013年版。

作者在此基础上进而讨论了影响学习的因素包括福山所划分的制度因素的层次、整体性制度结构、根植于制度框架内的激励、试验和创新等。

从这些讨论中可以看出,不同组织或国家间,由于不同的历史原因和制度积淀,可能会形成不同的学习模式。如果我们能够对这些模式进行概括或总结,不仅可以进一步丰富新制度主义的相关理论,还可能促使组织或国家间在学习模式上的相互借鉴。这可以为不同国家,特别是那些面临新旧制度更替重任的发展中国家,能更好地完成制度变迁和社会转型、建立一系列有力而有效的制度提供有益的知识积累。

结 语

我国的比较政治学研究正在不断地发展和完善,研究成果不断涌现,在比较政治学理论研究层面呈现出一些新的发展趋势:一是比较政治学研究对象逐渐从宏观层面转向微观层面,即从国际政治主体层面转向区域性组织、集团层面;二是研究内容的逐步细化和专业化,即从某一国家的政治制度或政治过程细化到国家内部的个案研究,从辨识不同政治系统再到对跨国性的地区机构进行关注;三是研究方法上逐渐从以理论研究为主,转向以案例研究及案例与理论分析相结合为主。研究者逐渐认识到案例研究的重要性及其在比较政治学研究中发挥的作用。

虽然近两年来我国的比较政治学研究正在迅速发展,但是依然处于较为初级的阶段,任重道远。一方面,需要理论联系实际,进一步强化个案研究。中国社会转型发展方向及其过程正是中国比较政治学研究学者所面临的中国语境,这种语境决定了中国学者的"身份意识",从而进一步决定了他们的"问题意识"。中国比较政治学研究的发展需要学者们在理论分析和案例分析时结合中国语境,以分析和借鉴有益经验,并探索中国特色的转型道路,以此为研究重点。另一方面,中国学者也需要推动比较政治学理论的创新。随着中国学者对西方研究成果的批判继承，使他们对中国的政治实际能够进行更为深入的思考，从而在已有的较为有效的研究方法基础上进行符合中国特点的理论创新，当然，这种创新在未来的一段时间里可能主要是在微观和中观层面上。只有这样，中国的比较政治学研究才能跟上中国社会发展的实际，才能发挥理论指导实践的作用。 CPS

参考文献：

一、理性选择理论

［1］马苹：《政治学中的理性主义研究范式》，载《辽宁师范大学学报（社会科学版）》，2013 年第 7 期。

［2］张莉：《论马克思的理性主义对传统理性主义的超越》，载《高校理论战线》，2013 年第 3 期。

［3］张文喜：《马克思的理性主义国家观及其法的正义批判》，载《教学与研究》，2013 年第 10 期。

二、政治文化理论

［1］李路曲：《政治文化研究的概念困境》，载《上海师范大学学报》，2013 年第 3 期。

［2］李路曲：《政治文化变迁的连续性与非连续性》，载《新视野》，2013 年第 6 期。

［3］南德庆：《文化、政治文化、意识形态概念辨析》，载《青海民族大学学报》，2013 年第 7 期。

［4］刘德林：《社会转型与政治文化的变迁》，载《北华大学学报》，2013 年第 8 期。

［5］陈元中、李鹏飞：《政治文化发展与政治制度创新关系论析》，载《学术论坛》，2013 年第 9 期。

［6］杨绘荣：《政治文化：二元的，还是多元的—简论维尔达夫斯基对前人类型学的批判与继承》，载《北京行政学院学报》，2013 年第 2 期。

［7］黄凌梅：《政治文化及其引发的思考》，载《商》，2013 年第 8 期。

［8］王天南：《西方政治文化理论的兴起及其意义探析》，载《理论界》，2013 年第 5 期。

［9］钟立华、李鹏飞：《政治参与和现代政治文化发展》，载《长春理工大学学报（社会科学版）》，2013年第10期。

［10］韩爱叶：《中西文化论争与现代政治文化哲学的凸显——兼论毛泽东〈新民主主义论〉的现代政治文化价值》，载《山东社会科学》，2013年第8期。

［11］岳远尊：《政治文化视角下中国传统行政道德思想与当代政府文化的培育》，载《前沿》，2013年第3期。

［12］杜焱炜：《中国政治文化发展状况评析》，载《西南农业大学学报（社会科学版）》，2013年第5期。

［13］王艳秋：《我国政治文化的变迁与创新路径》，载《社会科学家》，2013年第9期。

［14］赵书昭：《论两种政治文化的内涵、特征及功能》，载《延边党校学报》，2014年第2期。

［15］王为：《论以政治制度为基础的现代政治文化》，载《教学与研究》，2014年第1期。

［16］丛日云、王路遥：《关于政治文化研究"复兴"的争议》，载《教学与研究》，2013年第1期。

［17］谭玉连：《当代区域政治文化建设路径探议》，载《湖南工程学院学报》，2013年第6期。

［18］盛天启：《传统政治文化与反腐败》，载《检察风云》，2013年第6期。

［19］王秀芬：《前夕传统政治文化对反腐倡廉制度执行力的消极》，载《前沿》，2013年第10期。

［20］许正：《儒家传统政治文化与东南亚政治探析》，载《西南农业大学学报（社会科学版）》，2013年第11期。

［21］李文芳、于芳：《中德政治文化比较研究》，载《学术交流》，2013年第8期。

三、结构主义理论

［1］李路曲：《结构主义及其分析方法的演进评析》，载《经济社会体制比较》，2013年第1期。

［2］〔美〕凯文·B.安德森：《结构主义和后结构主义之后的社会主义人道主义》，张蕴艳译，载《探索与争鸣》，2013年第8期。

［3］林青：《结构主义的马克思主义与空间理论的兴起》，载《天津社会科

学》，2013 年第 3 期。

四、比较历史分析

［1］杨光斌：《比较政治学评论》第 1 辑，中国社会科学出版社 2013 年版。

［2］杨光斌：《比较政治学评论》第 2 辑，中国社会科学出版社 2013 年版。

［3］张晒：《历史制度主义：从"制度回归"到"路径依赖"——兼论在中国政治学研究中的适用性》，载《理论月刊》，2014 年第 3 期。

五、新制度主义

［1］刘乃源、马雪松：《新制度主义政治学视域下制度变迁的学理诠释》，载《湖北社会科学》，2013 年第 3 期。

［2］王成礼、严海波：《新制度主义政治学研究范式的演进逻辑》，载《中国矿业大学学报（社会科学版）》，2013 年第 4 期。

［3］马雪松：《政治制度的维系途径——基于新制度主义政治学的理论诠释》，载《湖北社会科学》，2013 年第 3 期。

［4］刘乃源、马雪松：《制度选择的逻辑前提、基本路径与意义评析——新制度主义政治学的制度生成视角》，载《云南行政学院学报》，2013 年第 4 期。

［5］李振：《渐进式制度变迁理论：比较政治学新制度主义的新进展》，载《国外理论动态》，2014 年第 5 期。

［6］李振：《制度学习与制度变迁：新制度主义进展》，载《比较政治学研究》第 4 辑，中央编译出版社 2013 年版。

［7］陈萌：《通过对"路径依赖"的理论案例分析考察新制度主义》，载《魅力中国》，2014 年第 1 期。

［8］翁士洪、顾丽梅：《治理理论：一种调适的新制度主义理论》，载《南京社会科学》，2013 年第 7 期。

［9］蒋晓平：《实践理性：新制度主义视阈中的制度——行动关系》，载《中共杭州市委党校学报》，2014 年第 4 期。

比较政治制度

Comparative Politics Studies

新制度主义视角下的中国政府绩效管理模式的变迁

张　瑄[*]

【内容摘要】本文基于对政治学领域存在的五种代表性绩效观的分析，借鉴历史制度主义视域下的制度变迁理论，对新中国成立后我国政府绩效管理制度的四个阶段的历史演变过程作了梳理，指出新中国政府绩效制度变迁的三个发展趋势，概括出新中国绩效管理制度变迁的独特模式，即诱发性制度变迁与强制性制度变迁相统一、通过渐进式改革维持断续性平衡、"问题—政治—政策"之多元汇流，剖析绩效管理制度变迁的六种动力学说和四种路径依赖，并对路径依赖之所以产生的三种效应，即成本担忧效应、制度协调效应与集体博弈效应进行分析，最后提出政府绩效管理改革的理论共识和操作建议。

【关键词】新制度主义；制度变迁；政府绩效管理

绩效是一个现代组织的永恒追求。政府作为代表人民群众利益的公益性组织，为了提高其执政的水平、增强民众的认同度，必须通过颁布各种法律法规及政策文件来提升行政绩效，推进社会改革来激发社会活力，增强社会发展变革的能量，提升人们生活的幸福水平。

---

[*] 张瑄：山西师范大学管理学院，博士，副教授。

20世纪80年代以来,美国等国外发达国家政府纷纷引入政府绩效管理来推进政府的变革,产生了较大的社会影响。在相应的改革制度中,最重要的是1993年《政府绩效与成果法》,这项法律已是目前美国联邦政府各机关努力推进的中心法案。由于经济发展的困境,当前美国民主政体下的政府组织大多陷溺于"预算赤字"、"绩效赤字"与"信任赤字"的困局之中,布什、奥巴马政府都致力于政府绩效的改革。胡锦涛、温家宝领导的政府倡导"阳光政府"、"服务型政府"的执政理念,习近平、李克强领导的新一届政府则非常重视"创新型政府"的探索与实践。党和国家领导人对政府绩效改革的重视程度不断提高,政府绩效管理的理念不断深化。中国大陆探索绩效管理之路,应该是把全球性的视野与本土化的行动结合起来的有益行动。由于大陆学术界开展绩效管理研究的时间不长,对很多问题尚未形成深入的认识,迫切需要借助复杂的、深入的视角对制度的内涵以及变迁过程等进行深入、完整的解读,在此基础上提出有中国特色的绩效管理改革之路。

本文借鉴历史制度主义视域下的制度变迁理论,对新中国成立后政府绩效管理制度的发展演变历程作了梳理,指出新中国制度绩效制度变迁的趋势,概括出新中国绩效管理制度变迁的独特模式,剖析绩效管理制度变迁的动力和阻力,提出政府绩效管理改革的理论共识和操作建议。根据历史制度主义的分析方法,本文把新中国政府绩效管理制度的变迁分成了四个阶段,总结指出政府绩效管理制度变迁过程的四大趋势:集权行政向分权行政转变,由机构精简到职能转变,权力行政绩效转向服务行政绩效,由政治经济导向到民众满意与幸福导向转变。根据中国实际,本文提出了中国政府绩效管理制度变迁的独特模式:诱致性制度变迁与强制性制度变迁相统一、"问题—政治—政策"之多元汇流以及通过渐进式改革维持断续性平衡。

根据中国政府绩效改革的发展历史,从单维因素的促进作用方面,提出了五种动力:解放与发展生产力,提升公众的满意程度,关键政治行动者的推动作用,关键事件的冲击作用;从多维因素互动角度,提出了两种动力:上层建筑与经济基础之间的矛盾作用,"国家、市场与民间社会"的多边互动。借鉴制度变迁理论的视角,提出政府绩效制度变迁的阻力集中体现在形成了强大的路径依赖,成本担忧、制度协调与集体博弈等三大效应对路径依赖有直接的影响,路径依赖具体表现在几千年的传统文化导致的路径依赖、沿袭苏联社会主义政治经济制度导致的路径依赖、反对资本主义路线导致的路径依赖、建国之后形成的制度遗产导致的路径依赖等四个方面。

一、理论基础

(一) 五种代表性的绩效观

很多行政管理学者都对绩效作出过论述,不同的行政管理学理论流派对政府绩效持不同的观点。概括起来说,国外学术界代表性的观点主要有五种:

传统公共行政理论——效率的绩效观。在传统公共行政的范式下,"有效率"的政府就是好的政府。基于传统公共行政理论下的科学管理精神,政府机关被比喻成为一架执行政策的"机器"。这架机器使用工具主义所强调的效率手段,采取"去人性化"的思维方式,使行政管理在预设好的环境下能达成最有效率的产出,经济成本也被压缩到最低的程度,让资源的使用发挥最大的效用,最终实现绩效最大化的目标。

新公共管理理论——成果的绩效观。此流派认为新形态的政府是"企业型"政府,指出公共部门应把"企业型"政府当成改进革新的方向,只有这种政府的运作与思维模式一改传统的官僚政府浪费无效能的形象。新公共管理理论重点有三:首先,新公共管理以市场取向为起点,强调将人民视为消费者,标榜以顾客导向作为政府行动的方针;其次,相信市场运作较官僚体制更有效率,因此新公共管理的支持者认为,行政改革的正确道路应该是将竞争的概念置入公共组织之中。顾客导向、组织内部的市场化、民营化的运用以及企业精神等内涵,整合形成一种新的政府型态,也就是**企业型政府**(entrepreneurial government)。值得一提的是,新公共管理与传统公共行政虽在内涵上有所不同,其政府观存有很大差异,然而二者实具有相同价值基础,也就是说二者都以经济效率作为核心价值。不同的是新公共管理以市场价值的论述,来取代过去陈旧而不敷使用的理性官僚机制,将其只以处事效率为首要目标管理方式加以修正,通过顾客导向的导入,让政府先以顾客需求来思考,以便将资源集中用于能够获得成效的政策或活动之上。但其他为传统公共行政所强调的核心价值,如"政治与行政的二分"、"工具主义"的理念,则仍蕴含于新公共管理之中。

新公共行政理论——公正的绩效观。在新公共行政的范式之下,传统行政对于政府机关行政效率的要求被认为是片面的。因为政府除了效率价值的追求以外,更需要关注公共服务是否增进社会公平正义的问题。虽然对于效率、经济、官僚制度与技术的强调有助于公共行政的进步与改革,但公共行政之所以加上公共二字,即代表着政府有着不同于企业的重要使命,政府的目的乃是为了追求集体层面更大的善,特别是对于弱势团体的关注。依照传统行政的观点,公共行政仅是执行的工具,行政的问题可以简单地被化约为技术与管理的问题,则所谓"公共"一词原本带有的高尚性就会流失,一旦如此,政府将沦为满足个人福利的工具,社会只会更加不公平。公共行政如果不能对弱势族群的利益进行特别保护,终将加速社会的两极分化,强化弱势族群的疏离感与被剥夺感。这将成为社会动乱与政府公信力降低的主要来源,当然更是政府绩效的破坏因素。依照新公共行政学者的观点,政府应致力于社会问题的解决,尤其是社会公正的维持,由此可看出政府在治理过程中的特殊地位,只是讨论经济和效率无法带来完善的社会,政府更应担负起让社会在整体上更加公正友善的重要责任。

在新公共行政理论范式之下,政府绩效应包括的全面内涵更趋丰富,在效率之外,还应融入民众需求与社会公正。因为真正有效率的政府必定是民主的,其必须满足人民的需要;同时,真正民主之政府也必定是效率的,其能敏感地察觉到人民的需要,采取切实有效的措施解决人民关注的问题，满足人民的需求。也只有致力于实践和维护社会公义、廉洁高效的政府，才是学者与民众所期望的公共权力组织。诚如沃尔多（Waldo）所言，虽然说效率乃行政之善，然其本身绝不能成为政府追求的唯一价值，对效率的追求须镶嵌于社会价值体系之内，赋予其内在的道德内涵，方具有真正之公共行政意义。据此沃尔多提倡"社会性效率"，强调效率必须与公共利益、个人主义、自由、平等及其他人文价值等相结合；而且要按照社会的价值层级（pyramid of values）将行政目标分成不同层次之等级，依次作为行政决策之准则。所以他说："真正有效率的政府必定是民主的：其必须满足人民的需要；同时，真正民主之政府也必定是效率的：其能敏感地察觉到人民的需要，且以知识、诚实、正直、经济等实现人民的意志。"①

新公共服务理论——公民参与的绩效观。新公共管理理论倡导的"企业型政府"等理念，在昭示了新内涵的同时，又伴随着与生俱来的缺陷。新公共服务理论的出现与发展，一直试图超越新公共管理理论。新公共服务理论的兴起相对较晚，发展潜力很大，得到了很多学者的青睐。根据珍妮·V.登哈特（Janet V. Denhardt）和罗伯特·B.登哈特（Robert B. Denhardt）《新公共服务：服务，而不是掌舵》一书的观点，新公共服务理论的核心内涵如下："（1）服务于公民，而不是服务于顾客；（2）追求公共利益；（3）重视公民权胜过重视企业家精神；（4）思考要具有战略性，行动要具有民主性；（5）承认责任并不简单；（6）服务，而不是掌舵；（7）重视人，而不只是重视生产率。"② 无论是从理论价值还是从实践意义来看，它都不失为当代西方公共行政学研究领域的一部很有创新性的学术力作。

在新公共服务的视域下，政府运作的关键在于公民的觉醒与参与，若没有公民积极地参与公共治理，则新公共服务的理念将无法达成，所以要如何提升公民意识，促进公民参与实为政府核心课题。有鉴于此，

---

① 林钟沂：《行政学（修订二版）》，台北：三民书局2002年版，第59页。
② 〔美〕罗伯特·B.登哈特、珍妮特·B.登哈特：《新公共服务：服务，而不是掌舵》，丁煌译，北京：中国人民大学出版社2004年版，"译者前言"，第7—10页。

政府除了重新定位自己的角色以外，还要塑造出有利于公民参与的制度与机构。概言之，新公共服务理论强调政府的绩效不再是单方面地以行政效率最高或政策成果的达成为准，而是在公民对话、参与之下共商社会问题解决之道，在所有行为和程序都能符合民主规范的要求之下实现公共利益，这也代表着政府绩效乃是由政府与公民共同努力后的成果。未来中国政府要提升行政绩效，一个关键是多数公民负责任、高效率地参与社区以及社会治理之中，正如有学者指出的那样，"社区自治只有依赖公民提高素养，依靠政府的保护性功能惩戒违规者，依赖社会道德规范形成舆论压力"、"社会自治或社区自治不仅仅是少数服从多数这么简单，如何制定规则，如何选举都需要教育或学习，有自治的知识也要有自治的能力，公民精神则包括理性、宽容、对规则的敬畏和对不同观点的尊重，权利意识与责任意识的均衡"。①

治理理论——整合的绩效观。治理是一个外延很广的概念，涉及多维的内涵，根据斯多克（Stoker）所作的整理可知，治理主要有五大要素：多元权利中心、责任移转、互赖关系、形成网络、新的途径。② 从上述五个方面的内涵中，我们可以看出，未来的公共行政将是一种整合性的结构，各种机制相互掺杂，而基于这样的整合观点，对于政府绩效的认定也将与过去大不相同。政府必须以整体性的视野，在治理过程中妥善地引导各种参与机制的加入。于是，对绩效的认识有时可能体现的是重效率和成本经济的价值观，有时则可能转为重视社会公正的价值观，有时又会提倡由共同参与才能达成的价值观，遂形成一种多元并存但又须同时兼顾的整合绩效观。

学者古德塞尔（Goodsell）以整合性的公共治理来体现公共治理的新内涵。在这种治理架构之下，政府绩效的认定与达成不再只是狭隘的效率、成果、公平正义或者参与，而是综合观之。意思是说，对于新的治理观点而言，政府绩效是上述各种价值的综合体，在提升公众对政府整

---

① 聂洪辉：《公民素养、政府保护性功能与城市社区自治》，载《甘肃行政学院学报》，2013年第6期。

② 俞可平主编：《治理与善治》，北京：社会科学文献出版社2000年版，第3—4页。

体的信任这一目标上,所有的价值都是应该被追求的。所以说,为达成此种整合性的绩效,公共行政需经过各种不同的关系网络和参与者来达成,针对各种不同的任务和需求采取不一样的途径。通过各种不同的参与者来实践不同的目标,将使政府行政更具弹性,而对于绩效内涵的把握更加完整,对现实中政府绩效表现的关注更加全面,从而将政府绩效观从单一维度拓展至多元整合的维度上。不但让绩效获得更完整丰富的内涵,而且使得绩效与大众信任有机的联系起来。

在上述五种绩效观中,前两种绩效观,即以效率与成果为核心内涵的绩效观,是最为基本的、流传最广泛的绩效观,是现代政府仍需关注,但又要不断超越的绩效观;而后三种绩效观,即强调社会公正、公众参与和整合治理的绩效观,代表了理论界发展的方向,受到了当代学者的青睐,所倡导的理念也应该是当今政府绩效改革努力追求的方向,本文主要是基于后面三种观点分析当前中国绩效改革面临的问题。

(二) 新制度主义范式下历史制度主义对制度变迁的论点

为了对在政治学中一度盛行的行为主义进行批判与超越,制度主义以新的面孔重新登上历史舞台,是为"新制度主义"。"自20世纪70年代以来,人们之所以再次明确地将目光转向制度变量,在于对20世纪50年代和20世纪60年代美国政治和比较政治研究中盛行的注重行为研究的批判。"[1] 1990年以来,很多学者高喊现在我们都是新制度主义者,朗兹(Lowndes)认为"新制度主义俨然成为社会科学研究的主流"[2],有学者甚至预言新制度主义是政治学的"下一次革命"[3]。

新制度主义对制度主要持七项基本假设:(1)个人或团体在追求其

---

[1] 何俊志、任军锋等:《新制度主义政治学译文精选》,天津:天津人民出版社2007年版,第142页。
[2] Lowndes, V., "Institutionalism", in D. Marsh & G. Stoker (Eds.), *Theory and Method in Political Science* (2nd ed.), New York: Palgrave Macmillan Press, 2002, p. 91.
[3] Goodin, R. E., & Klingemann, H-D., "Political Science: The Discipline", in R. E. Goodin & H-D. Klingemann (Eds.), *A New Handbook of Political Science*, Oxford: Oxford University Press, 1996, pp. 97–101.

目标时，经常会受群体关系形成的背景脉络所限制；（2）这些背景脉络限制最后都将会形成制度，制度是一种社会的规范建构与角色指引，引导人们的行为去符合这些规范，同时规范本身也会不断地被改变或被重新塑造；（3）制度对个人或团体形成限制作用，与此相对应，遵守制度者可从制度中取得利益，这也有助于达成制度所欲实现之目标；（4）制度限制行为，也会改变个人或团体其原有的意图、偏好或是动机；（5）制度的各种限制，都可从历史过程追溯出原先人们的行动或选择；（6）特定时空中制度限制的内涵，是许多个人或团体通过一连串互动过程所产生的；（7）个人或团体间的互动过程，不但构成制度，也是整个社会生活不断延续的基本动力。①

新制度主义首先新在对"制度"一词的理解更为宽泛、更为复杂、更为动态。制度主义者们关心的制度的内容非常宽泛，"制度主义者们所关心的是整个国家和社会制度，正是这些制度在塑造着政治行动者的利益定义，并建构着相关群体的权力关系结构。因此，在这里所明确涵盖进来作为政治行动背景的制度就有：选举竞争规则、政党体系的结构、政府各分支间的关系，以及诸如工会一类的经济行动者的结构和组织。除了这类制度之外，大多数历史制度主义者都会同意纳入分析框架的是一些其他因素——从社会规范到阶级结构"②。约翰·伊肯贝利（John Ikenberry）将他所界定的制度分为三个层次："从特定的政府制度，到更为宏观的国家结构，再到一个民族内部规范性的社会秩序。"③

理性制度主义、社会学制度主义与历史制度主义，这是当代新制度主义的三大代表性流派。与理性制度主义和社会学制度主义相比较，历

---

① Goodin, R. E., "Institutions and Their Design", in R. E. Goodin (Ed.), *The Theory of Institutional Design*, New York: Cambridge University Press, 1996, pp. 19 – 20.

② 何俊志、任军锋等：《新制度主义政治学译文精选》，天津：天津人民出版社2007年版，第143页。

③ Ikenbery, John G., "Conclusion: An Institutional Approach to American Foreign Economic Policy", in *International Organization*, Vol. 42, No. 1, 1988, pp. 219 – 243.

史制度主义有相对明显的四个特征①：（1）倾向在相对广义上界定制度与个体行为的相互关系；理性选择制度主义采取"计算途径"（calculus approach），社会学制度主义采取"文化途径"（cultural approach），而历史制度主义采取折中并用的立场。（2）强调在制度形成与运作中，凸显权力作用与权力的不对称关系，关注特定制度所导致的社会各团体间权力分配的不平等方式。（3）特别关注历史发展过程，制度形成与变迁之间，是如何产生"路径依赖"的特性；并强调现存制度所产生的非意图性后果和无效率现象。（4）关注将制度分析和能够产生某种政治后果的其他因素整合起来进行研究，不主张制度是产生政治结果的唯一因素，认为社会经济发展与理念的分布也是重要因素。观念、制度与个体理性之间的复杂互动过程，是历史制度主义在分析政治事件时的基本变量。②

历史制度主义与以往两个流派的区别还体现在方法论上。首先，历史制度论者是经验取向的问题意识，建构理论的目的是为了探索大问题与解答真实世界的难题，分析历史过程成为解谜的必要做法。历史制度论者眼中的历史过程充满着大问题与真实世界的难题，体现出复杂的、动态的特点。理性选择学派则是理论取向的问题意识，在既有的通则化理论基础上，主要是利用历史个案来检验理论的适用性，关注的是对特定历史情境的解释。理性选择学派眼中的历史过程则由一个接一个的历史情境所成，自然容易呈现静态且线性的形象。而历史制度论者强调制度在特定时空下的作用，关注的是"脉络中的制度"。其次，历史制度论者持一种整体互动论式的方法论。历史制度论者认为某种政治结果的出现，并非单一因素所导致的，而是多种历史的、现实的复杂因素综合作用的产物。"历史制度主义虽然关心制度在政治生活中的重大作用，但是很少有历史制度主义者认为制度是产生某一政治后果的唯一因素。他们尤其倾向于将制度与其他因素一道定位于因果链之中，社会经济的

---

① Hall, P. A. & Taylor, R. C. R., "Political Science and the Three New Institutionalisms", in *Political Studies*, Vol. 44, 1996, pp. 936–957.
② 〔美〕彼得·豪尔、罗斯玛丽·泰勒：《政治科学与三个新制度主义》，见何俊志、任军锋、朱德米：《新制度主义政治学译文精选》，天津：天津人民出版社2007年版，第49页。

发展程度和观念的分布状况也是他们重点考虑的因素。"①

历史制度论者为了有效解释历史过程,采用中观层次(meso-level)的"制度"作为理论建构的主体。制度一方面是宏观层次的文化与权力结构的具体呈现,又引导了微观层次的行动者间互动,介于宏观与微观之间,具有分析上的弹性,因此成为历史制度论者理论建构的主体。通过在中层理论的层次上来展开理论研究,历史制度主义就架起了一座重要的分析桥梁:通过观察构造国家与社会关系的制度安排,它就沟通了国家中心和社会中心的分析;通过集中阐明"有关同一主题下的变化"来源的中层分析,历史制度主义架起了由进行跨国分析的宏大理论通向在一国内部展开案例分析的微观理论之间的桥梁。

历史制度主义者在作制度变迁分析时最重要的概念之一是"路径依赖"。这一概念强调前一个阶段的制度选择方案,往往会影响甚至决定后一个阶段的制度选择方案。基于历史制度主义所强调的历史脉络特点,他们非常强调社会因果关系中的路径依赖特性,认为同样的运作力量(operative force)会在不同地方产生不同的结果。历史制度主义者认为某一运作力量所造成的后果,会受到从过去继承来的既定环境因素的影响而产生有很大差异的结果,而这些环境因素中最显著的就是制度因素,因为制度是历史中推动某一路径发展的重要因素。一旦某种制度被采纳,该制度在实施过程中,随着时间的推移,由于学习效应、适应性预期和沉没成本等随之不断增加,制度变革的阻力也会随之增加,这将使得制度变革变得越来越难以进行。概括起来说,政治生活中所体现出的路径依赖特征主要体现在以下四方面:(1)多重均衡;(2)政治过程的偶然性;(3)时间序列的重要性;(4)政治制度的惯性。②

那么,在历史制度主义的视域中,制度的突变到底在什么情况下发生呢?在这一视域中,制度变迁过程可以分成制度存续的"常规时期"

---

① Hall, P. A. & Taylor, R. C. R., "Political Science and the Three New Institutionalisms", in *Political Studies*, Vol. 44, 1996, pp. 936 – 957.

② Pierson, P., "Increasing Return, Path Dependence, and the Study of Politics", in *American Political Science Review*, Vol. 2, 2000, pp. 251 – 267.

(Normal Periods)和导致制度变革的"关键节点"(Critical Junctures)时期。"在常规时期,制度的演进遵循着路径依赖稳步发展,无论制度内部的不要要素之间,还是制度与外部环境之间,都保持着某种平衡。但是在制度变迁的过程出现关键节点时,制度的重大变革将可能会出现。关键节点出现后产生的冲突结果会达到一个新的平衡点,于是就逐渐构成新的制度。"对于关键节点的产生,历史制度主义者持一种大历史观来进行分析。也就是说在进行关键节点的背景分析时,并不注重那些由行为主义和理性选择理论所处理的微小之事,而是致力于发掘重大的政治事件和对人类产生相当大影响的政治事件。那么,在历史制度主义的视域中,制度的突变在制度变迁的过程出现关键点时才可能出现。关键点出现后,会产生各种制度内外的冲突,经过制度调适,会达到一个新的平衡点,于是就逐渐形成新的制度。[①]

由于历史制度主义在核心观点、研究方法和分析层次等方面具有独有的特征,使得历史制度主义者在解释制度变迁时,为各国内部跨时段的政策持续性和不同国家的政策差异所提供了独特的理论优势。历史制度主义视域下的制度变迁分析,十分强调历史制度遗产在制度变迁中的作用,重视因为制度的报酬递增而导致的强化产生出来的路径依赖,关注关键的突发事件与政治行动者所发挥的重要作用。由于研究方法的宏大性和研究范围的时间跨度较大,在历史制度主义的视域下,某一制度的历史变迁过程是在短时段内很难看清的。即使能够寻觅到一些端倪,也可能只是一些变量之间的偶然聚合,变量与结果之间并不是一种结构性的因果关系。因此,历史制度主义者的分析往往通过数十年的历史发展资料回顾,力求能够揭示制度变迁的一套比较完整的历史脉络。

本研究以历史制度主义取向来分析绩效管理制度政策的历史变迁脉络,解释绩效管理制度为何出现、如何变迁、变迁动力何在,探究当前政策是如何依赖于先前的事件,揭示行动者间与制度的相互影响,在很

[①] Blind, A., "New Institutionalist Explanations for Institutional Change: A Note of Caution", in *Politics*, Vol. 21, 2001, pp. 137-145.

多问题上较其他视角而言能形成比较全面深刻的认识。

二、中国政府绩效管理改革的阶段与趋势

用制度变迁的理论视角来进行审视,中国政府绩效改革已有很长的历史,留下了很多历史遗产,形成了一系列稳定的变革路径,而改革的具体方式随着不同时期政治路线的不同而有所变化。进行持续的、渐进的、稳妥的改革,已经成为我国政府不断自我超越的常态化路径、思维方式与价值观,"就管理文化而言,我国已经形成了社会主义改革文化。人们不仅仅认识到'改革就是一场革命',而且确立了只要是不合理、不完善的制度、措施、方法就必须通过改革来完善的基本文化诉求"①。

(一)中国政府绩效管理改革的四个阶段

中国政府绩效管理制度变迁的演变可以分成四个阶段:计划经济时代政府绩效改革阶段,这一阶段是绩效改革的萌芽阶段;改革开放初期机构改革阶段,这一阶段开启"转变政府职能"的新思路;20 世纪 90 年代改革阶段,这一阶段开始精简政府机构与转变职能;21 世纪以来政府绩效改革阶段,绩效改革的内涵不断深化,学术界提出的"绿色 GDP"、"小康社会"、"幸福指数"等理念被运用到政府执政改革实践之中。

第一阶段:计划经济时代政府绩效改革——绩效改革的萌芽

1949 年,依据中国人民政治协商会议通过的《中国人民政治协商会议共同纲领》,我国确立了议行合一的政府管理体制,即立法机关与执行机关合二为一,"行使国家权力的是各级人民代表大会和它产生的各

---

① 尚虎平、张怡梦、杨志军:《绩效目标明晰下改革动力源搜寻:从"中心驱动"到"国家治理"体系构建》,载《甘肃行政学院学报》,2013 年第 6 期。

级人民代表大会和它产生的各级人民政府"。也就是说，人民代表大会即是国家的立法机关，同时也是最高权力机关；中央政府是最高的执行机关，下级政府都要接受中央政府的领导。这一规定埋下了中央集权、权力高度统一的种子。

新中国成立之初，借鉴国民党政府灭亡的教训，同时也为了在民众中树立良好的政府形象，政府开展了轰轰烈烈的反贪污浪费运动。1951年10月，在全国开展的爱国增产节约运动中，人们揭发出大量的贪污浪费现象，针对这一现状，中央提出从1951年12月至1952年10月在各级党政机关、学校、团体、军队、党派中进行反贪污、反浪费、反官僚主义的"三反"运动。1952年1月至1952年10月，中国政府在资本主义工商业者中进行反行贿、反偷税漏税、反盗骗国家财产、反偷工减料、反盗窃国家经济情报的"五反"运动。这段时间发生轰动一时的刘青山、张子善贪污大案。

此后，一直到1966年的十多年间，为适应生产力发展的需要，国家对政府管理体制进行了四次改革，即1951年改革、1954年改革、1956年改革和1960年改革。其中，1951年和1954年的前两次改革重在精兵简政。为解决膨胀机构的现象，1956年下半年，中共中央还专门发布了《关于改进国家行政体制的决议（草案）》。这是新中国成立以来第二次较大规模的体制改革和机构改革。这次改革以中央向地方下放权力为主要内容，通过国务院精简所属工作部门，下放权力，以达到扩大地方自主权的目的。这次改革一直持续到1960年。

1960年到1964年，为了适应国民经济调整的需要，进行了建国后的第三次较大机构改革。改革的核心在"精简加集中"，具体表现在以下方面：一是在中央和地方各级机关进行了两次比较集中的干部精简运动，二是中央收回50年代后期下放给地方的部分权力并恢复已被撤销的机构。此后，由于十年"文革"动乱和国际形势复杂，政府管理体制被严重破坏。1966—1975年，在"文革"之中，政府机构发生非正常的大变动。1970年，国务院的79个部门撤销合并为32个，其中13个还由部队管理，达到建国以来中央政府机构数的最低点。直到1978年中国共产党十一届三中全会召开,才逐步恢复正常。1975年,邓小平主持国务院工作,开始对各领域进行整顿,与之相适应,国务院工作部门恢复到52个。

总起来说,尽管党和政府试图通过"三反"运动等解决贪污、浪费、侵吞国家财产等影响政府效率的问题,三次重大改革着力解决的问题是机构臃肿所导致的管理环节过多、职能重复、效率低下等问题。但当时中国实行的是社会主义计划经济体制,政治上实行的高度集权的政治体制,政府对经济的指令式、万能式管制不可能从根本上得以改变,政府管的内容太多、太杂,管理方式太直接、太刚性,这就决定了政府行政难以保证应有的效率。除了反贪污在当时取得了一定成效之外,政府绩效问题不可能从根本上得以解决,最多只是解决管的多一点或是少一点,管的内容有所不同而已。

第二阶段:改革开放初期机构改革——开启"转变政府职能"的新思路

1978年改革开放以来,在"以经济建设为中心"思想的指导下,中国政府大力推动经济体制改革。在经济体制改革的初期,被"四人帮"所破坏的政府管理体制、职能与机构因为经济发展的需求而逐一恢复,这保证了政府的正常运作,但是在恢复的同时却出现了部门林立、机关臃肿、层级繁多、人浮于事的现象,最为明显的是领导阶层过于老化,副职干部的设置数量过多,这就导致政府工作效率低下,叠床架屋式的行政机构成为阻碍经济体制改革发展的主要障碍。政府管理的实践呼唤真正的绩效改革。

20世纪80年代以来,新公共管理浪潮对中国产生了重要影响,很多学者撰文介绍并倡导这一理论,成为推动改革政府治理模式的一股动力。我国自此以来的历次改革,就贯彻新管理主义的思想,把"精简、统一、效能"确立为改革的基本原则之一。

在实践界与理论界两种力量的推动下,80年代以来,中国政府又进行了二次机构改革,改革的内容与评析简述如下:

1982年国务院机构改革。十一届三中全会以来,中国社会的各项改革全面铺开，政府管理体制也不例外。1980年，邓小平发表《党和国家领导制度的改革》的讲话，明确提出："政治体制改革的长远目标，是建立高度民主、法制完备、富有效率、充满活力的社会主义政治体制。政治体制改革的近期目标，是建立有利于提高效率、增强活力和调动各方面积极性的领导体制。"在邓小平的讲话之中，效率是政府体制改革一个重要的关键方向，这在本质上就是追求政府绩效。自1982年开始，基于邓小平的讲话精神，中国共产党"十二大"对政府改革的具体部署为："改革国务院的领导体制和领导方法；精简机构，明确各部会的任务和执掌范围；安排退休、离休和退居第二线的工作人员；加强干部的培训与提高素质。"这次改革取得了初步成效：国务院部委的领导人数由540多人减至180多人，为推进干部的年轻化、专业化与知识化，为即将展开的经济体制改革和政治体制改革创造了有利条件。但在"反资产阶级自由化"运动之后，国务院的机构又有所增加，1986年底又达到72个。总体而言，这是一个不太成功的改革，因为这次的机构改革仅是单纯地进行行政机构本身数量的撤并，并没有针对行政机关职能转换，权力集中、党政不分、政企不分的根本问题并没有调整。总的来说，尽管机构作了些调整，但是高度集中的计划体制结构却未有所更动，又替日后的机构膨胀埋下隐因。

1987年以来职能转变改革。1987年以来，国务院再次围绕机构改革与职能转变进行改革。中共中央政府鉴于政府机构庞大臃肿、职责不清，导致效率不彰、官僚主义盛行等弊病，再次对臃肿的政府机构再进行精简；为了避免重走过去"精简—膨胀—再精简—再膨胀"的老路，于是开启"转变政府职能"的新思路，作为机构改革的指导原则。1987年10月中共"十三大"中，正式提出以"转变政府职能"为机构改革指导原则。在这一阶段，中共中央继续支持"转变政府职能"的理论研究，为改革寻求理论支撑，并于1988年、1993年和1998年，持续地进行国务院机构改革。1988年，中国政府进入了以经济管理部门为重点、着眼于转变职能的机构改革。国务院部委机构由45个减为42个，非常设机构75个减少到53个，国务院各机构的5万多名工作人员精减了五分之一。这时的机构改革是在提出了"社会主义商品经济"的理念后推动的,机构改革的目标是在实现"简政放权"和"政企分开"。同时,机构改革的主要任务是使政府职能配合经济建设的,改革方向逐渐明朗化。此次改革与1982年所展开的机构精简相比而言,最大的不同点是改革基本上依照经济改革的进程,以转换政府职能为要求,与政府内部的制度化建制相配合,并结合推行国家公务员制度下进行的。这次改革改变了以往就机构本身来改革机构的思路,把机构改革拓宽到行政体制方面,深入到机构本身的职能,强调"职能转换"是此次机构改革进程中的一个重要突破。再者,与过去的机构改革比较起来,中国政府首次对行政机构的编制拟定了"定职能、定机构、定编制"的方案(即政府机构改革文件所常说的"三定"方案),这种做法也成为中国政府日后机构改革的一个基本模式与要求,改变了过去单纯对行政机构撤并和人员增减的做法。通过"三定"的模式,明确并解决部门之间职能交叉重复的问题,这种方案的设定使中国政府行政机关的设置较能朝向一个完善协调的机制。

80年代中国政府机构改革的具体经验,总结起来说,主要包括以下几方面:机构增减比较频繁,逐渐摸索出了单纯的机构变动不可能从根本上解决问题的经验,开始政府职能转变的角度谋划政府改革。历次的改革,大都涉及中央集权与地方分权的问题。中国国土面积辽阔,不同省份之间有很大的差别,为了增强政府管制的针对性,的确应该把很多权力从中央下放到地方。党政不分、政企不分的问题没有得到根治,改革并没有切实触动政府与企业之间的关系,这也说明从来没有真正解决政企不分和部门管理的这个体制的根本问题。精简内部机构(包括机构层次与人员编制),可以在一定程度上精简机构和提高效率,但不能从根本上解决问题。

第三阶段:20世纪90年代改革——精简政府机构与转变职能

早在1982年,中国政府机构改革就开始试图以现代政治学与行政学的改革理念来指导政府改革,但关于政府职能的定位还处于摸索的阶段,许多问题仍待解决。进入1990年以来,政府改革进一步推进,国际上的各种经验也被介绍进来，各种类型和方式的组织绩效评估相继出现，呈现百花齐放的态势。这一时期政府绩效改革的实践具有两个明显特征：其一，采取自上而下的方式，进行整体性的推进；其二，政府改革关注的焦点是经济增长。这段时间，中国政府绩效管理的主要方式之一是目标责任制，具体的做法是中央和上级制定各项数字化的经济增长目标，以指标和任务的形式分派给下级单位，形成一个包括多层级目标金字塔结构，从上级到下级，目标往往层层提高、不断加重。这些指标和任务的完成情况是评价与考核政绩的主要依据，下级单位与官员的升迁都和上级单位下达指标完成情况挂钩。在90年代又进行了两次机构改革，改革的内容与评析简要介绍如下：

1993年的国务院机构改革与职能转变。1992年初，中国发生了一件大事——中国改革开放的总设计师邓小平"南巡"并发表一系列讲话，这次讲话进一步解放了人们的思想，深入地推动中国经济、政治和社会的全方位改革。随着中国经济改革的深入开展，政府机构改革又提上议事日程，"转变政府职能"再度成为热门的议题。在转变政府职能与机构改革的议题上，时任总书记江泽民在1992年10月的中国共产党"十四大"的报告中明确地提出："（1）机构改革，精兵简政，是政治体制改革的紧迫任务，也是深化经济改革、建立市场经济体制和加快现代化建设的重要条件；（2）转变政府职能的目标是在建立一套完整的社会主义市场经济体制；（3）转变政府职能的根本途径在政企分开；（4）政府的主要职能是统筹规划，掌握政策，信息引导，组织协调，提供服务和检查监督；（5）三年内基本完成机构改革。"在十四大精神的指引下，1993年新一轮政府机构改革开启，从社会主义市场经济的发展出发，着力"转换政府职能"，从传统的对经济直接介入式管理，转变为"加强宏观监控和监督部门，强化社会管理职能部门，减少具体审批事务和对企业的直接管理"、"政府的政府管理职能，主要是统筹规划，掌握政策、信息引导、组织协调、提供服务和检查监督"。此次改革的重点不在国务院的部委，而在精简国务院的直属机构与办事机构，并把15个国家局改为部委管理，共减少了26个国务院工作部门，人员裁减

20%，在政府的职能转变上并没有发生明显的转变。此次改革发动的背景，相较于前一次有很大的区别：中国政府此时的经济体制改革步伐加快，市场经济体制已初步建立。过去的几次改革中，几乎都是循着减少部门的方式进行，而1993年的机构改革中较为特殊的做法是将一些裁撤的政府部门转变成行业管理性的社会中介组织。其主要成绩是完善了机构改革理论，厘清了政府的职能，树起以建立社会主义市场经济体制为目标、以政企分开为途径的转变政府职能新论，这就为国务院机构改革提供了理论支撑和实践经验。

1998年国务院机构改革与职能转变。 1995年，第八个"五年计划"顺利结束，在迈向第九个五年计划的同时，中国政府提出了国民经济和社会发展"九五"计划和"2010年远景目标纲要"，其中对于政府体制改革发出"按照政企分开的原则，转换政府职能"。政府的经济调控职能要真正转换到制定和执行宏观调控政策，转到搞好基础建设、创造良好的经济环境上来，把不应由政府行使的职能逐步转给企业、市场和社会中介组织。要按照"精简、统一、效能"的原则，"着手制定进一步改革和调整政府机构的方案，把综合经济部门逐步改组为不具有政府职能的经济实体，或改为国家授权经营国有资产的单位和自律性行业管理组织"。此纲要宣示出了中国政府在进行机构改革的指导方针，也为1998年政府机构改革的调整路线埋下了伏笔。时任中共中央总书记江泽民在"十五大"的报告中将行政机构改革作为政治改革的五个议题之一加以明确宣示。在机构改革的议题上，江泽民指出："要按照社会主义市场经济的要求，转换政府职能，实现政企分开。企业生产经营管理的权力交给企业；根据精简、统一、效能的原则进行机构改革，建立高效率、运转协调、行为规范的政府管理体系，提高为人民服务的水平；把综合经济部门改组为宏观调控部门，调整和减少专业管理部门，培育和发展社会中介组织。深化行政体制改革，实现国家机构组织、职能、编制、工作程序的法定化，严格控制机构膨胀，坚决裁减冗员。"至此，中国政府在新一波机构改革的大方向已经确定。由于此次改革方案是由国务院时任总理朱镕基贯彻执行，因而带有强烈的朱镕基个人色彩。朱总理为人刚正不阿,做事雷厉风行,作风务实深入,政府机构改革得以深入推进。

与以往数次政府机构改革相比,此次改革取得了重大成就:(1)实现政府职能与职能框架由与计划经济体制相适应,到与社会主义市场经济体制相适应的转变。(2)国务院机构改革裁减了一半的人员,涉及1.6万人员与领导干部500余人,让一大批年龄偏大和能力平平的官员转岗或退休,提升了中央政府领导成员的能力素质,也极大地减少了政府财政开支。(3)国务院机构改革着眼于政企分开,调整和减少专业经济部门,把企业的经营管理权交给企业。因此,国有企业改革的成效将影响国务院机构改革的进程。

1998年机构改革,机构定位与人员精简的基本目标与诉求基本实现。虽然无法兼顾各项机构改革目标全面落实,人员精简后又出现回流现象,存在财政负担减轻力度不够以及政府职能调整不到位之缺失,但是,就比较观点而论,机构改革是中国共产党改革开放以来四次机构改革中相对成效较大的一次。然而国务院改革较具成效之措施,并不必然对省县级政府之改革发挥示范作用。一方面,国务院掌握较多行政与经济资源,反观中国各省县级政府财政条件不一,尤其是中西部地区恐怕更加困难,而且人员能够分流之渠道也十分有限;另一方面,就分流人员的总数而论,"国务院"精简仅达1万余人,但各省县级政府精简数额庞大,其所面临的挑战便十分艰巨。再者,中国大陆各地国有企业下岗职工不断涌现,若再有大量省县级政府官员下岗,其对中国政治稳定的冲击是无可估量的,所以各级地方政府的改革,远没有中央政府力度那么大。尽管如此,为因应市场化改革,国务院的机构设置与职能分工确立后,省县级政府势必相应调整仍具计划经济运作特质之组织。虽然地方政府改革难度较大,但这种"由上而下"的改革策略,对下级政府的改革产生了较大的促进作用。经过这次改革,政府机构更加精简高效,很多冗员得到了裁汰,民众的财政负担得以减轻,政府的行政效能不断提升。

第四阶段：21世纪以来政府绩效改革——内涵不断深化阶段

进入新世纪以来，我国政府绩效管理进入了发展的新阶段。学术界和政府对绩效评估模式、绩效管理实施机制和绩效覆盖范围等方面认识产生了重大飞跃，理论界和实践界对绩效内涵的理解有了新的突破。"绿色GDP"、"小康社会"、"幸福指数"评价指标等学术研究成果，得以走出象牙塔并逐步在政府执政实践中得以运用。

胡锦涛同志在党的十六届三中全会上的讲话中，提出"要教育干部树立正确的业绩观，包括正确看待政绩、科学衡量政绩"。温家宝同志在2004年3月5日的全国人大第二次会议上也强调："弘扬求真务实精神，树立科学的发展观和正确的业绩观。"党的十六届四中全会通过的《中共中央关于加强党的执政能力建设的决定》进一步明确指出："建立体现科学发展观要求的经济社会综合评价体系。在指导方针、政策措施上要加强薄弱环节。"2006年9月4日，温家宝总理在加强政府自身建设推进政府管理创新电视电话会议上强调指出，要提高行政效能，建设效能政府，这就使得政府在新形势下提升绩效成为政府自身建设和管理创新的重要内容。

中国共产党"十七大"报告提出"大部制"改革的思路，2008年3月11日，《国务院机构改革方案》颁布，其中对实施"大部制"作出了部署。国内外的经验和中国的实践证明：大部制是国外市场化程度比较高的国家普遍实行的一种政府管理模式。大部门体制是大部门体系和机制的有机统一，两者缺一不可。大部门体系是一种由核心化的行政决策中枢及其办事机构、综合化的政府组成部门、专门化的执行机构三个要素形成的政府组织架构。大部门体系应采取决策权、执行权、监督权既相互制约又相互协调的运行机制。大部门体制的实质是一种政府治理模式。大部门体制改革是政府组织架构调整与政府运行机制再造的统一，这一改革具有重要意义。"党的十七大提出了建立决策权、执行权、监督权相互制约协调的运行机制的新思路，这为中国政治和行政体制改革提供了新的突破口，同时也把体制改革引向新的阶段。"①

2012年的《政府工作报告》之中，温家宝总理领导的政府把 GDP 增长目标设为7.5%，八年来首次低于8%。这体现了政府在追求经济发展的同时，强调低碳环保的理念以及可持续发展等理念。把上述理念写进《政府工作报告》，把 GDP 增长目标设为一个多年来较低的水平，这对于中央以及地方政府绩效观的转变具有很强的导向作用。到2011年，全国有八个省份、六个国务院部门开展了"政府绩效管理试点工作"，"建立并严格执行以行政首长为重点的行政问责制度，加大对行政不作为、乱作为行为的问责力度。这些改革措施和制度建设，有力促进了政府反腐倡廉建设"。2004年2月21日，温家宝总理在省部级主要领导干部"树立和落实科学发展观"专题研究班结业式上的讲话中，首次提出了"服务型政府"的概念。他强调指出："在社会主义市场经济条件下，政府的主要职能是经济调节、市场监管、社会管理和公共服务四个方面。落实科学发展观，必须加快政府职能转变，全面、正确地履行政府职能。"温家宝总理指出，公共服务"就是提供公共产品和服务，包括加强城乡公共设施建设，发展社会就业、社会保障服务和教育、科技、文化、卫生、体育等公共事业，发布公共信息等，为社会公众生活和参与社会经济、政治、文化活动提供保障和创造条件，努力建设服务型政府"。至此，温家宝总理第一次正式明确提出服务型政府的改革目标。温家宝任总理的中央政府，已经接纳了新的绩效观。

而习近平和李克强领导的新一届政府上任伊始，便正式提出了建设"创新型政府"的目标，这是我国政治体制改革的一个重要发展。创新型政府的一个主要特征就是政府部门高度重视创造性的改革，将其作为提高行政效率、改善服务质量、增进公共利益的基本手段。政府创新的主要目标是：民主，法治，责任，服务，优质，效益，专业，透明，廉洁。这些目标体现了政府创新的五个必然趋势：从管制政府走向服务政

---

① 罗梁波：《从行政三分走向权力三分：党领导国家治理体制的新推进》，载《甘肃行政学院学报》，2013年第6期。

府，从全能政府走向有限政府，从人治走向法治，从集权走向分权，从统治走向治理。

在探索政府绩效改革道路的历程中，高校、社会机构和政府机构自身，都进行了很多课题研究，以期为绩效改革提供知识基础和理论指引。其中，中华人民共和国人事部课题组提出了由"三个一级指标、33个二级指标"构成的"地方政府评价指标体系"得到了广泛的应用，产生了较大的影响。我国各级地方政府据此建立了绩效考核制度，包括对政府组织的考评和对管理者尤其是领导者的考评。但我国各级政府对绩效管理的认识仍然是简单地把绩效管理等同于绩效评估，绩效评估大多是走形式，评估的指标内容粗放。就拿地方政府领导者的政绩考核来说，一般是按照"德、能、勤、绩、廉"等五个方面进行评价，这五项是从自身素质和自我要求方面对干部进行考核，具有很大的伸缩性和随意性，很难识别和测量，社会公众的认可度不高。另外，GDP 成为各地方政府判断其经济成就的核心指标，用 GDP 来反映一个地区的发展成果、考核领导班子政绩。但从理论上说，GDP 只能反映经济增长的"产出"、"总量"，不能反映其他内容。如果只用 GDP 来评估发展绩效，可能导致一些政府官员不计代价、片面追求经济增长速度，忽视了民生的相应改善，出现"富经济、穷生态"、"政府富、民众穷"的不良后果，导致社会公众对政府施政的满意度下降。

总之，这一段时间的政府管理体制改革，注重从根本上转变政府职能，强调政府服务民众，而不是管制人民；更加注重以人为本，着力构建有利于推动科学发展和社会和谐的体制；政府改革更加注重全面履行政府职能，规范政府行为，加强政府自身建设，推进服务型政府、法治政府和阳光政府等新型政府建设。绩效管理制度在中国已开始正式试验，在中央以及一些地方政府的执政实践中已经开始落实。未来中国政府绩效改革的顺利实行，需要社会各界进一步提炼经验、总结教训、凝聚共识，坚定不移而又科学理性地把绩效改革推进下去。

(二) 政府绩效改革的发展趋势

简言之，新中国成立以来，以提高执政绩效为目的的中国政府机构改革，体现出"肯定—否定—否定之否定"的发展趋势。新中国成立到"文革"结束一段时间，中国的政治体制经历了从建立政府官僚体制，完善政府官僚体制，再到破坏政府官僚体制的三个大的阶段。新中国成立之初，根据马克思主义政治理论以及毛泽东思想，参照苏联的经验，建立起社会主义官僚体制。"文革"期间，新中国建立起来的官僚体制遭到了毁灭性的破坏。在"文革"时期，各级政府通过革命委员会发动群众运动，进行红色思想宣传来管理人民。基层通过人民公社，实现村民自治。结果导致国家法律被藐视，正常的管制措施失效，甚至出现连国家主席被批斗至死的悲剧。在这种情况下，政府的行政绩效无从谈起。改革开放后，则经历了重建政府官僚体制，到建立市场化政府，再到人民真正满意的政府等不同阶段。1978年之后，在邓小平、陈云等的领导下，结束了以"阶级斗争为纲"的政府统治理念，十一届三中全会把社会发展与政府执政的重心转移到经济建设上来。在这种行政改革的理念指导下，政府行政必须具有较高的经济效率，并符合市场经济的实际发展需要。就实际意义而言，江泽民任总书记、朱镕基任总理时期的改革，就是从邓小平时期的"重建韦伯式的科层官僚体制"，渐渐走向"市场化政府"的过渡阶段。所谓"市场化政府"，是政府从企业经营与市场运作需要来行政。而胡锦涛任总书记、温家宝任总理的时期，则开始从"市场化政府"，向人民满意的政府过渡，提出政府行政不仅要重视经济发展，更要重视人民的幸福等执政理念。

不同时期政府管理体制改革的着眼点各不相同，对其演变历程进行深入剖析，可以发现不同时期中国绩效管理改革发生了重大变化，其绩效观体现出不同的特点。

其一，集权行政向分权行政转变

在计划经济时代，政府定位成全能型政府，实行的是大一统式的集权管理，政府几乎无所不能、无所不包、无所不办。越是上级的政府权力越大,管的越多,什么事情都会向下级下命令;越是下级的政府权力越小,管的越小,什么事情都要向上级请示。政府什么都管的结果,往往导致主次不分,什么都难以管好。这种职能定位导致政府效率低下,群众满意度较低。在中国的市场经济日益成熟,市民社会不断壮大的情况下,这种包办型、控制型行政模式已经显得非常不合时宜。学者王绍光和胡鞍钢很早就呼吁中央要向地方进一步放权,主张以法律为保障,以制度基础进行合理分权,以调动地方、社会、企业的积极性、自主性和创造性,放开搞活整个局面。①

自1978年改革开放以来,中国政府为了促进经济发展,力图改变传统的垂直管理体系,改革的主要思路之一是"下放权力,增加活力"。首先,中央向省市下放经济权力。其次,是专门设置一些先行开放地区,从兴办特区开始,经过多年的探索,中国已经形成"经济特区——沿海开放城市——沿海经济开放区——沿江和内陆开放城市——沿边开放城市"全方面对外开放新格局,这样一个格局具有宽领域、多层次、有重点、点线面结合的特点。② 在这些地区之中,放开或者取消各种政策限制,减少行政审批的环节,取消封锁国内市场和国内投资场所的保护政策,发展开放型经济。在这些地区,政府行政效能较高,经济发展绩效大都有很好的表现。

权力下放与分解政策的实施,必然会牵动既有的权力格局与利益网络。一般来说,权力下放与分解,主要有几个必要的途径:一是党委机构下放权力,把大量的日常行政工作和业务工作交给政府和业务部门承担,这是明确党委与政府和"人大"之职能与职责的重要前提;二是政府向企业、事业单位放权,扩大厂矿企业和生产单位的自主权;三是中央各部向地方放权,给予地方在经济计划、财政、外贸等方面的自主权;四是政府内部各机构和各个层次的放权。尽管每次放权通常伴随着再集权,但是扩大地方权限,增强地方的自主性与活力逐渐变成一种难

---

① 王绍光、胡鞍钢:《国家能力报告》,沈阳:辽宁人民出版社1993年版。
② 孙学文:《经济特区—沿海开放城市—沿海经济开发区——先富起来的对外开放前沿地带》,载《党史文汇》,1999年第8期。

以逆转的趋势。在此过程中，中央与地方的关系产生了很大变化，地方的自主权越来越大。在权力下放的过程中，地方的积极性得以调动，发展活力不断激发出来。

与改革开放前向地方放权相比，改革开放后的地方分权改革有如下特点：第一，为确保中央的宏观调控与法令、政令统一，中央调控、监督、执法和司法的权限有集中和统一的趋势，但总的趋势是分权；第二，由简单的行政性分权走向经济性分权，经济管理权和改革自主权得以下放，中央与地方关系调整中经济因素的权重不断加大；第三，中央和地方关系由非制度化逐渐演变为制度化调整，改革开放前的调整更多通过政治号召和政策制定来实现，而新时期更多通过修改法令或调整体制架构来进行；第四，地方政府掌握了一些一部分中央原则上是不能干预的专属权力，成为拥有独立经济利益的政治组织，可以在一定程度上支配财政收入并负担相应的财政支出责任，因而具有十分明确且相对独立的经济利益和行为目标，即追求地方经济利益的最大化。①

在处理中央与地方的关系上，中国实施的既非传统的科层控制机制，也非西方的现代民主制，最接近的是一种中央委托地方代理的机制。由于国家治理对象复杂且规模庞大，现代国家能力和成熟官僚体系尚待建设，依靠科层控制不仅会导致权力过度集中，还会因为公务员素质不高以及制度不完善而导致效率低下的问题。因此，委托—代理机制就成为合理的选择。"通过委托—代理机制，国家的公共权力和公共资源被分散到地方政府以及各类公共组织中。这种制度安排高效地刺激了代理方的行为动机，为中国的持续发展注入了动力，但与此同时，代理型的制度安排也引发了各种治理问题，构成现今社会冲突的重要根源。"②

近几年，随着政府管理体制改革的不断深入，越来越多的学者倡导

---

① 刘翔：《中国服务型政府构建研究》，复旦大学博士学位论文，2010 年，第 59 页。
② 彭勃：《社会冲突困局与地方发展主义》，载《经济社会体制比较》，2009 年第 2 期；杨志军：《中央与地方、国家与社会：推进国家治理现代化的双重维度》，载《甘肃行政学院学报》，2013 年第 6 期。

有限责任政府,政府、市场与社会之间要有一种权力边界。很多学者主张把不适合政府做或政府做不好的事情交给社会,由社会机构承担传统上由政府承担的一些职能。国家"十二五"规划中明确提出,"发挥人民团体、基层自治组织、各类社会组织和企业事业单位的协同作用",很多省份实行"强县扩权"和省直管县的财政体制改革,这些都是集权行政向分权行政转变的明显标志,也是中国政治体制在历史发展中不断变迁的结果。

其二,由机构精简到职能转变

在新中国刚刚成立以来的一段时间,伴随着政府管理体制的改革,以提高政府绩效为目的的改革同步展开。在这一时期,由于实行的主要是计划经济,政府绩效的提升主要目的是促进计划经济的发展。在"文化大革命"之中,整个社会的发展处于停滞状态,绩效改革无从谈起。70年代末期,中国实行"改革开放"的政策,与世界各国展开广泛接触,积极学习国外的先进政府管理理念与方法,在改革开放的进程中,中国行政体制也随着经济体制改革的深化而不断进行调整。这些行政机构的组织变化,尽管部分是受个别背景因素的影响有所调整,然而更多的因素在于其经济体制的带动转换下适应实际的发展而产生较大的变动。在中国启动经济体制改革20多年以来,经济体制改革走的是一条曲折的道路,其最大的原因不能不说与保守的、封闭的和臃肿的官僚体制与行政机构组织体系有直接的密切关系,而经济体制的转轨、重大政治事件的发生等因素都影响着行政机构改革。

然而,中国政府的机构改革在改革早期陷入了"精简—膨胀—再精简—再膨胀"的循环圈,中国政府鉴于政府机构庞大臃肿,层次过多、职责不清,导致效率不彰、官僚主义盛行等弊病,必须对臃肿的政府机构再进行精简;为了避免重走过去"精简—膨胀—再精简—再膨胀"的老路,于是1987召开的"十三大"开启"转变政府职能"的新思路,作为国务院机构改革的指导原则,自此,政府绩效管理改革迈出了关键的步伐。"十四大"确定了"精简、统一、效能"的原则,朱镕基总理下大力气进行政府机构改革,中央政府机构得以精简,各部门的职能定位趋于清晰，中央政府的效率得以提升。

其三，权力行政绩效转向服务行政绩效

新中国刚刚成立以来一段时间，经济乃至整个社会领域实行的是计划经济体制，政府通过预定的经济计划和行政指令，对经济领域的人、财、物、产、供、销等各方面进行管理。管理过程中个人集权的现象非常普遍，因此，这实际上就是一种长官命令经济与个人意志经济。经济发展按照预定计划来贯彻的过程，实际上也就是政府的行政权力自上而下地对整个社会生活进行监管和控制的过程。在这种体制下，政府成为整个社会管理体系的中心，公共政策的制定、执行、评估等，完全依赖于政府权力的推动。政府在公共管理领域所奉行的，在很大程度上就是一种政府的政治权力中心，主要通过刚性的手段来主导经济，这种行政方式的优点是决策过程比较短，决策成本较低，政府能够对一些重要的、稀缺的资源进行统一分配，能够集中力量办一些大事，在特殊的历史时期发挥了一定作用。但是这种政府管理方式的严重不足是：管理比较僵化，不能根据现实中的经济需求及时进行调整；一旦出现错误的、不当的决策，负面效应较大，难以纠正。

十六届三中全会召开以来，在全会精神的指引下，政府职能朝着"为市场主体服务"的方向转变。政府管理要真正为市民的公众生活服务，就要做好国民收入的再分配，利用好经济社会发展的成果来满足人民群众多方面的需求，实现对发展成果的共享；就要停止不公正的政策，杜绝某些政策只考虑政治权贵、经济精英、大城市与发达地区的利益；从体制入手解决关系人民群众切身利益的突出问题，切实解决土地征用中侵害农民利益的问题、城镇拆迁中侵害居民利益的问题、企业重组改制和破产中侵害职工合法权益的问题、拖欠和克扣农民工工资的问题、学校乱收费和药品购销、医疗服务中的不正之风等问题；就要大力提倡"服务型政府"理念，为社会公众参与社会经济、政治、文化活动提供保障和创造条件，防止和杜绝假借公共利益旗号，作出与民争利的事情；就要树立与市民社会相适应的廉洁、高效、公正、关爱的新形象。从政府核心职能的定位来说，服务型政府围绕满足公民需求、提升公民服务质量出发，对传统政府进行重构。"公共服务型政府的基本内涵是为全社会提供基本而有保障的公共产品和有效的公共服务，以不断满足广大社会成员日益增长的公共需求和公共利益诉求，在此基础上形成政府治理的制度安排"①，"服务型政府是指在民主政治的框架下，通过法定程序，按照公民意志组建起来，以为公民服务为宗旨，实现服务职能，承担着服务责任的政府"②。因此，倡导服务行政，建设服务型政府，温总理领导的这一届政府已经开了个好头，但还有很多事情要做，很多政策需要真正落实，要围绕服务型政府的职能定位，不断丰富政府的现代性内涵。

其四，由政治经济导向到民众满意与幸福导向

中国政府政治体制的改革，一开始强调服务于经济的发展。在1978年前的计划经济时代，强调的是服务于计划经济的发展。计划经济体制带有很强的政治性，往往从政治的需要出发来监控与管制经济，经济发展服务于政治运动的需要，显示社会主义的优越性。所以在计划经济时代，强调政府行政是服务于经济，其本质上也就是服务于政治，这一时期政治与经济是合一的。1978年改革开放以来，中国的经济体制逐渐向社会主义市场经济演变，这一阶段的政府管理体制改革强调的是服务于社会主义市场经济的发展，提高政府办事效率，促进市场经济发展，促进GDP的增长等。

胡锦涛就任总书记以来，倡导以人为本、执政为民、科学发展等理念，温家宝总理则在多次讲话中提出"人民满意的政府"、"阳光政府"等理念。近年来，随着以人为本的理念在政府执政实践中的倡导与践行，中国市民社会的不断发育成熟，一些中央以及地方政府官员强调政府执政的目标不再只是GDP，而是要追求绿色的可持续发展，建设让人们满意的政府，比如要提升民众的幸福指数。从服务型政府的理念出发，教育、医疗、住房等民生问题受到政府高度关注，政府更加自觉地

---

① 迟福林：《全面理解"公共服务型政府"基本涵义》，载《人民论坛》，2006年第5期。
② 中国行政管理学会课题组：《服务型政府的定义和内涵》，载《理论参考》，2006年第6期。

接受媒体、民众以及社会各界的监督。比较而言，胡温政府更加关注民生问题，关心一些弱势群体，比如"三农"问题以及农民工群体，开始彰显社会正义的执政理念，对绩效的认识开始从经济效率转向社会公正，从目标实现转向民众的满意与幸福。总的来说，这一改革正在进行之中，相关理念能否真正落实，现在就下定论还为时尚早。

还有一点值得注意的是，新中国成立以来经济、政治和社会改革政策、原则和方法的提出，大都不是一种翻天覆地的"革命"，而是一种对过往体制的一种修正。每一政策的实行都是在修正过去计划经济体制下所残留的制约，中国政府绩效管理改革的历程，是一种渐进式的革新，而不是激进的"休克疗法"。

三、中国政府绩效管理制度变迁的模式

新中国成立以来，政府绩效管理制度经历了无数次的变迁。在不同的历史时期，绩效管理制度可谓理念多样、内容复杂、形式多样，发掘不同时期制度内在的一致性以及演进的规律并非易事。经过仔细探究，本文挖掘出变迁过程中绩效管理制度的根本性质和变迁驱动力量，明晰了影响制度出台的核心要素及其相互关系，揭示了绩效管理制度在不同时期变迁过程体现出的状态属性，从不同的侧面展示了中国政府绩效管理制度变迁模式的核心内涵。

（一）诱致性制度与强制性制度相融合——制度变迁驱动模式

诱致性制度变迁（induced institutional change）与强制性制度变迁（imposed institutional change）两种模式，是学术界对制度变迁模式作出的两种基本划分。所谓诱致性制度变迁，指的是现行制度安排的改变，或新制度的提出是人们为了获取某种利益而自发倡导、组织和施行的。[1] 诱致

---

[1] 王跃生：《新制度主义》，台湾：扬智文化事业有限公司1997年版，第83页。

性制度变迁重点强调制度的变迁是由"利益"所"诱致",即现有制度无法提供获利机会所引起的。在诱致性制度变迁的过程中,有一个重要的因素限制了制度变迁的发生,就是"搭便车"(free-rider)现象。由于制度是一种公共资源,所以普遍存在着搭便车现象,因此会使得以自发的利润诱致而产生的制度创新常常供给不足。此时,就需要"政治企业家"或"制度企业家"来减少制度变迁的成本,因为制度企业家往往能对于集体内的潜在利益作出恰当的区分,使每一个人的处境、状况更好,并使成员相信这样的分割与他们的意识形态是一致的。诱致性制度变迁总是渐进的,有点类似于制度进化的过程,自下而上、从局部到整体的缓慢推进过程。强迫性制度变迁(又译做"强制性制度变迁")指的是"由政府的行政命令或法律强行推进和实施的制度变迁"①。制度如果完全交由私人进行,就会发生严重的制度失衡,公众福利也会因而受到侵害。强制性制度变迁的主体是国家,国家在进行制度变迁的过程中,具有一些私人所不具备的优势。一方面,国家凭借强制性的公权力,可以强制实施某种制度而不需社会成员一致同意。如此一来,就不需要付出庞大的组织和协调成本,效率因而提高很多。另一方面,强制性制度变迁是在一个国家所管辖的范围内统一进行的,由于规模庞大,可以收到规模经济的效果。不过,虽然节省了协调的成本,但是却增加了强制执行的成本。个人或组织由于并不同意或认可某种制度变迁的方向,虽然无法阻止,却可以消极抵抗、我行我素,甚至出现"上有政策、下有对策"的现象,强制性制度变迁的效果因此而大打折扣。虽然以国家为中心进行的强制性制度变迁不像诱致性制度变迁那样完全由利润所诱致,但是基本上也是根据成本效益原则进行的。制度变迁的预期收益大于预期成本,统治者才会推行制度变迁的过程,反之则会中止或取消。不过,国家作为一种具有独占性的组织,比如它可以垄断制度的制定、执行与评估等,它对于成本和收益的理解不同于个人或一般组织。一种制度在变迁过程中,即使能够增加国民收入,增加经济的总产出,但如果

---

① 王跃生:《新制度主义》,台湾:扬智文化事业有限公司1997年版,第83页。

它会削弱国家政权的权威或危及其统治，那么国家也断然不会进行这样的制度变迁，宁可维持一种无效的制度安排。

理论上对制度变迁模式所作的简单划分，有助于我们对问题有更清晰的认识，但与理论上所作的清晰区分有很大不同的是：中国政府绩效变革走的不是某种单一的道路，体现的也不是某种单一的思维，而是不同道路的混合，体现的是不同思维的混合与折中。

从一方面来说，中国政府绩效改革，走的是一条"诱致性制度变迁"的道路，依照历史文化的"路径依赖"，改革的进程从局部到整体稳步推进，借助外在利益和制度变迁预期成本的增加来驱动社会自发进行变迁。中国在这条改革道路上，避免争议过大的变动，在稳定中加快速度。在改革过程中，通过利益的诱使来为变革寻求动力。各级政府大都宣扬并实践"社会主义的本质是解放与发展生产力"的信条，政府绩效改革的根本目的是提高人民物质生活水平。希望人们从经济发展中得到实惠之后，从而自然而然地拥护政府，支持政治体制改革，认同政治体制的绩效。

从另一方面来说，中央政府也一直强有力地"自上而下"统一推进政府改革，强制性制度变迁的特点也非常明显。1978年以来，中央一直倡导"以经济建设为中心"的政府执政总原则，把反映经济发展指标GDP作为评价政府执政水平以及地方领导升迁的主要依据。更进一步来说，从上述总的原则出发，中央政府还直接倡导"精兵简政"、"为人民服务"、"精简政府机构"等直接与绩效有关的原则。这些都对中国绩效改革产生了重要影响。建国以来，很多次以提升绩效为目的的改革，都是遵循"自上而下"的路径推进，比如朱镕基总理执行的政府机构改革，先从国务院的部门设置与职能定位改革开始，然后要求省市等各级地方政府拿出相应的改革措施，从中央到地方的整个改革随之拉开。

（二）"问题—政治—政策"之多元汇流——制度出台模式

"问题—政治—政策"之多元汇流源自西方的多元流程模式，这一模式认为政策过程包含了三个由行为者与过程所构成的流程，这三个流程包括：由各种问题的信息与各种问题解决方案的支持者所构成的问题流；由各种政策问题解决方案的支持者所构成的政策流；以及由选举与民选官员或民意代表所构成的政治流。① 在制度出台过程中，这三种流程在政府的内部和外部流动，而且每一种流程大部分的时候都是各自运作，彼此间互不相关。但在关键的时间点，政治行动者会将各流程结合（coupling），以上三种流程结合成单一的包裹后，会大幅度地提升某个政策议题受到政策制定者注目的机会。② 而这个关键的时间点，在多元流程模式的概念下，即是政策窗（policy window）开启的时间点。在那些想要推动改革的政治行动者看来，好比是在等待大浪出现的冲浪者一样，你必须先到海里，做好冲浪和划水的准备；如果你没有做好划水的准备，当大浪出现时，你将没有办法乘势站上浪头。从这个角度来看政策是否变迁，其关键节点就在于时机，如果能够掌握政策变迁的关键时间点，政策的变迁才有可能发生。概言之，在这一模式下，政策的发展过程被三股支脉流交织而成：问题流、政策流、政治流，彼此在大部分时候是独立发展的，各有其独特的脉动和规则。在问题流中，政治行动者会利用指标来表示其所关切问题的重要性、提供所偏好的问题界定方式、制造关键事件、将信息和政策绩效反馈给决策者等方式，来影响政策议程；在政策流中，他们通过发表文章、国会作证、举办公听会、媒体上刊登以及与重要人物会面等方式，推销其政策理念和政策方案；在政治流中，政治行动者则是利用政治手腕和操作策略，与其他行动者相互竞逐、对决或协商。在汇合过程中，他们会将其所偏爱的方案或所关心的问题，置于有利的地位，并将问题、方案及政治等三个要素之间进行最有利的组合，这一组合的时机，即是政策之机会窗，也是政策得以变迁的时候。形象地说，组织的决策在问题流、政策流、政治流这三股力量交互作用中所产生，这就好比参与者倾倒各式问题和备选解决方案

---

① Sabatier, Paul A., "The Advocacy Coalition Framework: An Assessment", in Paul A. Sabatier (ed.), *Theories of the Policy Process*, Boulder, Colorado: Westview Press, 1999, pp. 117–166.

② Zahariadis, Nikolaos, "Ambiguity, Time, and Multiple Stream", in Paul A. Sabatier (ed.), *Theories of the Policy Process*, Boulder, Colorado: Westview Press, 1999, p. 73.

于一个大漏斗中，漏斗中的各种支流先会充分混合，最后再产出解决问题的方案。

反观几千年中国历史的发展，就会发现政治体制的大变革，走的大都是"穷困思变革"的道路。在太平年代，老百姓知足常乐，统治者歌舞升平，没有变革的动力；即使是盛世已过，社会发展的危机开始显现，老百姓还是得过且过，统治者则习惯于粉饰太平，变革的动力还是显得不足，变革的需要不那么迫切。直到整个社会遭遇严重问题，面临重大危机时，识时务的政治行动者提出能应对危机的变革理念、思路与策略。所以，社会问题在引发政治变革中发挥着重要作用。

问题本身对政治体制的改革发挥作用，首先要有一些前提条件。问题本身产生了显著的政治意义，从一般性问题转变成政治问题，而且其意义被某些政治行动者充分认识到。这样，本来被当成一般问题处理的内容，在被当成重要的政治问题来对待时，问题解决的契机就有可能到来。当问题、解决方案及行动者同时存在且符合条件时，就会有特殊的关键事件发生，这时便是组织必须作出决定的时机点，也即人们预期组织作出某种行为的时刻，这被称为选择机会。关键事件的作用不可低估，关键事件可分为重大过失事件和重大喜庆事件。重大过失事件比如大陆曾经发生非典、毒奶粉事件、广东乌坎村事件等，遇到这些事件，一些英明的政府官员必须扮演关键政治行动者角色，惩治一些贪官与庸官，严肃纠正一些负效、低效乃至无效的政府行为，以提高公信力。重大喜庆事件比如亚运、世博、奥运等，迎接这些事件的过程中，关键政治行动者要借此改善政府形象，让中国走向世界，让世界接纳、认同中国。

问题的解决还有赖于政治氛围。1978年以来的政治体制改革，与政治氛围的改变有很大关系。十一届三中全会以来，国内的舆论已经打破了唯毛主席最高指示是问的局面；邓小平等领导人物通过支持关于真理标准问题的讨论，解放了人们的思想，为结束"两个凡是"，开启"以经济建设为中心"的政治体制改革造声势。"十四大"召开之前，邓小平同志通过在媒体上发表一系列"南巡"讲话，解决了困扰人们思想的很多问题,结束了市场"姓社姓资"的争论,为中国经济体制的改革明确了社会主义市场经济的方向。最近几年来,国内的政治氛围日趋开放。很多媒体敢说真话,敢于批评政府,尤其是网络舆论。某些官员上班时间玩游戏、玩偷菜、炒股的事情在网上传开之后,政府就面对着强大的政治压力,对这些进行了严肃处理,有些地方政府明确规定上班时间不准,将视情节作出党纪政纪处分、通报批评、诫勉教育和效能告诫等处理。这无疑促进了政府行政效能的提升。

问题的解决,还有利于政治行动者。政治行动者偏好的改变,也对政府的执政理念产生了重要影响。建国前,长期指挥全党全军作战、在思想上领导全党的毛泽东主席,长期饱读马克思主义与二十四史等哲学与史学著作,治国理政时偏好的是政治运动、军事战争等,带有文人的理想主义色彩。而邓小平同志去法国勤工俭学过,新中国成立之后多次出国访问,对资本主义社会生产的发展、技术的领先、管理上的先进等方面有切身的体会,而且他建国前长期做军队政委,负责战士和群众的思想工作,与基层的关系比较紧密,建国后与刘少奇、陈云等一起谋划经济发展,治国理政时偏好的是经济发展,而且具有高度务实、密切联系群众的作风。

制度的变革,最为直接的依赖因素是政策方案逐渐成形。之所以近几年中国政府绩效改革取得一定成就,是因为随着1949年新中国成立以来,中国共产党和中国政府逐渐探索出一套比较成熟的绩效管理制度。早在毛泽东时代,邓小平、陈云都担任过重要的领导工作,尝试着实施了很多政策,对错误政策导致的严重后果有切肤之痛,对民间百姓热烈拥护党的正确政策有着深刻的体会,他们在长时间的探索之中,逐渐形成了一套有效的符合中国实际的绩效管理思想、思路和方案。中国的很多改革,往往总是农村先试验,或者在某个省市或特区先试验的道路,在局部试验中逐渐形成了完善的政策方案,然后再向全国推广。时下学界十分关注的大部制和省管县的改革,在广东地区已经先于其他地区先试先行了,一旦政策方案成熟,就有可能推向全国,导致全国的政治制度发生变化。

总之，当"问题—政治—政策"汇流在一起，制度变革之窗就会慢慢开启，睿智的、倡导改革的政治行动者就会抓住这一关键时刻，提出一些在理论界和实践界具有突破性的观点，解放人们的思想，推动政治改革不断取得新的进展。

（三）通过渐进式改革维持断续性平衡——制度演进模式

中国政府绩效管理制度出台之后，在实施过程中一般不会发生大起大落；在时间的推移中，制度保持了较高的延续性和稳定性。政府绩效管理制度演变体现渐进式改革的特点。所谓的"渐进式改革"，具有以下几方面本质特点：改革的幅度、速度与程度都较小，把改革的力度控制在社会可承受的程度之内；避免暴风骤雨式的激进革命，持续进行和风细雨式的温和渗透。具体来说，渐进式改革的幅度较小，不是全方位地改革，而只是从某个领域开始；改革的速度较慢，往往酝酿长时间的改革；改革的程度追求适当，不是一下子进行彻底的革命，往往是经过几个步骤之后，改革才完全到位。

渐进式改革与中国特有的复杂国情相适应。著名国情研究专家胡鞍钢，在他主编的《中国战略构想》一书中，曾经用"一个中国，四个世界"来形容中国的地区差距。在中国，城乡之间，东部与中西部地区之间，不同民族之间，其发展程度差距之大是有目共睹的。正是由于中国的这种不同地区差异巨大的特点，决定了难以一次性地设计出符合所有地区实际情况的改革方案，必须从不同地区实际情况出发，遵循从局部试验到整体推进的改革顺序，分步设计、分类实施、稳妥推进。

在中国建设社会主义，进行政治体制的改革，是一项前人未曾尝试过、其他国家很少尝试的新事业，缺少其他国家以及本国经验可以借鉴。改革的道路必须靠在实践中不断探索，所谓"摸着石头过河"。同样，在中国进行绩效改革，完善政治体制，更是全新的事业，要靠在实践中不断探索。中国社会主义绩效改革的创新性，决定了采取激进的方式很难奏效，适合进行稳妥的持续改进。

这种渐进式改革理念在中国政府政治体制改革过程中，具体表现为很多党的领导人都倡导过的"先试验,后推广"的原则。1978年改革开放伊始,为了探索符合中国国情的改革道路,"政策试验"作为落实"实事求是"的一种操作思路与方法,在社会各领域中被广泛应用。中国共产党内部具有改革意识的高层领导,都曾经提出这种观点,比如邓小平、陈云和万里。邓小平同志明确指出:"在全国的统一方案拿出来以前,可以先从局部做起,从一个地区、一个行业做起,逐步推开。中央各部门要允许和鼓励它们进行这种试验。试验中间会出现各种矛盾,我们要及时发现和克服这些矛盾。这样我们才能进步得比较快。"陈云同志也强调过:"改革固然要靠一定的理论研究、经济统计和经济预测,更重要的还是要从试点着手,随时总结经验,也就是要'摸着石头过河'。"① 万里同志则进一步提出:"我们党长期倡导的'从群众中来,到群众中去'的群众路线的方法,'集中起来,坚持下去'的领导方法,抓典型、搞试验、调查研究、解剖麻雀的工作方法等等,都是行之有效的决策方法,至今仍然是我们应该继承的宝贵财富。"② 1992年10月,党的"十四大"召开时,更是把"积极探索,大胆试验"写入了《中国共产党章程》:"党的思想路线是一切从实际出发,理论联系实际,实事求是,在实践中检验真理和发展真理。全党必须依据这条思想路线,积极探索,大胆试验,创造性地开展工作,不断研究新情况,总结新经验,解决新问题,在实践中丰富和发展马克思主义。"

  建国以来,经过多年的探索,执政的中国共产党以及普通民众达成了一个共识:社会主义的本质是解放与发展生产力。围绕这一核心,尽管不同期间受到政治运动的干扰,但生产力发展的问题始终是要回应的。中国政府绩效改革,就是围绕生产力的发展而展开的,如果在生产力的发展上不能取得成绩,政府就会面临执政危机。"文革"期间,中国经济到了崩溃的边缘,在"大跃进"以及三年困难时期,甚至部分地区出现过大饥荒。"文革"结束之后,以邓小平为代表的第二代领导集

---

① 陈云:《陈云文选》(第3卷),北京:人民出版社1995年版,第279页。
② 万里:《决策民主化和科学化是政治体制改革的一个重要课题》,载《人民日报》,1986年7月31日。

体，要在人们心中树立威信，首选就要领导中央与地方政府解决解决老百姓的温饱问题。为此，就要大力发展经济。在改革的过程，很多方面是不能改变的，比如：国有经济的主导地位不能动摇，党的领导不能削弱。这也就是邓小平在1979年讲话中提出的四项基本原则："第一，必须坚持社会主义道路；第二，必须坚持无产阶级专政；第三，必须坚持共产党的领导；第四，必须坚持马列主义、毛泽东思想。"同时，把这四方面当成实现四个现代化的根本前提。甚至在一开始改革的初期，连社会主义计划经济的管理模式也不能动摇，这种观念在邓小平发表"南巡"讲话之后才有所改变。

中国政府之所以在多数情况下采取这种渐进式的改革，一个重要的考虑是维护社会的稳定。"稳中求进"，一直是政府绩效改革的重要原则。中国政府在改革过程中，一直致力于处理好改革、发展与稳定之间的关系，把改革的速度与社会可以承受的程度结合起来。如果改革的速度太快，社会就会不稳定，政权也会受到威胁，改革的成果也可能会丧失殆尽。

在中国进行改革，要平衡不同阶层的利益。中国社会阶级及阶层非常复杂多元，既有为新中国的成立作出贡献的阶级阶层，包括：执政党本身的利益、工人的利益、农民的利益；也有长时间一直被打压，但出于经济发展的需要，不得不让其存在并发展的阶级阶层，个体工商业者、民族资产阶级等。通过保护他们的利益，调动他们的积极性，增强经济发展和社会发展的活力。阶级与阶层的多元性与复杂性，这也会要求政府政治改革不能急躁冒进、只重一点，必须通盘考虑、渐进推行，在总体平衡维持的前提下，暂时打破某种局部平衡，如果局部不平衡是可控的，则继续维持这种状态并一步步深入推进；如果局部不平衡变得不可控，则对之前的制度进行调适，引入新的因素来维持新的平衡。

总之，中国政府绩效改革的变迁是遵循渐进中保持稳定的改革逻辑，即大部分时期是渐进式的变迁路径，有时出现不连续的剧烈变迁，有时也会处于停滞不前的状态，至于何时会发生重大变迁则很难预料。

渐进式改革的理念受到一些学者的青睐，但也存在一些缺陷，招致了一些学者的批评。第一，该流派主张"持续渐进"的改革，但由于回避了改革大方向，导致自身的理论困境。变革的大方向是无法回避的，一旦变革的大方向出了问题，小步调的变革就会变成故步自封或持续倒退。决策者评价小步调行动时，必须参考更宽泛的指导方针，这恰恰是渐进主义所避免的。第二，比较保守，不适应于比较落后但亟须改革的情境。面对一个比较落后的情境，迫切需要的是在短时间内很快改变落后面貌，而不是没有日程表的小步子变革。第三，当今时代是一个强调高效率的时代，很多决策者寻求的是最快的变革方法，而不是慢吞吞地前进。

四、中国政府绩效管理制度变迁的动力

由于中国独特的历史背景与现实环境，新中国绩效管理制度变迁体现出了独特的模式。中国政府绩效管理改革的动力涉及关键政治行动者的促进作用、解放与发展生产力、提升公众的满意程度、"国家、市场与民间社会"的多边互动等诸多方面。总的来说，从制度的性质和变革路径维度，可以从强制性制度变迁与诱致性制度变迁两个层面进行区分：

（一）强制性制度变迁的动力

强制性制度变迁往往是依靠外在的力量，沿着自上而下、由外而内的路径，借助政府命令和法律引入的形式颁布来进行制度的重大变革。在强制性制度变迁过程中，以下因素发挥着重要的促动作用。

其一，关键政治行动者的促进作用

在中国政治体制改革的进程中，一些领袖人物发挥了重要作用，这些领袖人物就扮演了关键行动者角色。毛泽东的地位从革命战争年代逐渐建立起来，他用灵活战术领导中国共产党的军队不断化险为夷；在几近不可能的情况下，完成新民主主义革命，不但成功地与日本侵华军队周旋，打败了国民党的八百万军队，还向美、苏霸权挑战，领导了抗美援朝战争，这种历史地位是无可取代的。虽然邓小平对中共革命的贡献不如毛泽东那么突出，但他也是中共成立党组织后最先入党的元老重

臣，他对中国的革命事业，自有不可磨灭的贡献。"文革"之后，随着很多革命功臣的去世，邓小平成为资历最老的开国功臣之一。此外，邓小平又在社会主义社会的发展活力面临危机之际，肩负改革、重整以至于复兴的使命。相比之下，邓小平之后，最近几届领导人没有他的历史际遇和丰富经历。因此，他所极力组建的权力结构，必须同时承担毛、邓主政时期所遗留下来的历史责任，在毛泽东的社会主义公有制思想和邓小平的社会主义市场经济思想之间游弋，一方面要继承毛泽东开启的反帝国主义、反资本主义、反封建主义的革命传统，但另一方面也必须高度重视邓小平的发展生产力思想，由此来保持统治的合法性。在政治体制上，由于缺少魅力型的强权领导，则必须在个人领导与集体领导之间求平衡。

改革开放初期，总设计师邓小平个人对政府领导体制和整个社会的改革发挥了重要作用。邓小平发表了一系列讲话，推动了中国思想解放的历程；其中，《党和国家领导制度的改革》的讲话中明确提出："政治体制改革的长远目标，是富有效率社会主义政治体制。政治体制改革的近期目标，是建立有利于提高效率、增强活力和调动各方面积极性的领导体制。"在"南巡讲话"之中，则明确提出了："计划多一点还是市场多一点，不是社会主义与资本主义的本质区别。计划经济不等于社会主义，资本主义也有计划；市场经济不等于资本主义，社会主义也有市场，计划和市场都是经济手段。"这段讲话解放了政府官员和民间的思想，此后社会市场经济不断向纵深发展，在市场经济的促动下，政府管理也遵循市场经济的效率、活力等原则。这两次讲话在推动政府绩效改革中发挥了重要作用。国务院改革力度最大的一次，是由朱镕基总理执行的，之所以执行的力度很大，不能不说与朱镕基务实、刚正的个人执政风格有很大关系。

其二，党的方针政策的约束作用

1978年改革开放以来，在长期的改革开放实践探索过程中，"三个有利于"逐渐成为评判党的事业成败的标准。改革开放的总设计师邓小平1992年初在南方谈话中明确指出："改革开放迈不开步子，不敢闯，说来说去就是怕资本主义的东西多了，走了资本主义道路。要害是姓'资'还是姓'社'的问题。判断的标准，应该主要看是否有利于发展社会主义社会的生产力，是否有利于增强社会主义国家的综合国力，是否有利于提高人民的生活水平。""三个有利于"正式成为衡量从中央到地方各级政府执政的成败。而要符合以上标准，就必须不断进行改革。一个官员要在工作过程中获得提拔的机会，就必须抓经济建设，要把经济建设搞好，就要为经济发展创造良好的政策环境，为此，就要进行政府绩效管理改革。

"发展生产力"不仅是政治家的精品论断，而且进入了党章，成为每一个党员都要践行的思想信条与行为指南。中国共产党第十七次全国代表大会部分修改，2007年10月21日通过的《中国共产党章程》中明确提出："我国社会主义建设的根本任务，是进一步解放生产力，发展生产力，逐步实现社会主义现代化，并且为此而改革生产关系和上层建筑中不适应生产力发展的方面和环节。"党章中还提出："坚持改革开放，是我们的强国之路。要从根本上改革束缚生产力发展的经济体制，坚持和完善社会主义市场经济体制；与此相适应，要进行政治体制改革和其他领域的改革。"由此可见，党章对以发展生产力为核心要务，从经济发展出发完善政治体制，提升政府绩效提出了明确的要求，中国共产党实现自己提出的目标，就必须按照这些内容切实进行政府绩效管理改革。中央以及省市县各级政府每年都会提出经济发展指标，甚至在一些村子乡镇里也贴满了"党员干部带头富"的口号；为了发展生产力，各级政府都展开绩效改革以更好地服务经济发展，例如各级政府都在推行政务公开、提高服务效率等改革。

其三，民众的监督制约作用

历史制度主义者多数倾向于认为："政治行动者并不是知道所有信息的理性最大化者，而在更大程度上是遵循'满意而止'的规则。"[①]

---

① 何俊志、任军锋等：《新制度主义政治学译文精选》，天津：天津人民出版社2007年版，第151页。

从这一视角出发，民众满意是政府行政追求的重要目标。在新中国政府绩效管理改革的历程中，民众的满意也是政府在不同时期都重点考量的重要因素。一个政府只有得到了人民的认可，其执政才会长久；反之，这个政府存在不了多久可能就会下台。因此，民众成为政府行政改革的重要监督约束力量。

在建国初期，只要经济取得了一定的发展，多数民众解决了温饱问题就会满意。比如占人口大多数的农民，只要分到了土地，政治身份上成为领导阶层，而非被压迫、被剥削的阶层，对政府的满意度就会大为提升。

改革开放之后，随着制度医疗、教育和住房分配制度的改革，人们的物质压力不断增加，人们收入增加一部分就会满意。政治体制改革为经济发展服务，政府希望人民物质生活水平提高之后，对政府的满意程度随之提高；实际上多数老百姓也确实会这样，只要物质收入提高了，对政府政治廉洁、处事高效、决策公正其他方面的要求就会降低。这些都会使得人们对政府改革的注意力降低，这些都不利于形成政治改革的强大舆论来督促政府绩效改革。

近年来，随着民众受教育程度不断提高，中国市民社会不断完善，民众对政府的期望也越来越高。民众对政府的要求与期望绝不会仅限于解决温饱或增加物质收入上，而是要求政府为民众营造的社会环境具有安全感、自尊感、舒适感和幸福感，希望政府在行政过程中体现"公民参与"、"公平正义"、"关爱弱者"等理念。温家宝总理提出建设让"人民满意的政府"，这是顺应当前形势发展的需要，在更高的程度上满足人们需要，从而让公众真正满意的一种表现；即使现在做不到让公众非常满意，也要努力使得满意度有所提升。总之，中国政府政治改革的很多举措，未必寻求一个最符合理性的决策，而是从不同时期的形势发展出发，努力做到让民众满意。

其四，重大事件的冲击作用

关键事件与政治行动者对于政策变迁之所以会产生影响，主要是因为他们的存在或发生，改变了原本对于政策问题认知的均衡状态，进而使得政策制定者重新检视该项政策议题，增加了政策形象或共享信念改变的可能性。一方面，关键事件的发生有助于将政策制定者与民众的目光吸引到某政策问题并引发反省，而这样的过程，就政策制定者来说，不论是被动地影响或是主动地反思，都增加了他们改变既有的政策认知的机会；另一方面，政治行动者则必须通过政策倡议，设法让政策制定者与民众改变其原有的看法，并进而认同政治行动者所偏好的方案，使该方案能够被接受而成为政策。换句话说，政治行动者通过具有目的性的行动，主动地促使政策制定者改变对于政策的认知。不论是关键事件从宏观的层次吸引了政策制定者与民众的目光，或是政治行动者从微观的层次发挥其政策倡议的能力，引导民众重视关键事件的政治意义，这两个变量都可能改变政策制定者与民众对于政策问题的理解，让他们认识到有必要采取新的方式解决问题，使政策发生变迁。

1978年之后，中国发生了实行改革开放、邓小平"南巡"、加入WTO、非典事件、举办奥运会等一系列关键性的重大事件。这一系列关键性重大事件的出现，打破了历史发展的常态，使得政治体制改革有可能出现跃进。这些解决问题的窗口一旦打开，便迎来了解决契机。

以WTO为例进行分析，中国加入WTO以后，在国际事务中必须遵循WTO通行的规则，按照相应规则办事，与其他国家开展经贸等领域的全方位交往。中国作为全球化进程中的后来者，承受着来自全球背景的沉重压力。一方面，中国必须在短期内实现自身的发展强大，赶上曾经是主导、现在依然控制全球化进程的西方国家；另一方面，加入WTO之后，中国自身的发展又需接受主要由西方制定的国际制度、国际惯例和国际标准，著名社会学家布迪厄（Pierre Bourdieu）指出："全球化是回到一种彻底的资本主义，在那里只有一种法则，即追求最大利益法则，一种赤裸裸、不受任何约束的资本主义。"① 同时，不断地深化对全球化进程的加入，必然会带来更多的全球制约，这在某种程度上会限制国家

---

① 〔法〕皮埃尔·布迪厄（Pierre Bourdieu）：《防火墙——抵挡新自由主义的入侵》，孙智绮译，台北：麦田出版社2002年版，第61页。

制定和执行政策的自主性。

在政治体制改革方面，加入WTO之后，对中国政府的管理体制带来重大冲击。入世后，中国全方面深层次的开放成为必然。WTO的成员国都是以市场作为资源配置的基本手段，经济关系、经济运行的市场化程度很高，而中国共产党的现代化发展较晚，还缺乏市场机制运作所必需的基础能力和经验，且经济市场化的运作模式不是经济发展内生的结果，而是在政治权威的主导下启动和推进的，政府对市场干预过多，因此，在中国共产党现今的经济运行过程中，一些非市场、非经济因素仍或隐或显地发挥着作用，将不可避免地与国际上的游戏规则发生冲突和摩擦。

由于交通与通讯成本大幅降低以及货物、劳务、资本、知识乃至人员流动所遭遇的人为障碍逐渐被打破，全球化使各个国家与人民更紧密结合。在"地球村"中，一国政策的影响范围会扩及其他国家，使其在作决策时必须同时顾及其他国家的反应，甚而改变自身的行为模式。如产油国降低石油产量，会造成油价上涨，引发石油危机。北京市政府在2004年SARS事件中隐瞒疫情，导致国内外对政权产生信任危机，其后所发生的潜舰失事事件，中国共产党即改变以往的做法，立即公诸于世，使之透明化。

在全球化背景下，跨国公司成为一个国家之内的重要行动主体，甚至取代国内企业成为国际经贸往来的主要行动者。跨国公司实力的增强，跨国公司行动主体的活跃，使其成为制约国家主权的重要力量。当跨国企业在某个国家进行大量的投资时，该国政府的政策便成为重要的获利因素，为了留住外资及吸引更多的投资，国家也会配合他们的要求，如为它们提供补贴、建立合理的税收制度等，而使国家机关自主性受到多国公司的影响。为了满足跨国公司这一新行动主体的需求，大陆很多地方发达地区的政府都努力提供一站式服务，设置专门的机构，减少审批环节，为涉外企业高效地办理好相关手续。

(二) 诱致性制度变迁的动力

诱致性制度变迁是指人们为争取获利机会自发倡导和组织实施对现行制度安排的变更或替代，借助现实利益的诱使，变革能量自然积聚，凭借内在的力量而自发地创造新的制度安排。诱致性制度变迁的主体既可以是个人、个人组成的群体、企业或利益集团，也可以是政府或国家。其中个人、企业等是初级行为团体，他们的决策支配了制度安排创新的进程。政府或其所代表的国家是次级行动团体，或称第二行动集团，他们帮助初级行动团体获取收入进行一些制度安排。正如戴维斯和诺斯所分析的那样，诱致性制度变迁就是指由于规模经济、外部性、风险和交易费用等制度环境的变化所导致经济主体或行动团体之间利益格局的变化经各级主体相互博弈所达成的新的制度安排，"如果预期的净收益超过预期的成本，一项制度安排就会被创新"[1]。

其一，解放与发展生产力

社会主义的本质是解放生产力，发展生产力。新中国成立以来，政府之所以进行绩效改革，其中一个核心原因是新的制度所产生的绩效更大，对解放与发展生产力的作用更大。只有生产力发展了，中国人民才能解决温饱问题，生活才能越来越富足、便利，才能实现经济、军事、国防和科技的"四个现代化"，实现中国的强国梦。而一部分学者也认为，中国政府政权的正当性，目前维系在社会生产力的解放与经济的持续发展之上，如果经济一旦迟缓发展，甚而停滞，社会的安全和政治的稳定性都将受到严重挑战。

改革开放的总设计师邓小平提出了衡量社会主义的"三个有利于"标准，具体内涵为：有利于发展社会主义社会的生产力，有利于增强社会主义国家的综合国力，有利于提高人民的生活水平。其中排在第一位的就是"有利于发展社会主义社会的生产力"，从逻辑上来说，发展生

---

[1] 〔美〕戴维斯，诺斯：《制度变迁的理论：概念与原因》，转引自〔英〕罗纳德·H.科斯、〔美〕阿曼·A.阿尔钦、〔美〕道格拉斯·C.诺思等：《财产权利与制度变迁——产权学派与新制度学派译文集》，刘守英等译，上海：上海三联书店2004年版，第274页。

产力是增强社会主义国家综合国力和提高人民生活水平的根本保障。生产力不发展，一切都无从谈起。这个标准是 1992 年初邓小平同志在视察南方时所提出来的，主要是针对当时中国共产党党内外不少人在改革开放问题上不敢闯、迈不开步子，以及理论界对"姓资姓社问题"的争论。邓小平提出判断的标准应看"有利于发展社会主义社会的生产力，有利于增强社会主义国家的综合国力，有利于提高人民的生活水平"。在这一论述的基础上，江泽民担任中共中央总书记时其被进一步发展为"三个代表"思想。江泽民所提出的"三个代表"：共产党代表先进生产力的发展要求，代表先进文化的前进方向，代表最广大人民的根本利益。在邓小平和江泽民两代人的政治论述中，都把生产力的发展放在首要地位。

中国社会的经济改革开始后，经济体制逐渐朝向社会主义市场道路行走，其模式则从"厂商组织"、"法律"的层级进而到"政治体系"、"宪政"层级，这也就会促使社会发生根本转变。这其中经济发展的力量对于政治体制改革的作用不可低估。美国当代著名政治学家亨廷顿曾指出，社会经济发展推高政治参与效果的原因包括："1. 政治参与程度常随社会经济地位而变，受较高教育、高所得、职业地位高的人参与程度较高，经济发展就会促使这一类人的增加。2. 经济、社会的发展包含了社会团体间的紧张与利益冲突，此情势最后须通过政治来解决。3. 经济复杂化导致组织结社的复杂化，以及更多人置身团体组织之中，加入组织通常与政治有密切关系。4. 经济发展需要而且产生政府功能的大量扩张，因此促使社会团体重视政府活动。"[①]

其二，实践哲学下的"自下而上"改革试验路径

中国共产党成立以来，党的数任杰出领导人都奉行实践哲学。他们不是从书本的教条出发，也不是照搬别国的经验，而是把马克思主义基本原理与中国的革命与建设具体实际相结合，其中的两个代表性人物是

---

① Samuel P. Huntington, Joan M. Nelson, *No Easy Choice: Political Participation in Developing Countries*, Cambridge, Mass.: Harvard University Press, 1976, pp. 43 – 44.

毛泽东和邓小平。

20世纪20年代,在革命斗争实践之中,以毛泽东为代表的领导人,一改王明从苏联照搬过来的"发动城市暴动"的革命道路,从中国处于半殖民地半封建社会、农村敌人统治比较薄弱的实际出发,探索出"农村包围城市,武装夺取政权"的道路,使中国革命转危为安。1945年4月的中国共产党"六届七中全会"更是通过了一份将马列主义适应、融入现实环境的"中国化"过程与毛泽东之思想定位互相联结起来的权威性历史文件——《关于若干历史问题的决议》,对此进行了比较明晰的说明:"中国共产党自1921年产生以来,就以马克思列宁主义的普遍真理和中国革命的具体实践相结合为自己一切工作的指针,毛泽东同志关于中国革命的理论和实践便是此种结合的代表……党在奋斗的过程中产生了自己的领袖毛泽东同志。毛泽东同志代表中国无产阶级和中国人民,将人类最高智慧——马克思列宁主义的科学理论,创造地应用于中国这样以农民为主要群众、以反帝反封建为直接任务而又地广人众、情况极复杂、斗争极困难的半封建半殖民地的大国,光辉地发展了列宁斯大林关于殖民地半殖民地问题的学说和斯大林关于中国革命问题的学说。"

曾被毛泽东视为接班人的刘少奇于中国共产党第七次代表大会上作《关于修改党章的报告》时提出:"要以马克思列宁主义的理论与中国革命的实践之统一的思想——毛泽东思想,作为党的一切的工作的指针,反对任何教条主义或经验主义的偏向。"其后并将上述论断载入了1945年6月11日修订通过的《中国共产党章程》之总纲中。另外,"毛泽东思想"在中共"七大"时更被认为是"中国的马克思列宁主义、中国的布尔什维克主义、中国的共产主义",以及"马克思主义民族化的优秀典型、发展着与完善着的中国化的马克思主义、中国人民完整的革命建国理论"。由此可见,从中国实际出发把马克思主义中国化,一直是中国共产党探索社会主义革命和社会主义建设的指导思想,这在本质上体现了一种实践哲学,在这一哲学的指导下,党的政治体制改革不断获得新的动力。

1978年党的十一届三中全会之后,邓小平同志逐渐概括出改革开放理论之基本架构,即以"实践是检验真理的唯一标准"为出发点,以实践哲学为指导思想,采取"不管白猫黑猫,逮住老鼠就是好猫"式实用主义与经验主义的方法论,以"解放思想、实事求是"为理论精髓,以"摸着石头过河"之方式先实践再去补充理论的不足,就这样一步步慢慢地建构出了后来的"邓小平理论"之内涵。在长期的改革试验进程中,"我国已经形成了社会主义改革文化。人们不仅仅认识到'改革就是一场革命',而且确立了只要是不合理、不完善的制度、措施、方法就必须通过改革来完善的基本文化诉求"①。

邓小平同志强调上述思想承袭自马克思主义的基本观点,也是毛泽东思想的出发点。马列主义的普遍原理同中国实际之相结合,其意义即是坚持马克思主义的基本原理及运用其方法,结合社会主义建设时代要求的产物;因此,"解放思想、实事求是"就是邓小平的实践哲学,乃指"在马克思主义指导下打破习惯势力和主观偏见的束缚,研究新情况,解决新问题,使思想和实际相符合,使主观和客观相符合",以"解决过去遗留的问题,解决新出现的一系列问题,改革同生产力迅速发展不相适应的生产关系和上层建筑",并根据"实际情况,确定实现四个现代化的具体道路、方针和措施"。

总之,中国共产党于探索有中国特色的社会主义管理体制改革之路,体现出以下三项鲜明特点:"1. 不完全搬照他国模式,根据基本国情和条件,以自力更生为主;2. 中共所进行的现代化,不但是中国式的现代化,也是社会主义的现代化;3. 坚持实事求是,结合马克思列宁主义与中国的实际,走自己的路。"② 这三个方面都强调从中国国情和实际出发,理论与实际相结合,这明显地体现出一种实践哲学思想。

其三,"国家、市场与民间社会"的多边互动

借助关系思维进行深入剖析,基于对国家、民间社会和市场三者本

---

① 尚虎平、张怡梦:《绩效目标明晰下改革动力源搜寻:从"中心驱动"到"国家治理"体系构建》,载《甘肃行政学院学报》,2013年第6期。

② 韩荣璋、曲庆彪:《从毛泽东到邓小平:中国特色的成功之路》,武汉:湖北人民出版社1994年版,第226—227页。

身的内涵及其关系历史变迁的纵深研究，我们可以发现：中国大陆政治体制的变革，也是"国家—民间社会—市场"三者关系的调整下的产物之一。而在"国家治理"的理论视域之中，"大量的改革动力来源于企业与公民的互动、公民与公民的互动、公民与第三部门的互动"①。因此，中国政府绩效管理改革的进程，可以在三者关系的变迁中找寻出内在的逻辑，这种关系分析充分体现了晚近的治理理论视角。

就"国家与民间社会"的角度而言，主要的分析变量为中国大陆民间社会变量的成长。因为在传统的集权体制与计划经济的政经制度下，中国的民间社会力量弱小且备受限制，基本上是国家与政治力量主宰一切，因而不存在所谓的自主空间；我们也可说国家—民间社会关系是建立在"专制能力"（despotic power）的架构中，或是一种典型、纯粹的"国家中心主义"的论述。然而，改革开放的经济思维与物质主义的逻辑，改变了社会主义制度下的国家社会关系，使得中国的经济社会拥有所谓的"自主性"；即便这种自主性仍以证成中国共产党的政治权威与统治合法性前提，或者说这种自主性是镶嵌（embedded）于政治权威的框架内。但随着经济的发展，对外开放程度的不断扩大，各种社会力量的成长，社会自主性的空间也随之扩大。根据社会团体的性质和任务来综合划分，中国的民间团体主要分为学术性团体、行业性团体、专业性团体、慈善性团体和联合性团体。学术性团体的发展，对一些公众议题发表看法，起到引领公共舆论，对政府进行问责与监督作用。由于其民间身份，一些医疗专业团体和慈善团体在预防重大疾病上具有独特的积极作用，比如性病、艾滋病等，这些民间组织更加容易被相关人群接受，发挥着更大的作用。这些都对政府的行政绩效提出挑战，民间社会与政府保持一定的张力，促进了绩效观的多元化，对提升政府绩效起到积极作用。

就"国家与市场"的观点而论，从国家利益的角度出发，政策制订的思考基准由"文革"时期的运作前提与制订基础都以"阶级斗争"、

---

① 尚虎平、张怡梦：《绩效目标明晰下改革动力源搜寻：从"中心驱动"到"国家治理"体系构建》，载《甘肃行政学院学报》，2013年第6期。

"政治运动"或"意识形态动员"等高层次议题作为背景,"政治逻辑"仍是主要的依据。改革开放以来,在"以经济建设为中心"与"四个现代化"的新思维下,中国的政治发展开始走与市场经济和经济现代化、理性化相符合的逻辑。值得注意的是改革开放之后的新一代中国大陆国家领导人,固然重视经济生产与物质文明,但并不意味政府已放弃意识形态治国与政治权威的优位性,为了平衡新的政治经济关系,"一个中心,两个基本点"就是政治与经济辩证关系的最佳诠释,中国共产党的高层领导者一直强调坚持"以经济建设为中心"、"改革开放"与"坚持党的领导"、"坚持人民民主专政"四项基本原则,在发展经济与强化政治、对外开放与加强共产党的领导等不同之关系间保持平衡。改革是为了完善中国共产党的领导,体现社会主义优越性,重建中国共产党政治统治的正当性。邓小平同志认为,改革主要是为了解放生产力、提高生产力,以彰显社会主义的优越性。因此,必须进行政治改革改变上层建筑以适应经济基础,为了提高生产力,必须在工具手段上采取有利于生产力和经济发展的做法。

"国家与市场"之间在中国还集中体现在计划经济与市场经济的关系。由于资本主义国家实行的是市场经济,对市场经济运作中产生的问题的批判与超越是社会主义存在的价值。因此,计划经济其政策的合法性,主要是建立在对于资本主义市场经济的道路与理论的批判;再加上在一个半农业、半工业的落后国家,欠缺资本条件所进行的经济现代化的充分条件。因此,市场机制的功能萎缩、行政指令的经济生产模式、外延式的经济增长内容,即成为社会主义计划经济主要的制度特质,也可简单地解释为行政官僚的经济管理模式。1949年之后的开始几年,这种模式对经济的发展还起得到一定作用。但随着国内政治形势的变化(地主、富农等各类反政府分子的改造),经济形势不断发生改变(比如对私有制的改造),毛泽东还不断把这种模式推向极端化,这种"国家与市场"模式就出现了严重问题。政治动员的经济发展模式不仅无法解放生产力,再加上计划经济自身制度的缺陷,使得中国的经济停滞落后。邓小平、陈云等领导人认识到要通过提高生产力来验证社会主义的优越性,同时巩固中国政府的政权基础,这成为中国进行改革开放,引进市场经济主要的思维基点。

传统的体制发生根本转变、由传统单一体制下的"国家/政治/政府"的单一变量,渐渐生长出新的"国家—社会"、"社会—市场"、"政府—市场"之间的多维复合变量。多维变量以及变量之间关系的调整与变化,成为政治体制改革的动力。这意味着中国的政经制度结构已从"集权主义",渐渐走向多元分化过程。值得注意的是,尽管这种关系已经较传统有了很大变化,但仍镶嵌于有中国特色社会主义的政治架构下,而非西方所言的"多元主义"或是纯粹公民社会理论解释下的互动关系。所以说,三对关系内部的含义将如何发展,三对关系之间将如何进行组合,仍然有待于时间的检验。

五、中国政府绩效管理制度改革的阻力

新中国绩效管理制度变迁过程中,既存在动力因素,也有阻力因素。基于中国的实际情况,借鉴制度变迁理论中的"路径依赖"这一核心概念,来深入分析绩效制度变迁的阻力。所谓的路径依赖,指一种由个体不由自主地重复所致的非计划性路径。诺思则把路径依赖解释为"过去对现在和未来的强大影响",指出"历史确实是起作用的,我们今天的各种决定、各种选择实际上受到历史因素的影响"。因为收益递增和不完全市场而导致的制度变迁自我强化机制,主要有四种具体表现,诺斯对此作了详细描述:(1) 成本效应 (set-up cost)。设计一项制度需要大量的初始设置成本,而随着这项制度的推行,单位成本和追加成本都会下降。(2) 学习效应 (learning effect)。通过学习和掌握制度规则,如果有助于降低变迁成本或提高预期收益,则会促进新制度的产生和被人们接受。制度变迁的速度是学习速度的函数,但变迁的方向却取决于不同知识的预期回报率。(3) 协调效应 (coordination effect)。一项制度产生之后,通过适应新制度而产生的组织与其他组织缔约,借助具有互利性的其他组织的产生与对制度的进一步投资,实现不同组织之间的协调效应。(4) 适应性预期(adaptive expectation)。当制度给人们带来巨大好处时,人们对之产生了强烈而普遍的适应预期或认同心理,从而使制度进一步处于支配地位。① 随着以特定制度为基础的契约盛行,将减少这项制度持久下去的不确定性。经济学家认为能矫正市场偏失的"竞争"(competition)和"学习"(learning)等机制在政治场域的作用也不明显,更使得维持现状成为政治常态。② 自我强化反复发生的结果,就会产生路径依赖。

(一) 影响路径依赖的三种效应

在制度变迁过程中,有三种效应会导致制度变迁产生路径依赖,或者使得已经存在的路径依赖更加严重。

其一,成本担忧效应

新制度主义者普遍认为,在制度实施过程中,设计一项制度往往会耗费大量的初始成本,而随着这项制度的推行,单位成本和追加成本都会下降。设计新中国的政治制度耗费了大量的初始成本,而一旦旧的政治制度停用,将要追加新的成本,要重新设计新的制度,承担新的因为制度试验带来的风险,一旦制度从根本上改变,就意味着初始成本付诸东流,这就导致一旦旧的制度实施一段时间之后被废弃,类似于使一艘尚可以行使的巨轮沉没,"沉没"成本就会太高。初始成本与沉没成本是一个概念的两个方面,一项制度开始花费的初始成本,到要终结时就变成了沉没成本。一旦一项制度已经实行一段时间后被废弃,原先付出的成本就无从收回,就要考虑这项制度的沉没成本。

而且,制度变迁的障碍还在于一旦就制度试图改变,就要经历一个

---

① Arthur W. B., "Self-Reinforcing Mechanisms in Economics", in Anderson Ph W., Arrow K. J., Pines D. (eds.), *The Economy as an Evolving Complex System*, Addison-Wesley Publishing Company Inc., Redwood City (CA), 1988, pp. 9 – 31.

② Pierson, Paul, *Politics in Time: History, Institutions, and Social Analysis*, Princeton, NJ: Princeton University Press, 2004, p. 30.

较长时间的过渡期。在新制度公布实行，旧制度废除了之后，就要按照新的规则来执行。新制度一旦取代已有的制度，执行起来就需要调适与磨合，就需要更多的成本，会面临更多的问题。

其二，制度协调效应

新旧制度的更迭过程中，新旧制度都很难适应于不同年代的利益相关者，使得他们的利益在制度之内进行协调之后同时兼顾。在绩效制度改革过程中，如果要废除一项旧制度，实行一项新制度之后，很难保证与新制度相配套的各项制度都适合不同的群体。新的制度会对不同的利益相关者产生不同性质的重要影响，新制度下的旧人和新制度下的新人都可能会觉得对自己不公平。新制度下的旧人觉得从时间跨度上来说应该用旧制度来要求自己，用新制度对自己要求不合适；而新制度下的新人认为没有在旧制度下获得相应的益处，新制度对新人们要求太高，但新人们的获益又远远低于旧人。因此，新制度下的旧人和新制度下的新人都会反对新制度，他们认为旧制度下的旧人获益最多。中国目前解决很多问题，采取的大都是"老人老办法，新人新办法"的思路，往往是年长者获益，年幼者利益受到损害，这会导致那些没生对时间的民众很吃亏，尤其是对那些不老不幼的人很不公平。

从整体上来看，一项制度建立之后，如果要改变的话，涉及的成本不仅包括该制度本身的成本，还包括协调、维护一个系统内相关制度的成本，这可以称之为协调成本效应。一项制度一旦建立一段时间，相关的协调性制度也会随之建立，在协调性制度下受益的利益团体就会形成。随着时间的推移，相关的协调成本也会大大下降。

其三，集体博弈效应

政治是一种集体行动。在中国大陆，某位领导者在中国大陆进行政治改革时，要考虑其他人的认同度，还要考虑集体氛围的认受性。相对于经济体制的改革来说，中国政治体制改革是比较缓慢的。关于政治体制改革，前几任领导人都有所论述，但在具体改革步伐上迈得较慢。在要不要改革的抉择上，实际上也是现任的领导人与前几任进行的博弈。如果一位政治行动者不进行政治改革，顶多只是像前几任领导人一样，尚可以维持现状；如果改革了，则既可能成功，也可能失败。一旦失败，则就会在党内外面临巨大的压力，还有可能引发社会危机。对于不想或者不能承担改革失败带来风险的后任领导者来说，不进行改革是最有利于维护自己利益的选择。

历史制度主义者特别强调"政治生活具有集体性"，一个政治行动者推进改革过程中，其后果有"胜则全得，败则独担"的特性。一项改革一旦成功，获益之处大家共享，而其他未谋划改革的人则可以"搭便车"。这样就会导致很多没有政治理想的"政客"，不想自己首先发动改革，而是想从别人那里搭乘改革成果的便车。而如果一旦政治改革失败，要付出的代价就很大，自己要独自承担失败的后果，这难免会给政治行动者带来很大的风险。

（二）中国政府绩效改革路径依赖的主要表现

概括起来说，中国政府绩效改革中的路径依赖主要表现在以下四个方面：

其一，传统文化导致的路径依赖

传统文化导致的路径依赖具体表现在几千年的封建文化、政治、经济等方面的传统对于新中国政治体制发展的影响。儒家学派创始人孔子两千多年前提出的"民不患寡，而患不均，盖均无贫，和无寡，安无倾"的政治思想，在这一思想的影响下，蕴含在经济体制背后的群体本位、平均主义、重义轻利、国家权威等价值观被中国领导人当成特殊偏好并给予确认。即使是民间的平民百姓，也在内心深处对平均主义有深深的渴求，"等贵贱，均贫富"就是几千年来农民被压迫地实在活不下去了，揭竿而起时提出的口号，这也反映了普通民众的一种社会理想。时至今日，这些思想的影响依然很大，新中国成立以来的一些治国理念之中，仍然可以看到"平均"、"稳定"等思想的影响。中共中央在改革开放之后多年治国理政的实践之中，一直强调要处理改革、发展和稳定之间的关系，以至于有时提出"稳定压倒一切"的观点，其思想根源，可以追溯到中国传统社会的儒家政治管理思想。

其二，苏联社会主义政治经济制度等制度遗产导致的路径依赖

在长期学习苏联、向苏联为代表的社会主义阵营"一边倒"的过程中，曾经在很长一段时间内，形成了对苏联社会主义计划经济体制和中央集权政治体制的路径依赖。1949年新中国成立以后，作为在马恩社会主义思想指导下建立起来的国家，一方面当然要依照马克思和恩格斯提出的社会政治经济基本原理来治国理政，另一方面也要参照一些已经发展比较完善的社会主义的政治经济体制蓝本来建构中国的社会主义政治经济体制。20世纪30、40年代，在国际上社会主义运动日益高涨，苏联的政治、经济模式作为后起的社会主义国家工业化典范，其威望在这一时期达到顶峰。新中国成立后，在外交上，苏联是第一个承认中华人民共和国的国家，苏联不仅在道义上，更重要的是在行动上给中国社会主义建设以实际帮助，新中国也希望与苏联结盟，学习他们的制度体制，使苏联的社会主义制度在中国同样产生积极的效果。在这种情况下，中国自然向苏联学习，依赖苏联在发展经济、社会治理、政治体制等方面的经验。在未来的改革之中，有学者认为："我们党和国家的治理或者说党领导国家的过程中，斯大林模式是我们改革和发展需要克服、破除的最大障碍，全面深化改革，须从根本上清除斯大林模式在执政方式、思想作风和组织体制上的影响。"[1]

其三，反对资本主义路线导致的路径依赖

我国社会主义社会的建立是一项全新的事业，很多制度是对以往没有国家主权的中国半封建半殖民社会的一种超越，也是对充满剥削与两极分化的资本主义社会的一种否定。所以，政治上坚持中国共产党的领导，实行人民代表大会与政治协商制度，经济上实行社会主义计划经济体制，决策上实行民主集中制。力求在很多方面反对并超越西方资本主义国家，凸显自己的特色。长此以往，反对资本主义形成思维定势，有时甚至为反对资本主义而反对，导致形成了反对资本主义的路径依赖。

---

[1] 罗梁波：《从行政三分走向权力三分：党领导国家治理体制的新推进》，载《甘肃行政学院学报》，2013年第6期。

根据马克思主义的社会发展基本原理，每一社会的发展必然都是按照原始公社、奴隶社会、封建社会，到达资产阶级的资本主义社会，最后再通过人民大众所发动之无产阶级革命，最后达到进入未来的共产主义社会的一贯模式。社会主义社会的产生，是为了克服资本主义固有的生产的社会化与资本主义生产资料私有制之间的矛盾，社会主义作为与资本主义社会不同的更高级社会发展阶段而产生的。苏联和中国的领导者都曾强调社会主义制度与资本主义制度是相互依赖的关系，可以相互借鉴。在战前的工业化时代，斯大林强调社会主义制度与资本主义制度的相互依赖性；毛泽东同志也曾经讲过："美国这个国家很发展，它只有一百多年就发展起来了，这个问题很值得注意。我们恨美国那个帝国主义，帝国主义实在是不好的，但它搞成这么一个发展的国家总有一些原因。它的政治制度是可以研究的。看起来，我们也要扩大一点地方的权力。地方的权力过小，对社会主义建设是不利的。"① 但随着西方的封锁以及斯大林"两个平行的也是互相对立的市场"理论的提出，在意识形态的各个领域"向资本主义发动全面进攻"，把资本主义文明的东西当做罪恶的东西批判，过分强调社会主义经济制度与资本主义经济制度之间的对立性，认为两个经济体系之间只有对立和斗争，不承认两种制度之间还有依存与合作的一面，否认可能有过渡形式，甚至在"文化大革命"期间，出现"宁要社会主义的草，不要资本主义的苗"的极端口号。这就在主观上把社会主义国家从世界市场上孤立出来，与世界经济和科技的发展相脱离，不仅使自己经济基本上处于半封闭状态，而且也使自己失去了学习资本主义经济制度中合理的东西，失去了完善社会主义经济制度的机会。

其四，1949年建国之后形成的制度遗产导致的路径依赖

1949年新中国成立之后，我们党一直非常重视意识形态的宣传和思想的统一，经常发动政治运动或自上而下发动一些重大政治活动。这就

---

① 薄一波：《若干重大决策与事件的回顾》（上卷），北京：中共中央党校出版社1991年版，第488页。

导致党的一些高层领导人习惯进行意识形态控制、发动政治运动和政治性活动，形成了这一方面的路径依赖。江泽民同志任总书记期间，中央自上而下发动了学习"三个代表"的活动。胡锦涛同志任总书记期间，中央又发动了深入学习"科学发展观"的活动。这些重大运动与政治活动对民众形成社会主义社会的核心价值观具有一定作用，但也导致很多领导开展工作时，形成了政治工作压倒一切的路径依赖，个别领导甚至把一些经济工作主要当成政治工作来做。

1978年改革开放以来，吸收"大跃进"、"文化大革命"等事件的残酷教训，经历过"真理标准问题讨论"多次思想解放运动，多数领导人克服了对社会主义意识形态控制和政治运动的路径依赖，但1978年以来长期倡导"以经济建设为中心"的治国理念，对经济发展速度的过度重视，自上而下以经济指标为核心的问责制度的实施，导致很多领导人非常重视经济的发展，甚至形成以GDP为代表的数量化崇拜。在克服"文革"政治斗争与政治运动的路径依赖之后，又形成了对经济增长指标崇拜的新路径依赖。一些执政的官员忽视民众的安全、社会环境的保护、公众的满意度和人们的幸福感，片面追求经济增长，甚至对带血的GDP也可以冷漠无情地接受。改革开放以来，党和政府实行合理拉开收入差距，"让一部分人先富起来"的政策，"效率优先，兼顾公平"的政策价值观，从而调动一部分人的积极性，激发出社会的活力。而之所以一部分人先富起来，最终目标是让先富起来的人帮助后富的人，最终实现共同富裕。先富起来的人，希望自己更加富裕，忽视社会责任。到了现在，中国经济已经发展到一定程度，一些在经济发展中累积起来的矛盾也接近临界点。中国政府在行政时，应该转变为"公平优先，兼顾效率"，但这一政策尾大不掉，"效率优先"的价值取向在很多政府官员那里已经变得难以扭转，将其异化成了"效率优先，不顾公平"，形成了对"效率优先"的路径依赖，一些地方政府对经济发展速度的崇拜，已经到了非常夸张的程度。

六、中国政府绩效管理改革的展望

（一）中国政府绩效管理改革应该坚持的理性认识

要把握中国政府绩效管理改革的本质特点及其发展规律，促进中国未来绩效管理改革健康发展，应该坚持以下理性认识：

慎用路径依赖所生发的积极效应，努力克服路径依赖产生的消极效应。任何改革的路径一旦形成，就会在运作方式等方面表现出强大的惯性，不自觉地就会走向原始的轨迹。制度本身也会生发出强大的依赖性，即使某项制度的负面效应很大，短时间内也不可能连根拔起。政府绩效改革的过程中，我们可以依赖一些多年探索出来经过验证的积极的成功经验。比如：中国政府鼓励多种所有制经济发展，不是像苏联政府那样走极端，苏联解体前只重视前社会主义公有制经济，解体后则短时间内把国有经济全部私有化。中国政府在社会的稳定与变革之间保持恰当的平衡，具有一定的合理性。但是，我们只能从上述前提中推论出政治体制改革应该稳步进行，但这不应该成为政治改革停滞或缓慢的辩护理由。

政府以及社会各界对绩效本质的认识需要深化，对绩效外延的认识需要拓宽。在述评国外学术界对绩效管理的研究成果过程中，中外学者关于绩效的认识存在较大的差距，应更新我们对政府绩效的认识。政府部门在行政过程中，诚然要提高绩效，但对绩效的认识不能异化为数量化的效果。要超越于经济效率崇拜，考量"资源—过程—产出"之间的全过程，重视经济发展过程之中，社会各阶层深层需要的满足程度；要摈弃"效率优先，兼顾公平"的狭隘认识，除了在爆发战争以及爆发自然灾害等非常时期，都应该毫不动摇地坚持"公平正义优先"的原则。未来在探讨政府绩效时，要置身于培育公民社会的大背景之中，更加重视公平正义，深入贯彻"以人为本"的理念，保护并提升公民参与的主体性，建设服务型的善治政府。

调整国家与社会的关系，引入社会力量，为政府绩效改革注入新的活力。在改革过程中，政府、社会力量以及市场之间成良性互动机制。政府绩效改革不能只是政府部门内部人士关起门来进行，那样只是在小圈子内打转转。目前，广东省试行的政府下放职能给社会职能部门的做法，极有可能代表了政府绩效改革的发展方向之一。在一个社会的政治生活之中，一对最为基本的关系就是国家与社会之间的关系。改革国家与社会之间关系总的原则与方向，就是"让政党的归政党，政府的归政府，社会的归社会"。政府绩效改革从以往的国家主导，逐渐转向社会力量主导，调动专家学者、民间团体等的力量，既对政府形成有效的监督作用，也要发挥社会力量直接参与政府管理的主体。实际上，政府管得越多，政府权力就彰显得越充分，但相应地政府的精力就分散得越厉害，政府的行政可能就越不专业，可能引发的问题也越多。在当前这个价值取向日趋多元化的社会之中，政府主导的单一服务很难满足民众的多元化需求，反而还会因为政府活动往往具有重视形式、自上而下、要求刚性等特点，招致民众的排斥、反感、不信任。

正式制度与非正式制度之间形成良性互动。新制度主义者从比较宽泛的意义上来理解问题，把制度理解为法律、法规、政策、习俗、习惯等的总称。在运用这一概念进行分析的过程中，新制度主义的核心论点之一是"将制度分析和能够产生某种政治后果的其他因素整合起来进行研究。观念、制度与个体理性之间的复杂互动过程，是历史制度主义在分析政治事件时的基本变量"。从这一论点出发，在绩效制度改革的过程中，官方的正式制度要与非正式制度形成良性互动，只有这样，整个制度体系才能协调一致。一方面，国家的法律、法规、政策等正式制度的颁布，要促进非正式制度——人们的观念、习俗的变革；另一方面，政府顺应民间人们的观念、习惯与习俗的变革，把政府颁布的法律、法规、政策等正式制度建立在民间的思维与行为规则之上。

(二) 中国政府绩效改革的操作建议

进一步完善正式制度，形成完善的制度体系。制度主义者把制度本身当成重要的资源，一个组织内部的有效组织原则与方式是组织绩效的重要保障。当前中国政府机制存在着一个关键性的内在缺失：内部运作机制不健全，制度设计不合理。这一根本性缺失导致以下弊端：执行机制不完善，执行制度实效性不强；激励机制单一，激励制度作用有限；约束机制缺乏，约束制度亟待形成；信息公开制度匮乏，民众与政府间信息不对称。因此，在未来政府绩效改革的过程中，中国政府应大力完善执行制度，进一步拓展多元的激励制度，建立完善的常规化的问责制度，并且实行信息公开制度。

进一步围绕政府职能的转变来提升政府行政绩效。在政府绩效改革的过程中，政府职能定位要准确。经过多年的政府改革，从政府到民间已经基本形成了一个共识：绩效改革关键在于职能的转变。也就是说，在政府机构重组的过程中，要紧紧抓住职能转变这个核心。政府要从直接参与的诸多社会事务中退出，从无限责任政府转变为有限责任政府，从繁多低效的统治思维变为精简高效的治理思维，把自身职能转变到依法监管、正确引导、营造公平廉洁的环境之上。

增强公众对政府事务的参与程度。参与的绩效管理观是西方政治学界追捧的一种绩效管理观，在中国也越来越受到人们的重视。只有增强公众的参与度，才能使得制度方案具有民意代表性，增强制度方案的认同度。公民参与绩效评估的途径一般有如下几种：第一种是传统实现途径，即通过向公民发放调查表或者深入访谈来采集有效信息，由于调查表的发放和访谈的进行，都需要大量的人力进行手工操作和分析，成本和时间的投入与专业要求都较高，所以实施起来并不容易；第二种是基于政府信息平台的公众满意度评价实现途径，在政府门户网站设立公众满意度调查表，由评价系统进行统计分析，汇集广大民意；第三种是公众代表参加听证会，政府召开听证会，在会上公众代表对政府的政策发表自己的意见；第四种是定期接受公众的问责，通过定期召开职工代表大会和记者招待会等方式,就重大政策的效果接受民众的问责。应该说,很多东部发达地区的政府近年来采取过上述途径来增强公众参与,但这些途径缺少长效机制,受地方"一把手"个人意愿的影响较大,某些实效性,总的来说实施的面还不够广。从社会舆论与民众素质上说,中国公众参与绩效管理已经具备了基本条件。政府所需做的是:从根本上转变官员执政观念,切实尊重公众的话语权与表达权,通过法律保障公众参与的权力,建立公众参与的长效机制,畅通公众参与的多元途径。

提升政府与民众之间的相互信任度。正如德茹维内尔所言,共同体意即"信任的制度化","公共权威的关键性职能"就是"增加在全社会人们心中普遍存在的相互信任"。"相反,社会文化中缺乏信任将给公共制度的建立带来极大的阻碍。那些缺乏稳定和效能的政府的社会,也同样缺乏公民间的相互信任,缺乏民族和公众的忠诚心理,缺乏组织的技能。不同家族、村寨或部落成员间潜在的或实际存在的敌视行为就是他们的政治文化。"在政府绩效变革过程中,一方面民众要信任政府。民众要从整体和长远利益出发,支持制度推出的合理的绩效改革举措;而政府获得老百姓的信任,从根本上来说就要真正为民众谋福利,满足百姓的深层心理、社会和精神层面的需求。从另一方面来说,政府也要信任民众,赋权于民众,支持并鼓励民众发起的自下而上的社会改革。政府要相信民众之中蕴藏着积极的变革能量,相信中国人依靠民间智慧,能够管理好自己,可以发展出具有中国特色的民主。

抓住关键事件,促成推进政治改革的契机。政治改革关键性突破点的出现,需要"问题—政治—政策"的汇流。这时政策变革之窗就会开启。关键事件到来之后,中央高层领导认识到改革的必要性,发动舆论界支持改革,引导民众拥护改革,这样政治改革就会顺利推进。而一旦关键事件过去,政策改革之窗就会关闭,更具绩效的制度就不会建立起来,旧的缺少绩效的制度就会得以重复强化而形成更顽固的路径依赖;这样的话,旧的制度在继续执行过程中,已经出现过的执政困扰与危机就可能又会重新显现。因此,当一些重要的政治事件乃至社会事件发生之后，领导者要善于总结其中的积极经验，反思其中的教训。政府抓住关键事件带来的宝贵时机，凭借应对关键事件过程中积累下来的制度资源，建立相应的正式制度，使具有更高绩效的问题解决之方法、思路乃至理念常规化。

采取"转换"与"层叠"的方式，积极稳妥地推进政府绩效改革。政府绩效制度镶嵌在中国社会的整个制度体系之中，在整个制度体系不改变的前提下，要在短时间内改变政府绩效制度绝非易事。在中国进行政府绩效改革，如果采取激进的暴风骤雨式的革命方式，会导致保守势力的极力反对而在一段时间后产生反弹。要提升绩效改革的现实可行性，应该引进更加温和、稳妥的方式。在大量研究的基础上，历史制度论者已归纳出数种制度变迁模式，主要包括："取代"（displacement）、"转换"（conversion）、"层叠"（layering）、"漂移"（drift）。"取代"：废除既有的规则代之以新的规则；"转换"：既有的规则继续存在，但被赋予新的诠释和执行方式；"层叠"：新规则被附加于既有规则之上，从而改变了既有规则的规范作用；"漂移"：既有的规则仍然存在，但随着外部环境的改变，使其作用与规范的能力逐渐减弱。众所周知，中国历史传统深厚，而且人口众多、疆域辽阔、民族多样，采取"取代"的变革思路并不适合，应该采取的是"转换"和"层叠"的思路。所谓"转换"，是旧规则在名义上保持不变，通过内涵的转换赋予旧规则新的含义。比如"消灭社会差距，最终实现共同富裕"，这本来就是发展有中国特色社会主义的目标。前几年，在"效率优先，兼顾公平"的价值观引领下，一部分人与一部分地区的确先富起来了，但没有带动其他人或其他地区走向"共同富裕"。改革开放一方面带来中国很多地区、阶层、行业以及个人的富裕，但另一方面在经济发展过程中，地区、阶层、行业以及个人之间的差距不断拉大，这也是不争的事实。在当前背景下，可以从社会公平与正义理念出发，重提这一理念，赋予其新的内涵。所谓"层叠"，就是旧规则在名义和内涵上都保持不变，通过做加法的方式，引入新的规则。然后等待时机成熟，当大家对引入的新规则都认同之后，再废除与新规则相比较已经明显不合时宜的旧规则。

最后需要指出的是，中国政府近几年所进行的社会改革的规模与程度，既是历史上从未有过的，也是当代世界舞台上罕见的。再加上中国大陆走有中国特色社会主义的独特改革道路，事实上很难有单一理论可以全面性地解释中国大陆各方面发展的现象。本研究试图运用新制度主义的核心概念，借鉴历史制度主义的理论架构，从政治、经济、社会与历史的视域进行多维分析，对中国绩效改革作了全面而深入的分析。事实证明：以新制度主义理论视角来关照中国政府职能变迁，充分印证了"制度镶嵌在一定社会历史背景之中"、"制度对个人或团体形成限制作用"等新制度主义的基本假设，"路径依赖"等概念在解释变迁的动力与阻力等方面具有相当的适切性。但是，理论往往具有片面的深刻性，任何理论都不可能与当下中国的政府绩效改革现实百分之一百相契合。因此，本文运用新制度主义理论，如果能解释清楚中国政府绩效的主要特点，作者的努力就没有白费。如需对中国政府绩效改革作出更加多元的解释，则需要引入制度变迁之外的其他理论；如果要在政府中实践绩效管理，则要关注绩效管理的方法与工具，比如量化与质化的方法。这些是后续研究要着力解决的问题。**CPS**

参考文献：

一、英文文献

［1］Armstrong, M. & Baron, A., *Performance Management*, London: IPD House, 1998.

［2］Arthur, W. B., "Self-Reinforcing Mechanisms in Economics", in Anderson, Ph. W., Arrow, K. J. & Pines, D. (eds.), *The Economy as an Evolving Complex System*, Addison-Wesley Publishing Company Inc., Redwood City (CA), 1988, pp. 9 – 31.

［3］Blind, A., "New Institutionalist Explanations for Institutional Change: A Note of Caution", in *Politics*, Vol. 21, 2001, pp. 137 – 145.

［4］Cameron, K., "Measuring Organizational Effectiveness in Institutions of Higher Education", in *Administration Science Quarterly*, Vol. 23, 1978.

［5］David, P., "Why are Institutions the Carriers of History?: Path Dependence and the Evolution of Conventions, Organizations and Institutions", in *Structural Change and*

Economic Dynamics, Vol. 2, 1994.

[6] Goodin, Robert E. (ed.), *The Theory of Institutional Design*, New York, US: Cambridge University Press, 1996.

[7] Hall, P. A., & Taylor, R. C. R., "Political Science and the Three New Institutionalisms", in *Political Studies*, Vol. XLIV, 1996.

[8] Hendrick, R., "Comprehensive Management and Budgeting Reform in Local Government", in P*ublic Productivity & Management Review*, Vol. 23, 1999.

[9] Ikenbery, John G., "Conclusion: An Institutional Approach to American Foreign Economic Policy", in *International Organization*, Vol. 42, No. 1, 1988.

[10] Immergut, E. M., "The Theoretical Core of the New Institutionalism", in *Politics & Society*, Vol. 26, No. 1, 1998, pp. 23 – 40.

[11] Kettl, Donal F., *The Transformation of Governance: Public Administration for Twenty-First Century*, Baltimore, Maryland: The Johns Hopkins University Press, 2002, pp. 168 – 171.

[12] Kingdon, J. W., *Agenda, Alternatives, and Public Policies (2nd Ed.)*, New York: Harper Collins Publishers, 2003.

[13] Kingdon, John W., "Agendas, Ideas, and Policy Change", in Lawrence C. Dodd and Calvin Jillson (eds.), *New Perspectives on American Politics*, Washington, DC: Congressional Quarterly Inc., 1994, pp. 215 – 229.

[14] Lowndes, V., "Institutionalism", in D. Marsh & G. Stoker (Eds.), *Theory and Method in Political Science (2nd Ed.)*, New York: Palgrave Macmillan Press, 2002, pp. 90 – 108.

[15] Lucian W. Pye, "The State and the Individual: An Overview Interpretation", in *China Quarterly*, Vol. 127, 1991, pp. 443 – 466.

[16] March, James & Olsen, Johan, *Rediscovering Institutions: The Organization-Basis of Politics*, The Free Press, 1989.

[17] North, D., *Institutions, Institutional Change and Economic Performance*, Cambridge: Cambridge University Press, Vol. 127, 1990, pp. 443 – 446.

[18] North, D., & Thomas, R. P., *The Rise of West World: A New Economic History*, Cambridge: Cambridge University Press, 1973, p. 5.

[19] North, Douglass C., *Institutions, Institutional Change and Economic Perform-

ance, New York, US: Cambridge University Press, 1990.

[20] Ostrom, E., *Governing the Commons—The Evolution of Institutions for Collective Action*, Cambridge University Press, 1990.

[21] Peters, Guy, *Institutional Theory in Political Science: The "New Institutionalism"*, New York: Willing House, 1999.

[22] Pierson & Skocpol, "Historical Institutionalism in Contemporary Political Science", in Ira Katznelson, Helen V. Milner (Eds.), *Political Science: State of the Discipline*, New York: W. W. Norton, 2002, p. 706.

[23] Pierson, P., *Politics in Time: History, Institutions, and Social Analysis*, Princeton, NJ: Princeton University Press, 2004.

[24] Steinmo, Sven, Thelen, Kathleen & Longstreth Frank (Eds.), *Structuring Politics: Historical Institutionalism in Corrrparatizx Analysis*, Cambridge: Cambridge University Press, 1992.

[25] Zahariadis, N., "Ambiguity, Time, and Multiple Streams", in P. A. Sabatier (Ed.), *Theories of the Policy Process*, Boulder, CO: Westview Press, 1999.

二、中文文献

[1]〔美〕塞缪尔·P.亨廷顿：《变化社会中的政治秩序》，王冠华等译，北京：生活·读书·新知三联书店1989年版。

[2]〔美〕珍妮特·V.登哈特、罗伯特·B.登哈特（Denhardt, J. V. & Denhardt, R. B.）：《新公共服务：服务，而不是掌舵》，丁煌译，北京：中国人民大学出版社1994年版。

[3]〔法〕皮埃尔·布迪厄（Pierre Bourdieu）：《防火墙——抵挡新自由主义的入侵》，孙智绮译，台北：麦田出版社2002年版。

[4]〔美〕凡勃伦（Thorstein, V.）：《有闲阶级论：一种制度的经济研究》，李华夏译，台北：左岸文化2007年版。

[5]〔美〕阿里·哈拉契米：《政府业绩与质量测评——问题与经验》，张梦中等译，广州：中山大学出版社2003年版。

[6]〔美〕埃莉诺·奥斯特罗姆、拉里·施罗德、苏珊·温：《制度激励与可持续发展》，陈幽虹、谢明、任睿译，上海：上海三联书店2000年版。

[7]〔美〕埃莉诺·奥斯特罗姆等：《制度分析与发展的反思》，王诚等译，北京：商务印书馆1992年版。

[8]〔美〕埃瑞克·G.菲吕博顿、鲁道夫·瑞切特编:《新制度经济学》,孙经纬译,上海:上海财经大学出版社1998年版。

[9]〔美〕奥斯本、盖布勒:《改革政府——企业精神如何改革着公营部门》,周敦仁等译,上海:上海译文出版社1996年版。

[10]财政部财政科学研究所《绩效预算》课题组:《美国政府绩效评价体系》,经济管理出版社2004年版。

[11]蔡立辉:《西方国家政府绩效评估的理念及其启示》,载《清华大学学报(哲学社会科学版)》,2003年第1期。

[12]蔡永亮、任金秋:《"服务型政府"指导下的政府绩效改革新趋向》,载《中国改革》,2006年第12期。

[13]陈天祥:《产权、制度化和范式选择——对中国地方政府制度创新路向的分析》,载《中山大学学报》,2003年第1期。

[14]陈天祥:《中国地方政府制度创新的角色和方式》,载《中山大学学报》,2002年第3期。

[15]陈天祥:《中国地方政府制度创新研究——政府、产权、市场三维互动的透视》,北京:高等教育出版社2002年版。

[16]陈云:《陈云文选(第3卷)》,北京:人民出版社1995年版。

[17]程虹:《制度变迁的周期——一个一般理论及其对中国改革的研究》,北京:人民出版社2000年版。

[18]程晓兵:《中国行政管理体制改革的制度变迁与路向选择》,载《党政干部学刊》,2004年第1期。

[19]迟福林:《全面理解"公共服务型政府"基本涵义》,载《人民论坛》,2006年第5期。

[20]崔述强、王红、崔萍、闫明、陈明:《中国地方政府绩效评估指标体系探讨》,载《统计研究》,2006年第3期。

[21]〔美〕戴维斯,诺斯:《制度变迁的理论:概念与原因》,转引自〔英〕罗纳德·H.科斯、〔美〕阿曼·A.阿尔钦、〔美〕道格拉斯·C.诺思等:《财产权利与制度变迁——产权学派与新制度学派译文集》,刘守英等译,上海:上海三联书店2004年版。

[22]〔美〕丹尼尔·W.布罗姆利:《经济利益与经济制度——公共政策的理论基础》,陈郁、郭宇峰、汪春译,上海:上海三联书店、上海人民出版社1996年版。

[23]〔美〕道格拉斯·诺斯:《制度变迁理论纲要》,载《改革》,1995年第3期。

[24] 邓小平:《邓小平文选(第2卷)》,北京:人民出版社1994年版。

[25] 范柏乃、程宏伟、张莉:《韩国政府绩效评估及其对中国的借鉴意义》,载《公共管理学报》,2006年第2期。

[26] 范柏乃:《政府绩效评估:理论与实务》,北京:人民出版社2005年版。

[27] 付含宇:《新时期政府绩效评估体系研究》,载《求实》,2006年第S2期。

[28] 郭济:《绩效政府:理论与实践创新》,北京:清华大学出版社2005年版。

[29] 郭忠华:《新制度主义关于制度变迁研究的三大范式》,载《天津社会科学》,2003年第4期。

[30] 何俊志、任军锋、朱德米:《新制度主义政治学译文精选》,天津:天津人民出版社2007年版。

[31] 何俊志:《结构、历史与行为——历史制度主义对政治科学的重构》,上海:复旦大学出版社2004年版。

[32] 胡淑晶:《基于科学发展观的政府绩效评估体系》,载《甘肃理论学刊》,2006年第6期。

[33] 胡税根:《公共部门绩效管理——迎接效能革命的挑战》,杭州:浙江大学出版社2005年版。

[34] 黄宗昊:《历史制度论的方法立场与理论建构》,载《问题与研究》,2010年第3期。

[35]〔美〕康芒斯:《制度经济学》,于树生译,北京:商务印书馆1962年版。

[36] 孔泾源:《中国经济生活中的非正式制度安排》,载《经济研究》,1992年第7期。

[37] 拉坦:《诱致性制度变迁理论》,转引自〔英〕罗纳德·H. 科斯、〔美〕阿曼·A. 阿尔钦、〔美〕道格拉斯·C. 诺思等:《财产权利与制度变迁——产权学派与新制度学派译文集》,刘守英等译,上海:上海三联书店2004年版。

[38] 蓝志勇、胡税根:《中国政府绩效评估:理论与实践》,载《政治学研究》,2008年第3期。

[39] 李汉林、渠敬东、夏传玲等:《组织和制度创新与变迁的社会过程:一种

拟议的综合分析》，载《中国社会科学》，2005年第1期。

［40］林钟沂：《行政学（修订二版）》，台北：三民书局2002年版。

［41］刘翔：《中国服务型政府构建研究》，复旦大学博士学位论文，2010年。

［42］刘旭涛：《政府绩效评估：制度、战略与方法》，北京：机械工业出版社2003年版。

［43］卢宪祥、朱巧玲：《新制度经济学》，北京：北京大学出版社2007年版。

［44］芦刚：《我国地方政府绩效评估现存问题的理性分析》，载《行政与法》，2006年第5期。

［45］马国贤：《政府绩效管理》，上海：复旦大学出版社2005年版。

［46］〔美〕曼瑟尔·奥尔森：《集体行动的逻辑》，陈郁、郭宇峰、李崇新译，上海：上海三联书店1994年版。

［47］〔英〕诺曼·弗林：《公共部门管理》，曾锡环译，北京：中国青年出版社2004年版。

［48］〔美〕道格拉斯·C.诺思：《经济史中的结构与变迁》，陈郁等译，上海：上海三联书店1991年版。

［49］〔美〕诺斯等：《财产权利与制度变迁》，刘守英等译，上海：上海三联书店1994年版。

［50］彭国甫等：《地方政府绩效评估研究》，长沙：湖南人民出版社2005年版。

［51］〔日〕青木昌彦：《比较制度分析》，周黎安译，上海：上海远东出版社2001年版。

［52］〔美〕塞缪尔·亨廷顿、琼·纳尔逊：《难以抉择——发展中国家的政治参与》，汪晓寿、吴志华、项继权译，北京：华夏出版社1989年版。

［53］〔美〕舒尔茨：《制度与人的经济价值的不断提高》，转引自〔英〕罗纳德·H.科斯、〔美〕阿曼·A.阿尔钦、〔美〕道格拉斯·C.诺思等：《财产权利与制度变迁——产权学派与新制度学派译文集》，刘守英等译，上海：上海三联书店2004年版。

［54］宋莉莉、彭涛：《现阶段制度创新的第一行动集团——论在渐进的市场取向改革中地方政府的角色行为》，载《理论月刊》，2001年第1期。

［55］孙本初：《公共管理（第三版）》，台北：智胜文化事业有限公司2001年版。

[56]〔美〕托斯丹·邦德·凡勃伦:《有闲阶级论——关于制度的经济研究》,蔡受百译,北京:商务印书馆1964年版。

[57] 万里:《决策民主化和科学化是政治体制改革的一个重要课题》,载《人民日报》,1986年7月31日。

[58] 王波:《行政改革与制度创新》,载《理论探索》,2003年第2期。

[59] 王光旭:《制度、网络与政策产出——台中工业区联外道路案之个案研究》,台湾:东海大学公共行政研究所硕士学位论文,2002年。

[60] 王绍光:《政治文化与社会结构对政治参与的影响》,载《清华大学学报(哲学社会科学版)》,2008年第4期。

[61] 王跃生:《新制度主义》,台湾:扬智文化事业有限公司1997年版。

[62] 吴敬琏:《路径依赖与中国改革》,见《经济学与中国经济改革》,上海:上海人民出版社1995年版。

[63] 夏书章:《科学·实践·时间——30年的回顾》,http://www.cpasonline.org.cn/gb/readarticle/readarticle.asp?articleid=704。

[64] 谢庆奎:《论政府创新》,载《吉林大学社会科学学报》,2005年第6期。

[65] 徐传谌、孟繁颖:《制度变迁内部动力机制分析》,载《税务与经济》,2006年第6期。

[66] 徐永虎、洪咸友、郭亮:《西方绩效评价研究综述》,载《科技管理研究》,2007年第4期。

[67] 许倬云:《中国文化的发展过程》,香港:香港中文大学出版社1992年版。

[68] 杨瑞龙:《论我国制度变迁方式与制度选择目标的冲突与协调》,载《经济研究》,1994年第5期。

[69] 杨瑞龙:《我国制度变迁转换方式的三阶段论》,载《经济研究》,1998年第1期。

[70] 姚洋:《制度与效率——与诺斯对话》,成都:四川人民出版社2002年版。

[71] 俞可平:《大力建设创新型政府》,载《探索与争鸣》,2013年第5期。

[72] 俞可平:《改革开放30年政府创新的若干经验教训》,载《理论参考》,2008年第12期。

[73] 俞可平:《治理与善治》,北京:社会科学文献出版社2000年版。

［74］俞可平：《中国地方政府创新案例研究报告（2007—2008）》，北京：北京大学出版社 2009 年版。

［75］张冉然、张曙霞、刘刚：《青岛模式和福建的探索》，载《瞭望新闻周刊》，2004 年第 7 期。

［76］张愈升：《珠海万人评政府》，载《人民日报·海外版》，2002 年 1 月 11 日。

［77］赵立波、杨笑妮：《论"顾客导向"政府绩效评估体系的建构》，载《中共南京市委党校学报》，2006 年第 2 期。

［78］赵晓男、刘霄：《制度路径依赖理论的发展、逻辑基础和分析框架》，载《当代财经》，2007 年第 7 期。

［79］中国行政管理学会课题组：《服务型政府的定义和内涵》，载《理论参考》，2006 年第 6 期。

［80］周业安：《制度演化理论的新发展》，载《教学与研究》，2004 年第 4 期。

［81］周志忍：《公共组织绩效评估：中国实践的回顾与反思》，载《兰州大学学报》，2007 年第 1 期。

［82］朱慧涛：《论政府绩效评估的定位及指标体系构建》，载《理论与改革》，2006 年第 3 期。

［83］朱敏、张明星、张宏敏：《基于 DEA 方法的政府绩效评估——对四川省八个城市所作的实证研究》，载《成都理工大学学报（社会科学版）》，2006 年第 2 期。

［84］祝小宁、谭晓倩：《论新公共管理下的中国政府绩效评估》，载《辽宁行政学院学报》，2006 年第 9 期。

［85］卓越：《公共部门绩效管理》，北京：中国人民大学出版社 2004 年版。

论拉美国家民主转型的共同影响因素

章 睿 刘 伟[*]

【内容摘要】 基于国内及西方学者关于拉美政治民主化的相关研究，结合拉美国家的具体史实，作者集中梳理了20世纪70年代末拉美发生政治转型的共性原因。作者认为，拉美的民主传统、天主教的开放态度、威权体制政治合法性的逐步丧失、经济发展与民主之间的某种联系、世界范围内的第三波民主化浪潮以及来自美国的压力，均是拉美政治民主转型的重要影响因素。不同国家发生民主转型的具体原因与上述影响因素在各国的具体贡献大小有关。其中，本文论及的宗教因素是相关研究中讨论较少的方面。

【关键词】 拉美民主；民主转型；影响因素

拉丁美洲是一个有着共同历史发展、地区意识十分明显的大陆，各国的历史命运和政治发展走向大致相同，所以学界常把拉丁美洲作为一个整体研究对象来探讨其历史、文化、政治、经济的发展规律。本文的着眼点是拉美20世纪70年代末那场波及范围极广的威权体

---

[*] 章睿：法国艾克斯-马赛大学国际及跨文化谈判专业硕士，现任教于武汉理工大学外语学院法语系，助教，研究方向为拉丁美洲与法国社会；刘伟：复旦大学政治学博士，现为武汉大学政治与公共管理学院副教授，研究方向为基层政治与转型政治。

制"还政于民"的政治民主化进程,通过分析拉美军政府"还政于民"的错综复杂原因与"还政于民"的具体方式,反思拉美国家20世纪70年代末民主化的过程。本文将从政治转型的结构性框架来分析拉美民主的路径及其原因,即回答"为什么发生政治转型?"这一基本问题。

一、拉美威权主义的兴起

1. 威权主义传统

拉丁美洲曾受西班牙和葡萄牙的殖民长达300多年,因而在文化、传统和思想上它都深受殖民国家的影响,其中他们受西班牙殖民者的影响更深一些,因为西班牙殖民者征服了绝大部分拉丁美洲国家,而葡萄牙在拉美的殖民地只有巴西。不过西班牙殖民者对拉美文化的影响也存在着国别和地区的差别,这种差别的依据是所属地区贵金属和印第安人数的多少。在那些印第安人口稠密并且矿产丰富的地域,西班牙人建立了"僵化的、二元结构土地所有制和大庄园制度"[①];然而在印第安人稀少且贵金属矿较少的地方,西班牙人的殖民活动也比较少,那么这些国家受到的专制主义的西班牙殖民体制的影响也比较小一些。这些受殖民影响较小的国家和地区,人民自力更生的意识比较强,在日后的民主发展和现代化过程中遇到的障碍也相对少于前者。

拉丁美洲是一个具有威权主义传统的大洲。西班牙和葡萄牙殖民者给拉美的文化遗产打下了深深的烙印,主要体现在"专制主义的政治结构,划分为不同阶级和利益集团的社会层级,承袭主义和新重商主义的政治经济制度,具有等级观念和专制主义性质的法律体系,封闭僵化的宗教信条和教育方法,以及按照伊比利亚传统形成的天主教性质的政治

---

① 苏振兴主编:《拉美国家现代化进程研究》,北京:社会科学文献出版社2006年版,第556页。

文化"①。简言之,拉美政治文化最突出的特点就是精英主义、等级观念、专制主义和承袭主义的色彩,并且拉美的政治和社会结构就是建立在这种价值体系之上的。传统上,西班牙语美洲人把权威看做是一种特许权,一旦获得这种伴随权威而来的权力,他们就可以用它来谋取私利。② 正因为有这种根深蒂固的思想和价值评判体系,所以直到20世纪70年代末期拉美启动政治民主化进程之前,拉美一直陷于各种独裁或威权主义的泥沼中。

关于拉美威权政体的具体类型,有学者依据权力结构和领导权两个维度,将20世纪拉丁美洲不同类型的威权主义体制作了归纳和分类。③ 在权力结构的维度下分为"以个人为中心"和"制度化"的威权主义;在领导权的维度下分为"文人"和"军人"领导。根据这种归纳方法,拉丁美洲共约有九种类型的威权体制,包括传统考迪罗④、"马背上的强人"、技术官僚国家、授权半民主制、苏丹式专制、军人执政团、官僚威权体制、一党制、法团主义体制。最普遍、突出的两种类型是:"传统考迪罗制",它是属于以个人为中心的威权体制,这种体制下统治者专断独行、操纵政治进程,并常借助个人魅力维护权威,考迪罗制盛行于19世纪至20世纪初的拉美。另一种是军人威权体制,这是军人领导的一种制度化的威权体制,主要特征是在政治上实行专制、压制群众,在经济上积极倡导发展,积极推行工业化政策。军人威权体制产生于20世纪60年代,并于60、70年代在拉美各国遍地开花。

---

① Howard J. Wiarda (eds.), *Politics and Social Change in Latin America: Still a Distinct Tradition?*, Westview Press, 1992, p. 318. 转引自苏振兴主编:《拉美国家现代化进程研究》,北京:社会科学文献出版社2006年版,第559页。
② 苏振兴主编:《拉美国家现代化进程研究》,北京:社会科学文献出版社2006年版,第552—572页。
③ 详见张凡:《当代拉丁美洲政治研究》,北京:当代世界出版社2009年版,第23页。另需要说明的是,威权主义体制类型的划分只具有分析上的意义,实际情况中往往某个国家的威权主义政权包含不同类型体制的因素。
④ 考迪罗的意思是"首领",实际上就是当时拉美国家的地方军阀。这种拉美特有的独裁制度的特点就是军阀、地主和教会相结合的"三元寡头"统治。

2. 军人干政的原因

20 世纪 60 年代中期起，由于拉美各国的社会矛盾不断激化，战后建立的民选政府纷纷被军事政变推翻。从 1963 年厄瓜多尔发生军事政变起，直到 70 年代中期，拉美绝大部分国家都没逃过军事政变和军人干政的命运，连历来号称"南美洲民主之窗"的智利和乌拉圭也未能幸免。① 60—70 年代的这波军人威权主义浪潮持续时间长、范围广，对战后拉丁美洲政治发展进程和政治版图变化产生了深远影响。探究拉美军人政府的建立和持续存在可以从内部和外部两个方面来考量。

自 20 世纪 60 年代中期开始，拉美各国的阶级矛盾日益尖锐，社会冲突愈演愈烈，遵照西方代议民主制建立的民选政府对此束手无策，拉美的现代化进程陷入内在的困境之中。另一方面，拉美各国的青年军官力量开始崛起。这些军官普遍在美国、巴西、秘鲁高等军事学院和研究机构接受过广泛而专业的军事学习和训练②，他们关心国家的发展命运，相信自己有能力并且有义务维持社会秩序，推动国家发展。他们认为，民主主义政权、没有效率并且腐败的文职政府是造成国家时局混乱、经济停滞的主要原因。所以，他们在一种强烈的责任感的驱使之下，开始谋求以强有力的军人独裁统治排除政治斗争的干扰，实现改革社会、发展经济、振兴国家的理想，从而推动拉美现代化进程。与此同时，国内民众对文职政府的不作为也深感失望，他们期盼成立一个强有力的政府来管理国家，他们愿意牺牲一些自由和个人权利来换取军人主政，但有着稳定发展预期的国家。比如在巴西，大资产阶级和中产阶级的主要部分都是支持军人政权的。当然，维护军人集团的利益也是军人发动政变、夺取政权的一个主要原因。文职政府时期，军人集团的利益往往受到威胁，比如军事预算遭削减、军队内部事务被干涉等。最后，拉美各国的威权主义传统，也驱使民众在社会出现危机的时候，潜意识地向强

---

① 苏振兴：《增长、分配与社会分化——对拉美国家社会贫富分化问题的考察》，载《拉丁美洲研究》，2005 年第 27 卷第 1 期，第 8 页。

② 苏振兴主编：《拉美国家现代化进程研究》，北京：社会科学文献出版社 2006 年版，第 380 页。

有力且高效的威权体制寻求帮助。

从外部环境来看,这一股军事干政浪潮处于一个特殊的历史时期,即冷战的高潮和亚非拉民族民主运动蓬勃发展的时期。传统上,战后的拉丁美洲一直是美国的后花园,但由于50年代和60年代出现在拉美的革命趋势以及来自社会左翼势力的革命运动引起了拉美各国上层资产阶级的恐慌和庇护者美国的警惕,尤其是1959年古巴革命的胜利并确立共产主义左翼领导政权,使美国担心拉美可能出现进一步的激进改革而使更多国家走入社会主义阵营,从而损害美方的利益。所以在美、苏两极冷战格局的情形下,拉美国家军队被纳入美国反攻冷战政策的框架,被赋予了防止"外来颠覆"的使命[1],以防止出现第二个古巴。为应对潜在的"共产主义颠覆",美国支持拉美军人进行军事独裁,因为各国右翼军政府的高压独裁政策可以恢复国家稳定,这是美国最希望看到的。据统计,1962—1966年间,拉美共发生了九次军事政变,这些政变的背后都有美国或明或暗的支持。[2]

3. 军政府领导的功与过

在特定历史时期,拉美军人集团经常谴责民主制度,他们认为民主政权十分低效,并把国家的弊病归咎于民主制度。事实上,在当时的条件下,文人执政的代议制民主政府做不到的事情军政府确实做到了。他们在牺牲民众利益的基础上,兑现了他们所作的"秩序和进步"的保证,其承诺在经济发展上体现得尤为明显。军人政府上台的背景是拉美正值第二次现代化浪潮[3],即一个以进口替代工业化战略为核心的现代化进程。军人政府通过严厉的高压统治和积极的发展态度克服了经济增长和社会稳定的矛盾,使经济重获活力并出现高增长的势头。1965—

---

[1] 苏振兴主编:《拉美国家社会转型期的困惑》,北京:中国社会科学出版社2010年版,第35页。

[2] 苏振兴主编:《拉美国家社会转型期的困惑》,北京:中国社会科学出版社2010年版,第36页。

[3] 拉美第一次现代化浪潮是从19世纪后半期开始至20世纪30年代,它的发展战略是促进初级产品出口,直到1929年至1933年的世界经济大萧条时期,拉美早期现代化的初级产品出口战略陷入了深深的危机。

1974年间，拉美地区经济增长速度达到了6.7%，工业产值增长了8.1%。① 在此期间，拉美三个大国巴西、墨西哥和阿根廷都形成了比较完整的工业体系，被列入新型工业国的行列，巴西、秘鲁、智利等国的军政府则被称做"发展型"的强政府。② 巴西军人政府在1964年通过军事政变上台后，采取吸引外国直接投资和贷款、引进国外先进技术和设备，拓展对外贸易等外向型经济模式和加紧工业化政策，推动了经济的明显增长，其国内生产总值平均年增长10.1%。又如智利，皮诺切特将军1973年上台后，率先在拉美推行新自由经济主义改革措施，大力推进私有化、市场化和非调控化，开创了智利经济的新时代，实现了每年5%—7%的高速经济增长。

事实上，在之前本国延续数十年的内向发展模式难以为继时，正是这批军人政权带领国家走出了结构改革的第一步；而且拉美的第二次现代化浪潮也正是在这批军人独裁统治时期达到它的最高峰的。

然而，70年代以后，由于进口替代型发展模式自身存在的缺陷，其弊端逐渐显露出来。在拉美经济高增长和工业化进程中暴露出不少矛盾，比如：片面强调工业化，农业发展滞后；城市化大大超前于工业化的发展，造成畸形城市化；贫富不均进一步扩大；经济上最突出的问题是大量举借外债以及在后期渐渐反映出来的高通货膨胀率，比如20世纪80年代巴西的通货膨胀率高达四位数。

另一方面引起社会惶恐的是右翼军政府对左翼政治力量的残酷镇压。这场镇压"内部敌人"的斗争被史学家们称做"肮脏的战争"，镇压的对象包括游击队、左翼政党、左派人士、激进的社会运动等。在某些国家，如智利，对异己人士的迫害令人触目惊心，只要是没有支持右翼军政府的人都要"被失踪"。事实上，六七十年代的右翼军政府没能解决政治参与问题，他们的武力镇压虽然暂时"稳定"了国内局势，但

---

① 苏振兴主编：《拉美国家社会转型期的困惑》，北京：中国社会科学出版社2010年版，第38页。

② 苏振兴：《增长、分配与社会分化——对拉美国家社会贫富分化问题的考察》，载《拉丁美洲研究》，2005年第27卷第1期，第9页。

国内的政治分裂进一步加深，人们对军人政权的怨恨也逐步加剧。

4. 民主化转型进入高潮

1976 年 3 月，阿根廷军人推翻了第三届庇隆主义政府，这是 20 世纪 60 年代至 70 年代中期拉丁美洲地区右翼军事政变浪潮中最后一次重要的军事政变。时隔两年之后，一场军人"还政于民"的政治民主化浪潮在拉美地区蓬勃兴起，第一个实行民主过渡的拉美国家是多米尼加共和国（1978）、随后是厄瓜多尔（1979）、秘鲁（1980）、玻利维亚（1982）、阿根廷（1983）、乌拉圭（1985）纷纷恢复了民主制度……南美最大的国家巴西于 70 年代后期开始民主过渡，并于 1984—1985 年间恢复民主制度。① 1978—1990 年短短的十多年间，拉美地区的军人政府无一例外地退出了历史舞台，拉美又重新变为一片民主的大陆。②

二、民主转型的影响因素

一般而言，民主化研究中涉及最多的影响因素包括经济发展、社会分化、国家和政治制度、公民社会、政治思想与文化以及跨国和国际接触六项内容。③ 本部分将把拉美民主化进程影响因素分成内因和外因，从上述六个方面展开分析。

1. 历史遗产

拉丁美洲在政治思想和政治制度实践方面都深受欧美的影响。从殖

---

① 巴西民主过渡的时间比较长，它于 1988 年颁布新宪法，1989 年举行总统直接选举，才算最终确立民主制度。郑秉文主编：《社会凝聚：拉丁美洲的启示》，北京：当代世界出版社 2010 年版，第 168 页。

② 综合参考郑秉文主编：《社会凝聚：拉丁美洲的启示》，北京：当代世界出版社 2010 年版，第 168 页；张凡：《当代拉丁美洲政治研究》，北京：当代世界出版社 2009 年版，第 18 页；Paul Cammack, "Democratisation: A Review of the Issues", in *Bulletin of Latin American Research*, Vol. 4, No. 2, 1985, p. 39.

③ David Potter, David Goldplatt, Margaret Kiloh, Paul Lewis, *Democratisation*, Polity Press/The Open University, 1997, pp. 24–31, 转引自张凡：《当代拉丁美洲政治研究》，北京：当代世界出版社 2009 年版，第 48 页。

民时期开始,伴随着传教士和欧洲人的到来,欧洲的政治思想和学说就潜移默化地影响着拉丁美洲——从最初的天主教神学到启蒙时代的追求理性,再到法国和美国革命的影响,独立后的拉美各国都形成了立宪主义传统。从政治制度实践方面而言,拉美在20世纪70年代中期开始的政治民主化浪潮之前已经有过民主制度的实践。根据美国学者彼得·史密斯关于拉美的政治周期的一项总结分析,在20世纪70年代中期政治民主化之前,拉美民主发展经历过两个明显的民主制度实践的时期。第一个是1900年到1939年左右(寡头竞争为主导的时期),自1910年以后超过半数国家实行了选举,包括阿根廷、巴西、乌拉圭、智利等重要国家;第二个周期是1940年至1977年左右,选举民主逐步扩大,尤其是第二次世界大战以后,拉美民主政治出现了一个高峰时期。不过由于从60年代中期起拉美大规模军人干政,拉美民主政权在70年代时几乎全部消失。①

至此,我们可以看出拉美除了有威权主义传统外,还有民主传统。事实上,拉美的政治发展是威权与民主的"钟摆式"发展。历史上曾经有过民主政治经历的国家比没有这种经历的国家更有可能成为民主国家,因为民主时期可以作为一种集体记忆,人们对它有留恋之情,并且民主的经验将使民主的重建成为政治发展的优先目标,所以拉美地区国家历史上的一次或两次政治民主的珍贵经验是人们再次追求民主的期盼源泉和重要动力。

2. 宗教的影响

天主教伦理是拉丁美洲文化体系的核心,这是西班牙和葡萄牙在征服美洲和殖民化过程中所留下来的遗产。在他们长达300多年的殖民统治中,天主教作为殖民地最主要的意识形态,对拉美人的思想意识和行为方式,特别是对他们的政治和社会生活产生了非常重要的影响。天主

---

① Peter Smith, *Democracy in Latin America: Political Change in Comparative Perspective*, New York and Oxford, Oxford University Press, 2001, pp. 26 – 28, 转引自张凡:《当代拉丁美洲政治研究》,北京:当代世界出版社2009年版,第50页。

教会是殖民地统治制度的重要组成部分,在第二次世界大战之前,拉美天主教通常站在保守派一边,是反民主的。但是到 20 世纪 60 年代,天主教的情况发生了惊人的变化,它"从保守派转为关注现实"①。巴西的天主教会是第一个选择站在军政府对立面的拉美教会,并且极力主张重回民主社会;② 智利在 1973 年军事政变夺权以后,教会和国家的关系陷入了历史最冰点。③

1958 年,教皇约翰二十三世登基后采取了改良主义④,在 1963—1965 年第二届梵蒂冈教廷会议上,天主教会提出穷人和社会公正、正义的问题,主张教会积极参与解决社会问题,国家教会已经从现状的维护者变成威权主义的反对者。在 1968 年拉美第二届主教会议上确立了拉美教会的革新路线——提出穷人教会的主张;主张谴责社会不公现象;主张用和平手段实现社会主义。⑤ 在梵蒂冈教廷转变的影响下,绝大部分拉美天主教会都开始接受并提倡民主。具体表现为拉美天主教会公开反对拉美军政权独裁统治,对军政权镇压和侵犯人权的行为进行了严厉地谴责,成为军政府的主要批评者,甚至教会是当时唯一能与军政权公开抗争的社会团体。例如 80 年代中期,阿根廷、巴西、智利和乌拉圭等国的天主教认为恢复民主是保护人权和解决经济社会问题的最终保障⑥,公开举起了民主的大旗。

---

① 袁东振:《天主教会政治—社会立场的转变与政治发展进程:拉美实例》,载《拉丁美洲研究》,第 2011 年 33 卷第 2 期,第 4 页。

② Scott Mainwaring, Anibal Perez-Linan, "Latin American Democratization since 1978: Regime Transitions, Breakdowns, and Erosions", in Frances Hagopian, Scott P. Mainwaring (eds.), *The Third Wave of Democratization in Latin America—Advances and Setbacks*, New York: Cambridge University Press, p. 37.

③ Alan Angell, "Why is the Transition to Democracy Proving so Difficult in Chilie?", in *Bulletin of Latin American Research*, Vol. 5, No. 1, 1986, p. 26.

④ 杨建民:《公民社会与拉美国家政治转型研究》,载《拉丁美洲研究》,2012 年第 34 卷第 3 期,第 5 页。

⑤ 杨建民:《公民社会与拉美国家政治转型研究》,载《拉丁美洲研究》,2012 年第 34 卷第 3 期,第 5 页。

⑥ 袁东振:《天主教会政治—社会立场的转变与政治发展进程:拉美实例》,载《拉丁美洲研究》,2011 年第 33 卷第 2 期,第 6 页。

除此之外，天主教会在国内政治中斡旋于不同的政治派别间，充当调解人的角色。罗马天主教教皇有意愿于1987年访问智利，这个时间点被认为是教会对智利国内各政治派别达成一个关于民主的政治解决方案的理想时间点，同时也是天主教会对当时皮诺切特军政府施加压力、督促他与国内政治反对派进行认真政治谈判的契机。① 20世纪70、80年代的第三次民主化浪潮基本上是天主教的民主化浪潮，这股浪潮从西班牙、葡萄牙这两个拉美前宗主国开始，接着涌向拉丁美洲。天主教立场的转变让"民主"的观念在广大信众的心中得以传播和加深，为这场政治民主化运动作了思想上的准备工作、并积累了更广泛的民众基础；此外，这也使拉美的独裁政权丧失了从宗教那里得到支持的可能性。在智利、巴西等国，由于那里的军政府践踏人权，天主教会与这些国家的政府发生了分裂，教会变成了独裁统治国家最公开的反对者。天主教会于20世纪70年代末开始的拉美政治民主化而言，是一支不可忽视的政治力量。

宗教对拉美本波政治民主化的积极影响还体现在"基层教会团体"②（base ecclesial communities，缩写为 CEBs③）的作用上。"基层教会团体"是拉美基督教运动的一部分，被认为是"作为教堂"（being the church）的一种新的形式，即走进村庄和社区。④ 这个团体本质上是一个宗教而非政治团体，是在20世纪50年代末60年代初，拉美的贫穷基层天主教徒自发地创造出的一种自我教育、组织自发抗议行动的新的宗教团体。⑤ 不管是否是"基层教会团体"的本意与否，此团体在拉美的政治化道路上作了积极的贡献。⑥ "基层教会团体"这种形式，实际上是在公民社会里

---

① Alan Angell, "Why is the Transition to Democracy Proving so Difficult in Chilie?", in *Bulletin of Latin American Research*, Vol. 5, No. 1, 1986, p. 38.
② 国内有学者将其翻译为"基层宗教社团"、"基层教会组织"。
③ 缩写是根据其西班牙语名称"communidades eclesiales de base"而来。
④ 参考 http://en.wikipedia.org/wiki/Basic_ecclesial_community。
⑤ 这些组织被称为"穷人教会"或"人民教会"，这些组织是拉美天主教从底层开始的内部改造和重建，而不是与传统教会平行的新教派或新教会。袁东振：《天主教会政治—社会立场的转变与政治发展进程：拉美实例》，载《拉丁美洲研究》，2011年第33卷第2期，第18页。
⑥ 参考 Christian Smith, "The Spirit and Democracy: Base Communities, Protestantism, and Democratization in Latin America", in *Sociology of Religion*, Vol. 5, No. 2, 1994, pp. 122–125.

建立了一个"开放空间"。在一个充满种族歧视和文化压迫的社会，这种团体的存在让人们感觉到自己是一个"人"，可以自由说话，可以被尊重，意见可以被别人倾听。① 长久以来拉美的民主都笼罩着一种宿命论的理论基调，很多拉美的穷人都远离政治，因为他们认为自己的参与与否对政治的发展不会有任何影响。但"基层教会团体"帮助其成员克服这种宿命论的"顺从文化"，培养他们对暴力和政治不公现象的批评态度，久而久之，穷苦的信众不再认为社会问题的存在是上帝的意愿。这样的过程被认为是"觉悟启蒙运动"（process of "conscientization"），这个过程让信众提高政治参与度、具有批判意识、敢于表达自己的心声、提出自己的诉求，同样也培养了他们对社会的责任感。这些都是民主社会得以生存的基本条件。此外，参与到"基层教会团体"这个组织里，可以学习到组织、沟通和领导的能力，这对日后民众更好地参与到国家的民主政治中打下了基础。"基层教会团体"还动员社团成员多参加社会、政治活动。所以，走进社区、农村的"基层教会团体"为拉美民众的政治思想、觉悟启蒙起到了积极的、具体的行为指导的作用。并且，这样的影响力一直持续了20年。

3. 政治因素

首先，军人威权体制政治合法性逐步丧失。政治合法性是民众认可的统治，对于政治稳定和维持政权十分重要。自20世纪70年代起，拉美的威权统治就面临着不同程度的困境。当初军政府是在西方民主制度失灵的情况下上台执政的，是以恢复政治、经济秩序为执政目标，并且这些国家的中右势力认可军人干政，以及中产阶级支持军政府都是以危机过后恢复文人政权为前提的。但是当军人显示出长期执政的意图以后，国内中右力量对军政权的支持就开始减弱。军政权这个时候所面对的社会压力集中到一点：军人已完成使命，应该退回到军营中去。② 所

---

① J. B. Libanio, CommunidadeEclesial de Base, Rio de Janeiro: PUC, 1976, 转引自 Christian Smith, "The Spirit and Democracy: Base Communities, Protestantism, and Democratization in Latin America", in *Sociology of Religion*, Vol. 5, No. 2, p. 122, 1994。

② 张凡:《当代拉丁美洲政治研究》，北京：当代世界出版社2009年版，第52页。

以，政治秩序的恢复意味着军人威权统治退场的开始。另一方面，军政府执政期间对国内反动派的残酷镇压，不仅引起了广泛而尖锐的批评和抗议，也破坏了其政权的合法性。军政府执政期间，他们解散议会，实行党禁，迫害异己人士尤其是左翼势力，等等。一个国家多则数十万、少则数万或数千的"失踪者"，大部分是被军人政权秘密处决的。① 大多数被独裁统治过的这些幸存者都认为民主是必要并且可贵的②，所以，这些践踏、蹂躏人权的行为成了民众奋起反抗军政权的直接原因。

其次，拉美的公民社会不断壮大，并在政治斗争和民主转型中发挥了重大作用。在军政府统治期间，工业和经济得到发展，社会诞生了更多的中产阶级，随着他们自身实力的增强，他们开始向往民主社会并积极参与到反对军政府的斗争中，希望通过政治选举来谋求和发展自身的利益。1978 年以后，进步的拉美知识分子开始信仰并向往民主，尤其是右翼知识分子的转变，因为看到共产主义思潮已经褪去，不少右翼知识分子愿意遵守民主的游戏规则。③ 此外，天主教会态度的转变和"基层宗教团体"都对民众在民主思想和民主实践方面起到了启蒙的作用，更多弱势群体（如妇女、学生等）因而加入到抗议军政府独裁、争取民主的队伍中。各种属于不同政治力量和阶层的人（中产阶级、工商界人士、政府公务员、工人、农民和社会下层）以"反独裁、争民主、争人权"的口号团结起来，组织形成一个广泛的多阶级的争取民主联盟，使拉美军政权在政治上陷入了孤立无援的境地。委内瑞拉的民主就是在中产阶级政治家

---

① 苏振兴主编：《拉美国家社会转型期的困惑》，北京：中国社会科学出版社 2010 年版，第 82 页。
② Scott Mainwaring, Anibal Perez-Linan, "Latin American Democratization since 1978: Regime Transitions, Breakdowns, and Erosions", in Frances Hagopian, Scott P. Mainwaring (eds.), *The Third Wave of Democratization in Latin America—Advances and Setbacks*, New York: Cambridge University Press, p. 43.
③ 参考 Scott Mainwaring, Anibal Perez-Linan, "Latin American Democratization since 1978: Regime Transitions, Breakdowns, and Erosions", in Frances Hagopian, Scott P. Mainwaring (eds.), *The Third Wave of Democratization in Latin America—Advances and Setbacks*, New York: Cambridge University Press, pp. 44 – 45.

和边缘群众的联盟中产生的。① 此外,阿根廷威权体制的垮台与"五月广场母亲"组织的积极奔走也密不可分。1976年阿根廷军政府上台以后以"国家安全"为名,禁止所有政治活动、逮捕大批民主进步人士、左翼青年和知识分子。被逮捕的人都被送往集中营,大部分人被秘密杀害,史学家估计大约有3万人在1976—1983年间被迫失踪。1977年起,这些失踪者的母亲们自发组织起来,每周四都聚集在阿根廷总统府"五月广场"前,举着自己失踪孩子的照片,要求当局对自己的失踪子女有所交代。事实上,除少数几名领头者外,五月广场集会的母亲大部分都是家庭妇女,很多人甚至不识字。她们的和平抗议运动给军政府当局施加了巨大的压力,同时也引起了国际舆论的关注,对破坏阿根廷威权体制的威望和加强民主的力量都发挥了巨大的作用。

4. 经济因素

60年代中期到70年代末期,拉美军政府的依附性资本主义工业化发展道路在短时间内使拉美经济取得了很大的发展,但是这种发展模式最终造成经济上的脆弱性。自70年代中期起,军人政权统治下的拉美国家大都走上"负债增长"之路,最终把国家拖入债务危机的深渊。80年代初债务危机爆发,"军政府执政的国家普遍面临着经济衰退、生产下降、通货膨胀、债务负担加重的严峻局面"②,最终使军人政权陷入经济和政治的双重危机中,经济困难使本来就尖锐的社会矛盾进一步加剧,导致反对军政府的斗争此起彼伏。这被公认为是促使军人返回军营的一个重要原因。

但是以拉美1978年开始的大规模民主化浪潮为例,其民主化的发生与其经济发展情况是否有某种特定的必然联系呢?根据现代化理论,经济发展导致社会结构变化,社会结构变化则为政治民主奠定基础;并且经济发展带来社会进步,社会教育质量得以提升,必然会唤起人们对

---

① Daniel H. Levine, "The Transition to Democracy: Are There Lessons from Venezuela?", in *Bulletin of Latin American Research*, Vol. 4, No. 2, 1985, p. 53.

② 徐峰、方幼封,《拉美的军人干政与"民主化进程"》,载《史林》,1986年第3期,第8页。

民主的向往和诉求。然而在拉美 1978 年以后的民主化时代，一些经济发展水平较低的国家都纷纷建立了民主或半民主政权①，而且当大部分富有的拉丁美洲国家（如阿根廷、巴西、智利、墨西哥）仍在威权统治之下时，一些中等贫穷的国家②最先开始了本波政治民主化进程。③ 这至少说明在拉美本波的民主化进程中，低经济发展水平不会阻碍它们向民主的过渡。④ 然而，它也不会导致更多的民主体制的倒台，在经济落后的贫穷国家，一般而言，守旧、非民主的社会精英影响力比他们在中等收入国家的影响力更强，那么从这个方面来说，落后的经济发展会限制有利于民主发展的社会结构转型。⑤ 这样看来，关于拉美国家财富和民主之间关系的命题（即"一定程度的国家经济发展水平是民主产生的前提条件"⑥）无法解释所有的拉美国家民主化的事实：它可以解释巴西的民主化，因为它的民主化发生在长时间的经济增长之后；但是这个命题无法解释秘鲁的情况，因为它的政治民主化是在经济增长停滞、外债高筑、收支严重不平衡、收入分配退化的情况下发生的；这个猜想也无法解释阿根廷案例的反常，因为它的人均 GDP 一直维持在一个相对较高的水平上。⑦

这说明，在拉美本次民主化浪潮中经济因素对民主转型影响的复杂

---

① 如：玻利维亚、厄瓜多尔、萨尔瓦多。
② 如：多米尼加共和国、厄瓜多尔、秘鲁分别在 1978 年、1979 年、1980 年建立民主政权。
③ Scott Mainwaring, Anibal Perez-Linan, "Latin American Democratization since 1978: Regime Transitions, Breakdowns, and Erosions", in Frances Hagopian, Scott P. Mainwaring (eds.), *The Third Wave of Democratization in Latin America—Advances and Setbacks*, New York: Cambridge University Press, p. 58.
④ Scott Mainwaring, Anibal Perez-Linan, "Latin American Democratization since 1978: Regime Transitions, Breakdowns, and Erosions", in Frances Hagopian, Scott P. Mainwaring (eds.), *The Third Wave of Democratization in Latin America—Advances and Setbacks*, New York: Cambridge University Press, p. 54.
⑤ Scott Mainwaring, Anibal Perez-Linan, "Latin American Democratization since 1978: Regime Transitions, Breakdowns, and Erosions", in Frances Hagopian, Scott P. Mainwaring (eds.), *The Third Wave of Democratization in Latin America—Advances and Setbacks*, New York: Cambridge University Press, p. 54.
⑥ Terry Lynn Karl, "Dilemmas of Democratization in Latin America", in *Comparative Politics*, Vol. 23, No. 1, 1990, p. 3.
⑦ Terry Lynn Karl, "Dilemmas of Democratization in Latin America", in *Comparative Politics*, Vol. 23, No. 1, 1990, p. 4.

性。事实上，以上讨论的经济对民主产生影响的若干种可能性在拉美都普遍存在，只是各自产生影响的侧重点不一样。从长期来看，经济的增长和国民的民主觉悟是成正比的。因为军政府统治期间社会经济得以大幅度发展，中产阶级得以崛起，国民受教育水平得到提高，于是促进民众的"觉醒"。民众要求更多的自身权利尤其是政治权利，这些人都成了日后民主化运动的中坚力量。短期来看，经济危机、贫富差距大、社会矛盾突出，这些都会破坏威权统治者的政治地位并侵蚀其政治联盟，很容易成为人们推翻独裁统治的导火索。这类似于民众当初让渡自己部分的自由是为了寻求一个稳定的经济发展环境；而既然在让渡自由的条件下，威权政府都无法建立一个经济繁盛的国家，那么人们也就不愿意再牺牲自己的自由了，而是要重建一个民主社会。此外，在某些取得良好经济绩效的国家（如1968—1973年的巴西、1977—1979年的阿根廷以及1977—1982年的智利），军政权感到经济持续改善发展的任务超出了它们的治理能力①，所以他们从主观上也愿意交权。所以，经济的发展与民主的产生之间必然有着某种关系，但这种关系不是特定的。

事实上，拉美的民主化转型很大程度上还受到外界的影响。关于这一点的研究，学界从20世纪90年代才开始重视，认为国际因素在拉美政体转型及其巩固中占有重要的作用。

5. 第三波民主化浪潮

美国学者亨廷顿在《第三波——20世纪后期民主化浪潮》一书中把世界范围内的民主化运动分为三波（第一次在1828—1926年，世界上有33个国家建立了民主制；第二次在1943—1962年间，约有40个国家建立了民主制；第三次起始于1974年一直延续至今）。20世纪70年代，是全球范围"第三次民主化浪潮"的起点。20世纪70年代中期，南欧的希腊、葡萄牙、西班牙威权主义政权退场并确立了民主制度。这些国家政局的变化，特别是与拉丁美洲有着特殊历史和文化渊源的西班牙和葡萄牙的转型对拉美国家产生了重要的影响。具体到拉美国家的民主化的情况，第三波民主

---

① 张凡：《当代拉丁美洲政治研究》，北京：当代世界出版社2009年版，第58页。

化浪潮就是特指 1978 年开始的拉美国家大范围内走上民主进程的那波"民主化",拉美国家民主政体数量从 1977 年的 3 个增加到 1991 年的 18 个①,最终使得这个在历史上几乎都是威权政体的大洲转变为一个几乎全是民主或半民主政体的大洲。

事实上,国际影响因素于拉美的民主化是"滚雪球"效应。第一层是来自拉美地区以外的示范效应,尤其是西班牙、葡萄牙的示范作用。再加之当时国际上的主要思潮都是威权政体退场的民主化潮流,所以置身在国际背景下的拉丁美洲也受到了这股潮流的影响。第二层是拉美地区范围内的"滚雪球"效应,也就是所谓"多米诺骨牌"效应。拉美是一个地区意识非常明显的大陆,各国民主化进程相互影响。一国独裁体制的命运或民主的兴衰去促使邻国产生类似结果,比如 80 年代初阿根廷的选举就激发了巴西民众要求总统直选的诉求;另一方面,威权统治者可以借鉴邻国的经验教训,比如军政权特别关注其他国家军人还政于民的过程和条件。此外,拉美左右翼对民主态度的转变也是相互作用的,比如左翼势力表现出接受民主的意愿,那么这将消除右翼势力对民主的部分恐惧;同样,右翼愿意接受民主的表态也会促使左翼更乐于遵守选举政治。最终他们都乐于接受民主的模式,哪怕要接受一些小的损失 (minor losses)。②

6. 美国的影响

国际舆论和政治氛围开始将民主和人权问题推入国际关系议程,在拉美的民主过渡中,国际组织和一些国家间接地施加了各种影响,比如联合国、欧盟,但特别需要指出的是美国的影响。

长期以来,美国一直通过扶植亲美独裁政权来维护其在拉美的利益。自 1974 年美国决定实行并在世界范围内推行新自由主义经济扩张政策之后,美国就开始放弃支持独裁政权的政策,转向促进其他国家的

---

① 张凡:《当代拉丁美洲政治研究》,北京:当代世界出版社 2009 年版,第 58 页。
② Scott Mainwaring, Anibal Perez-Linan, "Latin American Democratization since 1978: Regime Transitions, Breakdowns, and Erosions", in Frances Hagopian, Scott P. Mainwaring (eds.), *The Third Wave of Democratization in Latin America—Advances and Setbacks*, New York: Cambridge University Press, pp. 46 - 47.

人权和民主化。在这种情况下,拉美国家中一大批长期得到美国政府支持、有着恶劣侵犯人权纪录的军事独裁政权,就成了美国推行这一外交政策的障碍,因此,美国政府转而向这些军政府施加压力,希望他们退出政治舞台,方式有可能是私下的,对不听话的军政权,则是组织或协助国内反对派进行武力推翻。

1973年,美国国会首先发起变革倡议,敦促美国政府把促进人权作为主要的外交政策;1977年,卡特政府上台后,强调人权在美国外交政策中的中心位置。卡特的"人权外交"很快就把矛头指向了曾为美国盟友、实施政治暴力的拉美威权体制。此外,冷战结束后,拉美不再是两强争霸的舞台,对美安全威胁消失,美国因此撤销了对拉美威权主义政府的支持。卡特提出了"人权"宣言,对拉美军政府的某些侵犯人权的做法公开批评,试图减少拉美内部的不安定因素,使这一地区的政治形势朝着有利于美国的发展。里根政府一方面对中美洲和加勒比地区有损美国霸权的人民运动采取极端敌视的态度,甚至进行直接的武装入侵,另一方面针对实在不得人心的军事独裁者,为了避免国内发生反对革命,美国往往施展影响,迫使独裁者让位。① 美国高举民主人权价值观,占据道德制高点,对拉美的民主体制是一种支持。美国国务院每年对各国的人权状况作出评估报告,对所谓独裁国家施加经济压力和制裁。比如由美国全国民主基金会提供数百万美元,支持智利1988年对皮诺切特将军的全民公决;② 美国为尼加拉瓜的反政府武装提供财政支持,推动尼加拉瓜的"民主化"。在巴拿马(1989)和海地(1994和2004),美国在联合国授权甚至单方面采取军事干预的手段支持建立或保护当地民主。

在美国影响拉美民主进程的方式中,除去通过经济支援的硬实力(hard power)以外,其软实力(soft power)在民主改造中发挥了重要的作

---

① 徐峰、方幼封:《拉美的军人干政与"民主化进程"》,载《史林》,1986年第3期,第8页。
② 事实上,当年皮诺切特将军发动武装斗争推翻文职政府上台,正是得到美国的支持。这更体现了美国政府对军人政权的前后态度变化。

用，例如外交的影响、私下协商、民主团体对威权政体国家润物细无声式的浸透，等等。①

需要指出的是，在讨论美国对拉美国家民主转型的影响大小时，应区分其对拉美大国和小国的影响。简单来说，美国或国际社会的施压虽然有损于巴西、阿根廷、智利、乌拉圭这样的拉美大国军政府的名誉，但还不是民主转型的决定性因素；然而，对于中美洲地区依附性很强的小国而言，美国的经济和军事压力则是十分关键的因素了。南美国家大多是在80年代完成民主转型的，而中美洲国家主要在90年代步入民主化进程。一个是在冷战期间，一个是在冷战结束以后。事实上美国战略的变化是导致这两者差异的重要原因。具体说来，南美国家早期的民主政治实践、民主体制的夭折以及再民主化进程主要是国内政局演变的结果，国际因素仅发挥了次要作用；而中美洲国家早期民主政治缺失、民主化进程的迟滞则与外部因素密切相关，冷战期间，美国在中美洲卷入愈深，则民主体制出现愈晚。②

三、结论

拉丁美洲1978年第三波民主化浪潮发生的原因比较复杂，涉及方方面面。鉴于民主化过程中影响因素的复杂，有学者认为去寻找一个相同的民主化的条件是无意义的，应该去针对不同国家的情况进行个别分析。③虽然每个国家的具体情况各不一样，然而在大致相同的时间段内，拉美出现大规模的相同的民主化进程，一定是因为其中有某些必然的联

---

① Frank O. Mora, "From Dictatorship to Democracy: The US and Regime Change in Paraguay, 1954 – 1994", in *Bulletin of Latin American Research*, Vol. 17, No. 1, pp. 59 – 79, 1998. 我从这篇文章中借用"Hard Power"与"Soft Power"这两个概念。这篇文章主要以巴拉圭为例分析了美国对其民主进程的影响。

② 参考张凡：《当代拉丁美洲政治研究》，北京：当代世界出版社2009年版，第60—61页。

③ Terry Lynn Karl, "Dilemmas of Democratization in Latin America", in *Comparative Politics*, Vol. 23, No. 1, 1990, p. 5.

系，所以我们不应该因为少数国家之间的差异而放弃对整体现象背后规律的探寻。根据梳理和总结，拉美民主化转型影响因素大致分为以上分析的六个方面，这是各国共同的原因；不过，可能每个影响因素在具体国家的民主化转型中作用的发挥大小不完全一致，这个需要具体国家具体分析。还如某些学者指出某些特定事件或者历史的偶然也会产生同样的结果，没有这个"偶然"，即使其他条件都具备，结果也一样产生不了。① 所以，在以后分析具体某个拉美国家的民主化影响因素时，可以在除了这些公共的背景外多探寻国家的内部特点与独有的影响因素，这也反过来促进并补充对拉丁美洲民主化影响因素的研究。**CPS**

参考文献：

苏振兴主编：《拉美国家现代化进程研究》，北京：社会科学文献出版社 2006 年版。

张凡：《当代拉丁美洲政治研究》，北京：当代世界出版社 2009 年版。

苏振兴主编：《拉美国家社会转型期的困惑》，北京：中国社会科学出版社 2010 年版。

郑秉文主编：《社会凝聚：拉丁美洲的启示》，北京：当代世界出版社 2010 年版。

徐世澄：《拉丁美洲研究》，北京：中国社会科学出版社 2006 年版。

苏振兴主编：《拉美国家现代化进程研究》，北京：社会科学文献出版社 2006 年版。

徐峰、方幼封：《拉美的军人干政与"民主化进程"》，载《史林》，1986 年第 3 期。

杨建民：《公民社会与拉美国家政治转型研究》，载《拉丁美洲研究》，2012 年第 34 卷第 3 期。

袁东振：《天主教会政治—社会立场的转变与政治发展进程：拉美实例》，载

---

① Scott Mainwaring, Anibal Perez-Linan, "Latin American Democratization since 1978: Regime Transitions, Breakdowns, and Erosions", in Frances Hagopian, Scott P. Mainwaring (eds.), *The Third Wave of Democratization in Latin America—Advances and Setbacks*, New York: Cambridge University Press, p. 64.

《拉丁美洲研究》，2011年第33卷第2期。

王晓德：《天主教伦理与拉丁美洲不发达的文化根源——兼与新教伦理对美国发展作用的比较》，载《拉丁美洲研究》，2006年第28卷第4期。

苏振兴：《增长、分配与社会分化——对拉美国家社会贫富分化问题的考察》，载《拉丁美洲研究》，2005年第27卷第1期。

Terry Lynn Karl, "Dilemmas of Democratization in Latin America", in *Comparative Politics*, Vol. 23, No. 1, 1990, pp. 1 – 21.

Paul Cammack, "Democratisation: A Review of the Issues", in *Bulletin of Latin American Research*, Vol. 4, No. 2, 1985, pp. 39 – 46.

Christian Smith, "The Spirit and Democracy: Base Communities, Protestantism, and Democratization in Latin America", in *Sociology of Religion*, Vol. 5, No. 2, 1994, pp. 119 – 143.

Scott Mainwaring, Anibal Perez-Linan, "Latin American Democratization since 1978: Regime Transitions, Breakdowns, and Erosions", in Frances Hagopian, Scott P. Mainwaring (eds.), *The Third Wave of Democratization in Latin America—Advances and Setbacks*, New York: Cambridge University Press, p. 94.

Daniel H. Levine, "The Transition to Democracy: Are There Lessons from Venezuela?", in *Bulletin of Latin American Research*, Vol. 4, No. 2, 1985, pp. 47 – 61.

Alan Angell, "Why Is the Transition to Democracy Proving so Difficult in Chilie?", in *Bulletin of Latin American Research*, Vol. 5, No. 1, 1986, pp. 25 – 40.

Frank O. Mora, "From Dictatorship to Democracy: The US and Regime Change in Paraguay, 1954 – 1994", in *Bulletin of Latin American Research*, Vol. 17, No. 1, 1998, pp. 59 – 79.

比较视野下的政党体制与政府治理能力

陈 鹏[*]

【内容摘要】 政党体制影响政府治理能力的机制,在学界目前尚无定论。研究政党体制对政府治理能力的作用,对变革期中国提高政府治理能力至关重要。基于政党体制的稳定水平,研究比较了稳定和波动两种状态下的政党体制聚合性、竞争性与政府治理能力的关系。数据表明稳定的政党体制是政党体制聚合性和竞争性发挥积极作用的前提。波动政党体制下,政党体制的高聚合和高竞争格局,不利于政府治理能力的提高。

【关键词】 政党体制稳定性;聚合性;竞争性;政府治理能力

一、引言

政府治理能力是指政府维护自身稳定、控制腐败、回应和提高政府效能的能力。政府治理能力的提高与政治制度建设密切相关。[①] 对于进

---

[*] 陈鹏:北京大学政府管理学院中外政治制度专业博士生。

[①] Anderson C. J. , Guillory C. A. , "Political Institutions and Satisfaction with Democracy: A Cross-national Analysis of Consensus and Majoritarian Systems", in *American Political Science Review*, 1997, pp. 66–81.

入经济政治社会一体化变革期的国家,加快国家治理体系的现代化和制度建设至关重要。政党体制是影响政府治理能力的重要制度因素。政党体制作为国家政治制度的重要组成部分,具有表达公民诉求、聚合社会利益、组建政府和制定政策的功能。① 但政党体制,尤其是政党体制的聚合性和竞争性对政府治理能力的影响机制,在学界却一直处于理论的探索阶段,缺乏经验和量化上的检验。

社会中心视角是政党体制积极功用论的主要依据。这种理论认为分散民主的决策格局、多元的利益代表机制和动态的责任回应,有利于提高政府的治理能力。政党体制的聚合性和竞争性越高,越有利于提高政府的治理能力。② 国家中心视角则认为政党体制的消极作用是首要的。这种理论认为稳定的政府联盟、公共利益与公共福祉、高效的政策制定和执行是政府治理能力的首要考虑。政党体制的聚合性和竞争性越高,越不利于政党就如政府组建、公共物品供给和分配性的政策这类集体行动达成共识。③

无论是社会中心视角,还是国家中心视角,都忽视了政党体制稳定性的重要作用。政党体制的稳定性是指政党体制内各政党维持自身地位和应对外界环境挑战的能力。政党体制的稳定是建立在广泛的群众基础、完备的政党建设和政党间良性互动之上。社会利益的大重组、国家制度政策的调整和国际环境的变迁,都会破坏政党体制的稳定性。政党体制稳定性下降,政党体制应有的表达、聚合和社会化功能都无法履行。政党体制的聚合性和竞争性的积极作用,也就可能成为政府治理能力提高的阻碍因素。因此,有必要控制政党体制波动带来的干扰,以有效探究政党体制聚合性和竞争性与政府治理能力的关系。

---

① Mair P., *Party System Change: Approaches and Interpretations*, Oxford: Clarendon Press, 1997.
② Lijphart A., *Patterns of Democracy: Government Forms and Performance in Thirty-six Countries*, Yale University Press, 2012.
③ Chhibber P., Nooruddin I., "Do Party Systems Count? The Number of Parties and Government Performance in the Indian States", in *Comparative Political Studies*, Vol. 37, No. 2, 2004, pp. 152 – 187.

二、国家和社会之外：政党体制的稳定

政党体制是国家和社会互动的中介。政党体制的聚合性和竞争性是影响政府治理能力的重要维度。政党体制的聚合性是指各政党在政党体制内相对平等的权力分配格局。这种以政党数量多少为标准的权力分配格局，反映的是政党体制对社会利益的代表程度。政党体制的竞争性是执政党或执政联盟在下轮选举中延续政权的能力。这一概念直接测量了执政党与在野党的实力差距。

但是，学界对二者的认识，却众说纷纭。如 Michael Taylor 为代表的学者，从政府联盟组建出发，认为政党体制的聚合性越高，政府维持稳定的能力就越差。[1] 以 Miller & Listhaug 为代表的学者，则认为政党体制的聚合性越高，政党数量越多，政党体制代表的社会利益就越多元，公民与政党之间的联系就越紧密。[2] 这种代表机制扩大了公民的政策选择机会、加强了公民对政党的监督，利于维护政府稳定、控制腐败和提高政府效能。

政党体制竞争性与政府治理能力的关系上，学界也有类似的争论。如 Kenneth Janda 认为政党体制中的政党实力差距越小，执政党面临的监督和制约就越强，政府的回应责任能力就越高。[3] 但 Richard Katz 认为由于政党的竞选财政资源越来越依赖政府，政党或政党联盟组成的内阁，对公民的资源依赖减少，因而政党体制竞争性与政府的回应责任能力没有必然关系。[4] 纵观这些争议的焦点，实质在于人们对政府治理能力侧

---

[1] Taylor M., Herman V. M., "Party Systems and Government Stability", in *American Political Science Review*, Vol. 65, No. 1, 1971, pp. 28–37.

[2] Miller A. H., Listhaug O., "Political Parties and Confidence in Government: A Comparison of Norway, Sweden and the United States", in *British Journal of Political Science*, Vol. 20, No. 3, 1990, pp. 357–386.

[3] Janda K., Kwak J., Suarez-Cao J., "Party System Effects on Country Governance", in *Democracy*, Vol. 23, No. 46, 2006, p. 25.

[4] Katz R. S., Mair P., "Changing Models of Party Organization and Party Democracy the Emergence of the Cartel Party", in *Party Politics*, Vol. 1, No. 1, 1995, pp. 5–28.

重点强调的不同。从公民社会立场出发的学者，认为政府治理能力理应优先回应民众，代表公民的多元利益，强调公民对政府行为的监督。这些都是政府治理能力的合法性维度。从国家出发的学者，强调政府治理着眼于效能和公共物品的提供。这些都属于政府治理能力的有效性维度。

但是，这些讨论都忽视了政党体制自身的稳定性。政党体制的稳定性是指政党体制内各政党维持自身地位和应对外界环境挑战的能力。政党体制的稳定性，选举波动性是测量政党体制的主要指标，反映了政党两次选举间议席占比变化的程度。无论是政府回应，还是代表民意，都依托相对稳定的政党体制。

政党体制稳定性的重要性表现在：首先，政党体制稳定性是公民利益表达和聚合的前提。当政党体制内的政党因制度建设缺失，政党轮替频繁，政党与公民是缺乏稳固联系的。其次，政党体制稳定性是政府稳定的必要条件。政党体制相对稳定时，党际竞争的规则相对可预期，公民也可以采取策略性的投票来选择政党，政党易于形成政府联盟，从而利于形成稳定政府。最后，政党体制的稳定性，区分了政党体制稳定和政党体制波动的国家和地区，提高了比较的可信性。政党体制波动的国家和地区，与政党体制稳定的国家和地区，在政党建设、政党体制的群众基础、政党间的关系都是存在质的差异。可见，政党体制的稳定性是分析政党体制聚合性、竞争性与政府治理能力的前提。[①]

长期以来，政党体制聚合性与政府稳定、控制腐败能力，政党体制竞争性与政府回应责任、政府效能，是比较政党研究者关注的焦点。为此，提出以下假设：第一，稳定的政党体制和波动政党体制的国家和地区，在政府治理能力存在显著差异。第二，在波动的政党体制国家和地区，政党体制的聚合性越高，政府越不稳定。第三，波动的政党体制国家和地区，政党体制聚合性越高，政府控制腐败能力越低。第四，波动的政党体制国

---

① Mainwaring S., *Rethinking Party Systems in the Third Wave of Democratization: The Case of Brazil*, Stanford University Press, 1999.

家和地区，政党体制竞争性越高，政府回应责任能力越低。第五，波动的政党体制国家和地区，政党体制竞争性越高，政府效能越低。

三、数据库、测量与变量置备

为从实证上考察政党体制聚合性、竞争性与政府治理能力的关系，研究选择 1998—2007 年的政党体制数据库和 2007 年的世界治理指数数据库。其中，政党体制数据库的数据年度是由各国大选的基期和当期年份决定。政党体制数据库是由 Kenneth Janda 为领导的团队整理获得，而世界银行治理指数由世界银行 Kauffman 整理获得。两个数据库在质量和数据来源都有清晰说明，数据都是较为可靠的。

测量政党体制的指标纷繁复杂。考虑到政党体制测量的复杂性，结合 Janda 的经验，选择以多维指标法来研究政党体制稳定性、聚合性和竞争性与政府治理能力的关系。选择了 Pederson 算法作为计算政党体制稳定性的方法；以迈尔指数、雷氏指数、有效政党数量和议会政党数量作为测量政党体制聚合性的指标；以第二大党所占议席比和第一大党与第二大党议席占比差额来衡量政党体制的竞争性。政府治理能力方面，结合研究目的，以政府稳定、回应责任、控制腐败和政府效能作为测量指标。[①] 这些指标都是 2007 年的治理数据库数据。

为保证分析的可比性，着重关注选举民主国家。在剔除数据和石油国家数据后，获得 106 个国家和地区的数据。为减少量纲不一带来的影响，研究对政党体制聚合性和竞争指数对数化和取 Z 值。最后，为比较不同政党体制状态下的聚合性与竞争性的差别，以政党体制波动性的均值为准，减去其均值，将低于 0 的国家和地区编码为"1"，记作"稳定政党体制的国家和地区"，其余案例记作"波动政党体制的国家和地区"。

表 1 显示了政党体制竞争性、聚合性和稳定性的指标有良好区分

---

① Janda K., *Party Systems and Country Governance*, Paradigm Publishers, 2011, p.116.

度，这证实了 Janda 的指标分类。表 2 显示了政党体制与政府治理能力各指标的均值和标准差。

表 1 政党体系三维度的因子分析

	政党体系的聚合性	政党体系的竞争性	政党体系的稳定性
第二大党议席占比%	－.328	－.875	－.231
议席占比差额%	－.618	.780	.037
雷氏碎分指数	.954	－.059	.153
迈尔指数	－.877	－.049	.153
议会有效政党数量	.915	－.021	.173
议会内政党总数	.696	.379	－.187
选举波动性指数	.006	.153	.954

注：提取方法：主成分分析法。迭代旋转法：具有 Kaiser 标准化的正交旋转法。旋转在 4 次迭代后收敛。

表 2 变量的描述统计表

		均值	标准差			均值	标准差
政党体系竞争性	第一大党与第二大党议席占比差%	18.141	17.522		议会政党数量	2.941	1.102
	第二大党（当期）	27.858	10.246	治理指数			
政党体系稳定性	选举波动性指数	0.257	0.235		回应责任	0.579	0.627
政党体系聚合性					政府效能	0.377	0.940
	雷氏指数	0.665	0.158		控制腐败	0.355	1.011
	迈尔指数	11.321	10.067		政治稳定	0.272	0.836
	有效政党数量	7.340	6.252		N = 106		

注：Janda 的指标有聚合度分析。其中，第一大党当期议席占比、迈尔指数、雷氏指数、政党有效数量、议会政党总数测量体系的聚合；第二大党议席占比、议席占比差额测量体系的竞争；波动性指数和重复代表政党测量政党的稳定。

四、比较下的政党体制聚合性、竞争性与政府治理能力

第一,研究关注稳定和波动政党体制政府治理能力的差异。通过独立样本 t 检验,表 3 表明稳定政党体制与波动政党体制的国家和地区,在维护政府稳定、控制腐败、回应责任和政府效能的能力的均值存在显著差异,且在 0.001 的显著水平下获得通过。测量的均值标准误都较小,表明均值比较是可靠的。以政府控制腐败能力为例,稳定政党体制下的国家和地区的均值为 0.584,波动政党体制选举民主国家和地区的均值为 -0.265,二者差距极大。政府稳定、回应责任和政府效能也是迥异的。这表明稳定政党体制和波动政党体制的国家和地区,在政府治理能力上的确存在差异。这证实了假设 1。同时,这要求在研究政党体制聚合性和竞争性作用前,必须控制政党体制稳定的变量,以获取对作用机制的真实估计。

表 3 两种政党体制状态下的政府治理能力指数的均值比较(95% 置信区间)

	政府稳定	控制腐败	回应责任	政府效能
稳定政党体制的国家和地区 [N=69]	0.408 (0.091)	0.584 (0.129)	0.715 (0.073)	0.596 (0.114)
波动政党体制的国家和地区 [N=37]	-0.119 (0.135)	-0.265 (0.103)	0.197 (0.085)	-0.221 (0.124)
组别显著性检验	Sig=0.002	Sig=0.000	Sig=0.000	Sig=0.000

注:括号中的数字为均值的标准误,反映了样本总体代表性和测量的可靠性。

第二,表 4 显示了全球样本、稳定政党体制和波动政党体制国家和地区,政党体制聚合性对政府治理能力的作用。首先,就整体样本看,议会政党数量、迈尔指数与政府稳定具有相关性,相关系数分别为 -0.336 和 0.275。均在 0.01 水平下通过检验。其次,政党体制聚合性

对控制腐败都没有显著影响。

那么，这种关系在控制政党体制稳定性后，是否依然成立呢？稳定政党体制国家和地区中，议会政党数量与政府稳定相关系数为 -0.299（在0.05下通过检验），迈尔指数与政府稳定不存在相关性。这说明稳定的政党体制下，政党体制的聚合性对政府稳定的消极作用在减小。原因在于这类国家政权已通过不断的科层化和法治化，提高了国家对人事和执行资源的必要控制，政党难以通过传统的人际依附网络和党内派系渗透到国家政权之中。同时，这些国家的外部监督，如立法机构、司法机构和媒体舆论，都已具备监督政党活动的能力，降低了政党选择性利益回馈和减少公共物品供给的可能性。

表4 政党体制聚合性、政府稳定与控制腐败

		议会政党数量（对数）	迈尔指数（对数）	雷氏指数（对数）	有效政党数量（对数）
选举民主国家和地区 [N=106]	政府稳定	-0.336**	0.275**	-0.110	-0.116
	控制腐败	-0.085	0.051	0.000	-0.006
稳定政党体制国家和地区 [N=69]	政府稳定	-0.299*	0.233	-0.045	-0.050
	控制腐败	0.027	-0.084	0.158	0.145
波动政党体制国家和地区 [N=37]	政府稳定	-0.420**	0.344*	-0.137	-0.157
	控制腐败	-0.410**	0.385*	-0.240	-0.258

注：** 表示在0.01水平下通过显著性检验；* 表示在0.05水平下通过显著性检验。

以荷兰为例，2002—2012年，荷兰下院议会政党数量从2002年的8个主要政党，发展到2003年的9个主要政党。2006—2010年，荷兰下院议会政党数量稳定在10个主要政党。截止到目前，荷兰议会政党数量为11个主要政党。荷兰有着典型的高度碎分性政党体制。从历史上看，2007年荷兰法语政党与荷兰语政党和2010年自民党与自由党等右翼政党，都面临长时期组阁谈判的问题。2010年荷兰工党因阿富汗驻军问题退出政府联盟，导致政府解散。这些都说明了政党聚合性过高，不

利于政府的稳定。

荷兰的腐败认知指数（CPI）在2006年为第9名，到2010年为第7名，政府控制腐败的能力在政党数量增加的背景下，没有下降反而有所上升。这证实了稳定的政党体制下的国家和地区，政党体制聚合性与政府控制腐败能力没有必然关系。此外，2006年后，荷兰的公共医疗支出，一直占医疗总支出的80%以上。这也表明政党聚合性的提高，并没有强化选择性的利益回馈机制，减少公共物品供给。

在政党体制波动的国家和地区，议会政党数量、迈尔指数与政府稳定的相关系数分别为-0.42和0.344（分别在0.01和0.05水平下通过检验）。相比整体样本和政党体制稳定的国家地区，这些系数及其显著性都有增大。政党体制波动的国家和地区，议会内政党数量、迈尔指数与控制腐败的相关系数分别为-0.41和0.385（分别在0.01和0.05水平下通过检验）。这表明政党体制波动的国家和地区，政党体制越波动，选举门槛越低，政党数量增加得越多，庇护主义政治侵袭就越深，政府腐败的可能就越大。这验证了假设2。

以泰国为例，从2007年到2011年，泰国的政府一直由5个政党以上组建，政府稳定的不确定性较高。泰国在2006—2013年先后发生多次推翻政府的军事政变，主要的执政党如人民力量党、泰爱泰党被取缔。泰国下院政党数量从2007年的7个政党变为2011年的11个政党。与此同时，据国际透明组织（TI）的排名，2006年其腐败认知指数排名为63，2010年泰国排名为78。截至2013年，泰国腐败认知指数在全球排名仅为103。究其原因，泰国政党的选举门槛的低下，政党数量多，军队时常干预政府，政党缺乏良性的互动关系。新的政党又缺乏必要的社会基础和组织建设。公民对这些政党的纲领和意识形态的认同也低。这些因素导致政府波动，控制腐败能力下降。

第三，表5显示了整体样本、稳定政党体制和波动政党体制国家和地区，政党体制竞争性对政府治理能力的作用。整体样本显示，议会前两大党的议席占比差额、第二大党议席占比与回应责任、政府效能相关系数分别为-0.218和0.221（均通过0.05水平下的检验）。这从整体上说明政党体制竞争性越强，回应责任能力就越高。同时，政党体制的竞争性与政府效能的相关系数分别为 -0.165 和 0.165（在 0.1 水平下通过检验）。数据表明政党体制竞争性越高，政府在回应责任和政府效能上的能力就越强。但是，在控制政党体制状态后，这种相关关系、假设 4 和假设 5 能否成立呢？

表5 政党体制竞争性、回应责任与政府效能

		第一大政党与第二大政党议席占比差额	第二大党议席占比 Z 值
选举民主国家和地区 [N=106]	回应责任	-0.218**	0.221**
	政府效能	-0.165*	0.165*
稳定政党体制国家和地区 [N=69]	回应责任	-0.189	0.073
	政府效能	-0.167	0.013
波动政党体制国家和地区 [N=37]	回应责任	-0.170	0.259
	政府效能	-0.032	0.188

注：** 表示在 0.05 水平下通过显著性检验；* 表示在 0.1 水平下通过显著检验；括号内数值为显著性。

政党体制稳定的国家和地区，政党体制竞争性与回应责任的相关系数分别为 -0.189 和 0.073，以上系数均不显著且小于整体样本的系数。政府效能方面，相关系数分别为 -0.167 和 0.013。政党体制波动的国家和地区，政党体制竞争性与回应责任的相关系数为 -0.17 和 0.259。政党体制竞争性与政府稳定的相关系数为 -0.032 和 0.188。相对政党体制波动的国家和地区，政党体制稳定的国家和地区，政党体制的竞争性对回应责任和政府效能的积极作用降低。这表明政党体制稳定性控制后，整体样本中的竞争性与回应责任、政府效能的关系是不成立的。

那么，如何解释两种政党体制状态下，竞争性与政府治理能力关系的差异呢？政党卡特尔化理论认为相对稳定的政党权力格局，促使政党以维持政权地位为最大目的。这些势均力敌的政党，一方面以中间路线政策争取选民，另一方面政党选择提高选举门槛，减少新党和小党进入代议机构的机会。随着政党掌握的公共资源不断增多，政党提供给公民

的实际政策选择减少，政府回应公民诉求的必要性随之降低。政党体制竞争性对政府效能的积极作用也就逐渐减弱。

对于政党体制波动的国家和地区，经典的政党竞争理论更适合解释竞争性与回应责任和政府效能的关系。这种理论认为政党间力量的平衡，党际监督加强，政党为扩大党的群众基础，会积极回应公民的诉求。执政党和反对党会在回应的过程中，结合政党自身的政策纲领与公民的诉求，为公民提供差异性的政策选择。执政党与反对党在政策竞争过程中，就政策的制定和执行达成妥协，最终会提高政府效能。

但是，表5的数据表明两种理论的预测在统计上是不显著的。总之，政党体制竞争性的两种理论，揭示了政党体制稳定和波动状态下，竞争性与责任回应、政府效能的关系绝非是简单的线性相关。

五、研究结论和讨论

借助1998—2007年的政党体制数据，分析表明政党体制的稳定是政党体制聚合性和竞争性发挥积极功用的制度前提。国家中心视角和社会中心视角对政党体制的认识，都忽视了政党体制自身的稳定性，混淆了规范判断和实证分析的关系。在控制政党体制稳定性后，数据显示，政党体制稳定的国家和地区，会减少政党数量增加引起的政府波动。而在政党体制波动的国家和地区，政党体制的聚合性越高，政党数量越多，就越不利于政府提高自身维护稳定和控制腐败的能力。

整体样本还显示政党体制竞争性越强，政党间实力越平衡，政府在回应责任和政府效能上的能力越强。但是，在控制政党体制稳定性后，这种关系也不成立。在稳定的政党体制下，这种平衡导致了政党的卡特尔化结盟，不利于政党体制聚合和表达公民诉求，也不利于提供政策选择，因而会降低政府回应责任和政府效能。与此相反，政党体制波动的国家和地区，政党间实力的日趋平衡，会减少体制的波动，增强党际的监督。政党体制的竞争性有利于提高回应责任和政府效能。结合两种理论，政党体制竞争性的功效是边际递减的。

西方政党体制的主流理论，长期以政党的数量、意识形态和竞争性来划分政党体制类型。这种做法，既难以解释发展中国家和地区政党政治发展的现实，也难以从经验上验证政党体制与政府治理能力的关系。发展中国家和地区，政党体制的稳定是更为重要的标准。从方法上看，比较政党分析的过程中要评估不同政党体制的稳定性，制度比较才是可能的和有益的。结合政党体制制度化理论来看，提高党内民主、扩大政党体制的群众基础和加强政党体制的制度建设，提高政党体制的稳定性，才是提高政府治理能力的必由之路。CPS

比较政治学大师系列

Comparative Politics Studies

简论塞缪尔·亨廷顿的学术思想

张飞龙[*]

一、学术生涯

塞缪尔·亨廷顿（1927—2008）出生于纽约市，他天资聪颖、勤奋好学，先后就读于多所美国著名学府。16岁入耶鲁大学，学习国际关系专业，因学习成绩极为优秀，18岁即从耶鲁大学提前毕业，其后在芝加哥大学攻读硕士学位，方向为美国政治史，硕士期间，他发表了自己的第一篇学术论文，内容论述中西部进步党人的政治策略。在芝加哥大学就读时，他积极投身于校园政治，直至1948年秋转入哈佛，才把兴趣重新转向学术研究。后来在回忆此段经历时，他指出："政治上的积极行动主义是芝加哥大学主流文化的重要方面，当时，我热衷于校园权力斗争。但我很快就明白了哈佛与这里的差异：在哈佛，那些积极参政的研究生仍然把主要精力放在钻研学术问题上，以后我便放弃了那些政治活动，但并未放弃对美国政治的关注。"亨廷顿可谓是做学术的绝佳人选，这可从如下事情中反映出来：在哈佛大学攻读博士学位时，亨廷顿只用

---

[*] 张飞龙：上海师范大学法政学院政治学理论专业硕士研究生。

了四个月时间,就完成了博士毕业论文——《委托代理主义:行政政治之研究》,此时他才年仅23岁。在博士论文中,他主要论述了联邦机构,特别是州际商业委员会是如何被属其管制的工业团体所取代的过程。其博士论文在学科性质上属于公共行政学范围,这与其以后的研究方向可谓大相径庭。然而,不幸的是,由于在写作博士论文时过度劳累,他患上了糖尿病,从此一辈子不堪其扰。

亨廷顿博士毕业后在哈佛大学谋得一席教职,成为政府管理系的教师。很长一段时间内亨廷顿的主要兴趣在美国国内政治方面。1950年9月,他在《美国政治学评论》(APSR)上发表《美国政党理论的修正》一文,凭借此文,亨廷顿逐渐在美国政治学界崭露头角。此后的20年间,他的学术兴趣仍在美国政治方面,《国会对二十世纪的反应》(1965)即反映他在此方面的兴趣。后来因《士兵与国家》一书的观点,导致亨廷顿的延聘申请被拒,迫使他一度转任到哥伦比亚大学,1963年他重返哈佛大学,并一直在这所世界顶尖级学府任教到退休。①

亨廷顿的学术研究与现实有着紧密的相关性,其政治立场和学术兴趣随着美国国内和国际政治所发生的重大变化而变化。在政治思想上,亨廷顿前后发生过不小的转变。读博期间的亨廷顿可以称得上是一个自由主义者。亨廷顿亲历过罗斯福"新政",并受到"新政"思想的影响,他曾在与卡普兰的对话中,说:"我们都是自由主义者,富兰克林·罗斯福就是上帝。我不能想象任何人会有其他想法。"威廉·燕德尔·艾略特是当时政府管理系两位顶尖级学者之一,他是一位受过牛津大学教育的南方人,并且在华盛顿有着丰富经历。艾略特对苏联持反对立场,并且厌恶道德相对主义,他深深地影响了亨廷顿。在整个40年代中,亨廷顿都是一位活跃的民主党党员。那时,民主党长期执政,这既凸显出自由主义思想在当时的统治地位,也表明此时的亨廷顿也是自由主义的信徒。然而,随着冷战的加剧,麦卡锡主义带来的紧张局势,以及当

---

① 参见薛巍:《亨廷顿辞世》,载《经济观察报》,2009年1月5日;《亨廷顿小传》,见经济观察网:http://www.eeo.com.cn/today_media/sjg/2008/12/31/125770.shtml。

时赫赫有名的已故天主教哲学家尼布尔的保守政治哲学思想，都深深影响了亨廷顿。他的政治立场也随之发生了变化，开始对社会秩序和政治稳定采取较为保守的态度，他从自由主义者转变为保守主义者，但又与正统的保守主义有所不同。

通过对美国建国之父的思想，特别是麦迪逊和汉密尔顿的重新探究，他从他们的著作中发现了新的价值。1957年，在《作为一种意识形态的保守主义》一文中，他解释了何为自由主义、何为保守主义，他摒弃"教条的"（doctrinal）保守主义，喜欢"情境的"（situational）保守主义。他认为，自由主义是一种宣扬个人主义、自由市场、法治的意识形态，而古典保守主义则并没有一种明确的主张，它是一种维护自由制度生存的理性。真正的保守主义在于维护已经存在的东西，而不应到国外四处讨伐或在国内引起激变。① "我们现在最迫切需要的不是创造更多的自由主义制度而是成功地捍卫已经存在的那些制度。这种捍卫要求美国的自由主义者把他们的自由主义意识形态暂时搁在一边，为了应对持续的威胁而接受保守主义的价值。只有为当下暂时放弃他们的自由主义思想，自由主义者才能为将来成功地捍卫自由主义制度。"② 从此时起，亨廷顿的政治发展思想开始逐步形成，并在其后对发展中国家政治发展的研究论著中得到全面地展呈。

二、主要著作思想简析

亨廷顿的整个学术生涯中，共出版六部专著，加上与他人合著和编著的著作，共有17本书，而其中最有影响的著作是三本：《变动社会中的政治秩序》（1968）、《第三波：20世纪后期民主化浪潮》（1991）、《文

---

① 具体内容参见〔美〕塞缪尔·亨廷顿：《作为一种意识形态的保守主义》，载《政治思想史》，2010年第1期。

② 〔美〕塞缪尔·亨廷顿：《作为一种意识形态的保守主义》，载《政治思想史》，2010年第1期。

明的冲突与世界秩序的重建》(1996)。1957年,亨廷顿出版了其第一部著作——《士兵与国家》,在该书中他讨论美国政府和军队的合理关系。该书的创作灵感源于1951年麦克阿瑟将军被杜鲁门总统解除职务一事。在论著中,亨廷顿提出如下论点,即从军事上看,一个民主国家可能比一个独裁国家作战更为出色,但是在面对一个技术精良的非自由主义对手的时候,一支真正自由主义的军队往往缺乏所必需的效率,由此,他认为只有保守主义才能给职业军队带来活力。该书的出版可谓一石激起千层浪,很快引来了各方广泛争议,批评者指责此书,带有强烈的军事主义色彩,使人联想起墨索里尼"信仰、服从、战斗"的口号。[①] 而这也直接影响到亨廷顿的教职,亨廷顿的续聘申请遭到了哈佛校方的拒绝,"祸源"即是此书。

1958年,亨廷顿转赴哥伦比亚大学,在该校任教期间,亨廷顿与布热津斯基合作,从比较政治学的角度,对美、苏两国的政治展开全面的分析研究,《政治权力:美国与苏联》一书是该项研究的最终成果,这也是其在比较政治学方面的第一本大部头著作。1963年,亨廷顿重返哈佛,其学术研究也随之推进到一个新阶段。受当时政治学界研究热潮的影响,亨廷顿也对发展中国家政治产生了浓厚兴趣。不过较之于其他政治学者,他却发现发展中国家的政治发展状况,并不像想象中的那么乐观,其间充满了暴力、腐化等政治衰败景象。他还与韦纳等人共同创建"政治发展联合讨论会",为政治发展研究者提供了一个进行学术交流的平台。

《变化社会中的政治秩序》(以下简称《变化》)一书中的核心思想在亨廷顿之前的政治发展研究成果中就已流露出来,1965年发表的《政治发展和政治衰败》一文被视为《变化》的蓝本。在此文中,亨廷顿分别从现代化和制度化两个方面论述了政治发展。他强调,政治发展理论需要增加一种关于政治衰败的理论分析视角。实际上,"不稳定、腐败、权威主义、国内的暴力、制度衰败以及政治分裂的理论,而不是与之相

---

① 参见薛巍:《亨廷顿辞世》,载《经济观察报》,2009年1月5日。

反的理论,能够告诉我们更多关于发展中地区的信息"①。承继《政治发展与政治衰朽》一文的核心思想,1968 年《变化》一书出版,该书详细展呈了亨廷顿关于政治发展的思想,该书出版后迅即受到广泛关注,并被誉为当代为数不多的政治学经典著作之一。论著在批判既存的政治发展理论的同时,提出了自己的新型政治发展观,即强调新兴发展国家的首要任务,是实现政治秩序与政治稳定,而政治制度化的水平是实现此目标的最重要的手段。在《变化》中,亨廷顿努力摆脱西方中心主义,立足于发展中国家的政治现状,寻找政治发展和政治稳定之间的适当平衡。

在开篇中,亨廷顿即明确提出:"各国之间最重要的政治分野,不在于它们政府的形式,而在于它们政府的有效程度。"② 他指出,政治衰败和政治发展有同样的可能性,新独立国家的现实状况是,社会和政治的混乱。亨廷顿运用比较历史的研究方法,完成了一项以前经验研究理论家所不及的工作。《变化》的中心思想可用作者的此句话来表述:"首要的问题不是自由,而是建立一个合法的公共秩序。人当然可以有秩序而无自由,但不能有自由而无秩序。必须先存在权威,而后才谈得上限制权威。"③ 亨廷顿从其政治保守主义的立场出发,极为强调政治秩序的重要性,政治秩序不会从现代化过程中自动产生,实际上恰恰相反:没有政治秩序,不管是经济发展,还是社会发展,都不可能成功进行下去。他认为,发展中国家出现政治衰朽的原因,是政治制度化和政治参与之间的失衡。他提出了政治制度的含义及其四个标准(适应性、复杂性、自治性和内聚力),并从公共利益角度讨论了政治制度。亨廷顿认为,政治稳定取决于政治参与和政治制度化之间的比例关系。政治制度化指的是,政治组织和程序获取价值观和稳定性的一种进程。而政治体系则可

---

① Samuel P. Huntington, "Political Development and Political Decay", in *World Politics*, April 1965, p. 393.
② 〔美〕塞缪尔·亨廷顿:《变化社会中的政治秩序》,王冠华等译,北京:生活·读书·新知三联书店 1989 年版,第 1 页。
③ 〔美〕塞缪尔·亨廷顿:《变化社会中的政治秩序》,王冠华等译,北京:生活·读书·新知三联书店 1989 年版,第 7 页。

根据政治制度化程度、政治参与程度及其二者比率的高低来进行区分。一般而论，政治制度化水平低，而政治参与程度高的社会，会出现政治不稳定；相反，若政治制度化水平高，而政治参与程度低，则政治相对比较稳定。

亨廷顿指出，在现代化的初始阶段，许多新兴势力会被动员起来寻求积极地政治参与，而社会的颓丧则导致社会对政府提出更多的要求。当一国的政治制度化水平过于滞后时，会导致对政府的要求无法通过正常渠道得到表达，亦不能在该国的政治体系内部得到缓解和集中，此时，政治参与的迅速扩大，便会带来政治动乱。亨廷顿通过三个公式来展示政治参与与政治动乱间的关联性：1. 社会动员÷经济发展＝社会颓丧；2. 社会颓丧÷流动机会＝政治参与；3. 政治参与÷政治制度化＝政治动乱。在大多数处于现代化之中国家里，流动机会的缺乏和政治制度化程度的低下导致了社会颓丧和政治动乱二者之间的正比例关系。有鉴于一国在现代化起步阶段，政治参与的迅速膨胀，会超出政府的管控能力范围之外，进而可能带来政治不稳定的境况，故而，亨廷顿非常强调政治稳定的重要性。他认为政治秩序在后发国家的现代化过程中具有优先的地位，为了实现政治秩序，在必要的时候，可以对政治参与采取一定程度上的压制。

针对学界流行的关于后发国家政治发展的论断，即认为现代化过程就是政治稳定和经济繁荣，亨廷顿表示异议，并在该书中提出了另一个重要论断，即"现代性孕育着稳定，而现代化过程却滋生着动乱"。他认为政治现代化表现在三个层面：权威的合理化、结构的分离和政治参与的扩大。政治现代化的道路是不同的，是多线发展的。亨廷顿不认为美国的政治现代化历程对发展中国家有多少借鉴意义，而主张应从发展中国家的历史传统本身去寻找发展路径。

从发展中国家的政治现实出发，亨廷顿认为，在现代化进程的初期，威权政治是比民主政治更好的选择，甚至认为威权专制是通向民主政治的必经之路。亨廷顿在《变化》一书中所流露出的对西方式民主的保留和对威权政治的实用性立场，启发了一些中国学者，此书的若干论断亦成为中国新权威主义主张的思想源头。

此外，在《变化》中，亨廷顿还特别分析了政党在一国现代化过程中所扮演的重要角色。对正处于现代化之中的社会来说，建立国家不仅仅意味着创建有效的官僚制度，更重要的是还要建立一个有效的政党体系，藉此来调整新兴集团的政治参与。政党组织着政治参与，政党体系影响到政治参与扩展的速率，政党能够为稳定和有序的变革打下基础，使动荡无由发生。对于正处现代化之中的政治体系来说，政党的力量直接影响着政治稳定，只有在一个强大的政党领导下，才能够实现政治的稳定有序。虽然政党可能会导致腐化，但强有力的政党却能以制度化的公共利益取代四分五裂的个人利益。最后，亨廷顿还强调了组织的核心作用，"组织是通向政治权力之路。……身处正在实现现代化之中的当今世界，谁能组织起来，谁就能掌握未来"①。

"文明冲突论"是亨廷顿另一个具有巨大影响力的学术理论。"文明冲突论"的提出，主要是基于寻找一种替代既有国际关系理论范式的新的理论范式，国际关系理论中旧有范式包括：和谐的一个世界，划分我们和他们的两个世界，国家主义范式，完全混乱的世界。亨廷顿认为以上四个范式都存在一定的局限和缺点，于是在此基础上提出了更加符合逻辑，并符合现实情况的范式：文明的范式。他认为该范式的优点在于其相容性，它既关照了现实，又进行了一定的简化，并能依此为基础进行有效的预测。1993 年，《外交》季刊发表了《文明的冲突？》一文后，迅速在全世界引起了巨大反响。后来亨廷顿把此论点扩展成《文明的冲突与世界秩序的重建》（以下简称《文明》）一书，亨廷顿认为当下的世界，是"一个多极和多文化的世界"，"文化和文化认同（它在最广泛的层面上是文明认同）形成了冷战后世界的结合、分裂和冲突的模式"。② 他在《文明》一书中指出，随着冷战的结束，未来世界冲突的主要根源，并

---

① 〔美〕塞缪尔·亨廷顿：《变化社会中的政治秩序》，王冠华等译，北京：生活·读书·新知三联书店 1989 年版，第 427 页。

② 〔美〕塞缪尔·亨廷顿：《文明的冲突与世界秩序的重建》，周琪等译，北京：新华出版社 2002 年版，第 4 页。

不是意识形态和经济方面，而是文化和文明间的冲突。在全球事务中，虽然民族国家仍扮演着最主要的行动者的角色，但全球政治的主要冲突将发生在跨越国家疆界、信仰不同宗教、分属于不同文化的民族和族群之间，文明冲突将成为未来的主要战场。未来国际政治的核心将是西方文明和非西方文明及非西方文明之间的相互碰撞，来自不同文明的集团和国家之间的冲突，将是未来世界和平的最大威胁，而建立在文明基础上的世界秩序，才是避免世界战争的最有效的保证。亨廷顿认为当今世界存在着七或八个文明：中华文明（儒教文明）、日本文明、印度文明、伊斯兰文明、西方文明、拉丁美洲文明和可能存在的非洲文明。在"文明之间的关系"中，经由遭遇、冲击和相互作用三个阶段，形成了目前的多文明状态。

亨廷顿在《文明》一书中认为，西方文明主导全球的地位正在衰落，而亚洲文明与伊斯兰文明的力量则相继而起，非西方文化的复兴对西方文明构成强有力的挑战，这种文明间的冲突将超过任何其他分界线而成为全球政治的中心。主导全球政治的也不再是冷战势力，而让位于由以文化和文明来确定的文化共同体，全球政治正在沿着文化的界限重构，文明间的断层线也正在成为全球政治冲突的中心界限。文化共性促进了相互间的合作和凝聚，而文化差异则加剧分裂和冲突。"国家都倾向于追随文化相似的国家，抵制与它们没有文化共性的国家。"[①] 文化类同的社会彼此间相互合作，各国围绕着它们的文明核心国家来划分自己的归属，不同文明间融合的可能性较小。各国围绕文明核心国家来划分其归属，由此形成了一个新的文明秩序。在文化共同体内部，核心国家提供支持与纪律，缺少核心国家文化共同体，如伊斯兰文化，在其文明内部或在文明之间通过谈判建立秩序就变得极为困难。

随着亚洲经济的发展和政府自信心的提升及伊斯兰复兴运动的兴起，西方的普世主义政策不断遭遇失败，非西方文明对来自西方的价

---

① 〔美〕塞缪尔·亨廷顿：《文明的冲突与世界秩序的重建》，周琪等译，北京：新华出版社2002年版，第168页。

值,或者采取怀疑态度,或者持抵制态度。由于文明间势力的消长,使得西方在武器扩散、人权、移民和其他问题上,反对非西方社会以保护自身利益时遇到诸多困难。作者设想了一场未来全球可能会出现的文明间的战争冲突:伊斯兰文明有可能与儒教文明联手,一起对抗西方基督教文明,而由此引起不同文明之间的冲突,可能导致大规模毁灭性武器的滥用,并最终演变成全球性战争。通过对假想的世界大战的分析,亨廷顿给出了维护世界和平的三条行动原则:"避免原则",核心国家避免干涉其他文明的冲突;"共同调解原则",核心国家相互谈判遏制或制止这些文明的国家间或集团间的断层线战争;"共同性原则",各文明的人民应寻求和扩大与其他文明共有的价值观、制度和实践。

西方文明较之于其他文明不同之处,不是其发展方式,而是价值观和体制的独特性。这些特性促成了西方能够表现出现代性及其在全球范围内扩张,由此成为其他社会羡慕的目标。"这些特性作为一个整体是西方所独有的。这些特性使得西方文明成为独一无二的文明。西方文明的价值不在于它是普遍的,而在于它是独特的。"[1] "西方领导人的主要责任,不是试图按照西方的形象重塑其他文明,这是西方正在衰弱的力量所不能及的,而是保存、维护和复兴西方文明独一无二的特性。"[2]

通过对"文明冲突论"的阐释,亨廷顿为全球文明的未来,提出了两点中肯建议:西方世界应该对内反对文化多元论,维系自身的自我认同和复兴;对外不应追求唯我独尊的普世性,而应满足于维系和捍卫西方文明的独特性,并与其他文明维系和平,寻求共识。

尽管对《文明》一书的核心观点,国内外学术界提出了诸多批评意见,但要承认的是,亨廷顿最早注意到文化对一国政治制度建设及国内,尤其是国际关系的未来走向所发挥的重大作用。余英时教授给出这样一个中肯的评价:"'文明冲突论'虽然包含了许多不符事实的论断,

---

[1] 〔美〕塞缪尔·亨廷顿:《文明的冲突与世界秩序的重建》,周琪等译,北京:新华出版社2002年版,第360页。
[2] 〔美〕塞缪尔·亨廷顿:《文明的冲突与世界秩序的重建》,周琪等译,北京:新华出版社2002年版,第360页。

但他能突出'现代化理论'的蔽障,承认西方文明不可能统一全世界,终不能说不表现一种觉悟。"①

《第三波:20世纪后期民主化浪潮》(以下简称《第三波》)是亨廷顿第三本影响较大的专著。在该书中,亨廷顿首先讨论了民主的意涵。他认为民主无论是被定义为权威的来源或是目的,都会出现含糊不清、不精确等严重问题,他在本书中所采用的是程序性定义。亨廷顿赞同熊彼特对民主所下的定义,即民主是为作出政治决定的一种制度安排,"个人通过竞取人民手中的选票而得到作出决定的权力"②,民主政治的核心程序是被统治的人民通过竞争性的选举来挑选领袖。

亨廷顿认为在人类近代以来的历史上,一共出现过三波民主化浪潮。"一波民主化指的是一组国家由非民主向民主政权的过渡,这种转型通常发生在一段特定的时期内,而且在同一时期内,朝民主化转型的国家在数量上显然超过向相反方向回归的国家。一波民主化通常也涉及到在尚未全面民主化的政治体制中实行的部分自由化或部分民主化。"③一国的民主化进程不是独立发生的,而是在一定范围内波及到他国,由此形成一波又一波民主化浪潮,前两波民主化浪潮的每一波之后都会出现一次回潮。根据统计,世界上历史上的三波民主化浪潮的大致更迭年代是:第一次民主化长波:1828—1926年,它起源于美国革命和法国革命,其间有30多个国家建立了民主制度;第二次民主化短波:1943—1962年,它始于第二次世界大战,许多国家获得独立,共有50多个国家建立了民主制度;第三波民主化潮流首先出现在南欧,在葡萄牙于1974年结束独裁后的15年间,民主政权在欧洲、亚洲和拉丁美洲30多个国家取代了威权政权。在其他国家,或者发生了大规模的自由化运动,或者促进民主的运动获得了力量和合法性。亨廷顿强调,在第三波

---

① 余英时:《轴心突破和礼乐传统》,载香港:《二十一世纪》,2000年4月号总第58期。
② Joseph A. Schumpeter, *Capitalism, Socialism and Democracy*, New York: Harper, 1947, Chapter 21, p. 269.
③ 〔美〕塞缪尔·亨廷顿:《第三波:20世纪后期民主化浪潮》,刘军宁译,上海:上海三联书店1998年版,第12页。

民主化浪潮中，尽管会遇到抵制和挫折，迈向民主化的运动变成几乎是势不可挡的世界潮流，而且从一个胜利走向另一个胜利。

在《第三波》中，亨廷顿虽然依旧延续其在《变化》一书中的核心论点，认为一国的政体不是唯一重要的东西，甚至可能不是最重要的东西，秩序与无政府之间的分野比民主与独裁之间的分野更为根本。不过较之于前著中的立场，亨廷顿在本书中稍作了调整，他承认民主与独裁的分野由于一些原因也仍然是至关重要的，如政治民主与个人自由密切相关；民主的体制比不民主的体制更容易避免社会的暴力；民主的扩展在国际关系层面有助于世界和平；民主在世界的未来对美国人具有特别的重要性等。民主化的波浪及其回潮是政治中一种更普遍现象的表现，且在历史上，不同的国家或政治体制不时地会发生类似的事件。但问题是，民主化的浪潮为何会在一个时间内集中出现，这是一个需要识别的现象，亨廷顿试图对其原因给出自己的解答。对波浪式运动可以作出多种可能的解释，他概括为单一原因、平行发展、滚雪球和流行性万灵药等，但若具体到民主化的波浪式运动，因依变项民主化不仅呈现出动态的特性，而且其有着更多极其繁杂的相关因素可供解释，故不可能有某一单一因素能够解释这一复杂的现象，民主化乃是多因素之间相互组合共同作用之结果。

在分析导致特定的国家、在特定的时候出现第三波民主转型的条件时，亨廷顿指出如下五项至关重要的外部条件：（1）威权体制的政绩困境和合法性危机；（2）全球经济成长带来了教育的发展和中产阶级力量的强大；（3）天主教从现状的维护者变成威权主义的反对者和改革的拥护者；（4）外部行动者在政策上的变化；（5）"滚雪球"或示范效应。这些原因的相对重要性因地区、威权政权的类型和国家的不同而有所差异，它们的相对重要性也随着在第三波期间所处的时间位置而有所不同。以上皆为第三波相较于前两波民主化浪潮所独有的外部条件，它们共同促成了第三波民主化浪潮。在亨廷顿看来，前述五项虽构成民主转型有利的外部条件，但民主化更关键的因素，在于政治领袖与民众的行动，只有当人们愿意为民主去冒风险时，民主才可能出现。他认为，民主体制之间存在着共同的制度内核，正是这一内核确定了民主的特征，而威权政权可以简单地被界定为这种制度内核的缺乏。

亨廷顿根据政府和反对派的相对重要性的不同，把国家的民主化进程类型划分为三种，即变革（执政精英领头实现民主时就出现改革；政府力量大于反对派）、置换（反对团体领头实现民主且威权政权垮台或被推翻；反对派力量大于政府）和移转（政府和反对派团体采取联合行动实现民主；二者势均力敌）。一般来说，非民主政权的统治者都不愿放弃权力，只有当他们发现既有的统治，已无法再维持不下去时，才会同意推行民主化，藉此来挽救自己的地位；当权位不保时，希望能够免于惩罚，至于其目的实现与否，还要视反对派力量而论。虽然各国实现民主转型的方式不尽相同，但第三波民主化浪潮呈现出妥协、选举、非暴力等共同特征。

亨廷顿在《第三波》一书中一反在政治发展研究中所持的保守主义政治立场，转向了民主政治一边，对世界的民主化进程充满乐观。在最后论及民主的未来走向时，亨廷顿指出，经济发展使得民主成为可能；政治领导使得民主成为现实。未来的政治精英必须相信民主对他们社会和对他们自己来说是一种最不坏的政体，同时还要掌握实现民主转型的必要技巧。民主化正在一波接一波地冲击着独裁的堤岸，在经济发展浪潮助动下，每一波浪潮都比前一波进得更多，退得更少。在有智慧有决心的领导人推动下，历史会前进，民主乃世界大势，各国转型模式虽异，且困难重重，但民主化的道路不会因之扭转，时间属于民主一边。①

三、缅怀大师

2008年的圣诞夜，这位伟大的政治学家溘然辞世，而亨廷顿的去世，也使现实主义政治学在美国逐渐褪去了昔日的光彩，对此，曾有学

---

① 参见〔美〕塞缪尔·亨廷顿：《第三波：20世纪后期民主化浪潮》，刘军宁译，上海：上海三联书店1998年版，第380页。

者撰文悲观地表示：亨氏之后，再无大师。亨廷顿在政治立场上是一个充满两面性的学者，他"心属于自由主义，头脑却属于保守主义"。即以其前述作品中的思想为例，《变化》可谓其保守主义政治学的代表之作，而《第三波》一书中则毫无保留地展呈了他自由主义的面相。"亨廷顿天生是个保守派，这是因为他尊重有秩序的社会，但他也支持把保守主义当做捍卫自由机构反对共产主义破坏的必要工具。"① 亨廷顿被学界定位为"美国右翼政治思想家"，然而现实中的他却又是民主党终身党员。

现任卡内基国际和平基金会高级研究员的华人学者裴敏欣，曾师从亨廷顿，他这样总结乃师治学之特点："一是反潮流。人家说一，他要说二。大学里不知道有多少学者都在用各种方法研究民主对经济和政治发展的影响。他们认为，现代化过程就是政治稳定和经济繁荣。亨廷顿认为，这完全是一派胡言，很有可能是经济越发展，越有可能发生动荡。第二个特点是，他一般写了一本书后，就会把它忘掉。不会沾沾自喜地永远停留在那个水平。他一般6—7年写一本书，完成后就写另外一本。我曾问过他，《变革社会中的政治秩序》写得那么好，为什么不写第二版？他说，旧问题就不要再去考虑了。写完就过去吧，新的课题更有意义。所以，你会发觉，他的著作再经典，也没有第二版。亨廷顿写书还有一个特点是，他许多书最初都是一篇文章。比如，《变革社会中的政治秩序》、《第三波》、《文明的冲突》、《我们是谁》，都是这样。一篇很短的文章把所有观点都说清楚了，如果有影响，再写书。"② 亨廷顿在研究问题的选择及分析方面，有着极强的前沿性与穿透力，"他研究的问题，第一，比别人早。人家没看到，他就看到了；第二他看得很透；第三他看得很清楚，来龙去脉，画龙点睛。他讲过之后，你就完全清楚了。现在美国学术界，真没有一个人能比的"③。

弗朗西斯·福山也是亨廷顿的高徒，他对亨廷顿的学术成就，给出

---

① 〔美〕埃里克·考夫曼：《亨廷顿的意义》，吴万伟译，见光明网，2009年2月6日。
② 《亨廷顿晚年为何不提文明冲突》，载《环球时报》，2009年1月16日，第17版。
③ 《亨廷顿晚年为何不提文明冲突》，载《环球时报》，2009年1月16日，第17版。

了这样的评价:"亨廷顿是他那个时代最伟大的政治科学家。最能体现他学术成就的地方就在于其著作涉及的范围,和每本书都成为各附属领域主要参考书的事实……即使你不赞同他的观点,你也不可能不用最大的严肃性看待他的论点。亨廷顿的著作提供了后来所有讨论所使用的词汇和结构,涉及的话题包括美国政治、国防政策、民主转型、美国身份认同等。除了众多著作外,亨廷顿还是个伟大的老师,培养了整整一代学生,他们实际上重新改造了政治科学的所有附属领域。从他最早期的著作到最后一本著作都引起激烈的批评,但这恰恰是具有独特思想和重要观点的学者的标志。可以大胆地说的是我们在未来一段时间不大可能再见到像他这样杰出的人物了。"①

中国政治学起步较晚,即便有了30余年的发展积累过程,但从总体上来看,直至目前仍处于"西学东渐"的阶段,在西方政治学中,美国政治学对中国学者的影响尤为巨大。曾有人这样概括中国政治学界的研究历程,"1980年代国内政治学是吃两顿(亨廷顿和伊斯顿),1990年代以后是吃两斯(科斯和诺斯)"②。这种概括虽有失之简单之嫌,但的确在一定程度上反映了中国政治学研究所走过的历程。历史是检验学者思想及著作的最有效方式。每一时代的绝大部分著作都因思想力的不足,而无法经受住历史的长时间筛选,但在笔者看来,亨廷顿的很多思想完全可以经得起时间的考验,它不仅泽被于既往学术研究,并将继续在很长一段时间内为未来的政治学研究者所受用,凡此一切皆导源于其著作中所蕴含的极强的思想穿透力与延展性。**CPS**

---

① 〔美〕弗朗西斯·福山:《纪念亨廷顿(1927—2008)》,吴万伟译,见爱思想网:http://www.aisixiang.com/data/24129.html。
② 参见王正绪:《亨廷顿的主要著作和缺陷》,载《开放时代》,2009年第2期。

海外专论

Comparative Politics Studies

社会网络与集体行动*

〔美〕大卫·西格尔 著**
陈柯汝 臧雷振 编译 臧雷振 校***

【内容摘要】 有关社会背景（Social context）对政治参与决定性作用的关注逐渐增多，但其中社会网络结构的效应尚未得到深入讨论。基于"个体间参与动机不同"的基本假设，本文通过引入"社会网络内关联决策模型"（Model of Interdependent Decision Making within Social Networks），通过定性研究中类型学分析路径界定社会网络以反映日常经验性背景。研究发现：社会网络的规模、弱关系的普遍性和精英的存在都会对社会网络产生重要影响，而这些变量与网络结构、个体动机之间的复杂互动是前人未能清晰认知的。例如，特定情境下新增网络链接会降低参与度。这也说明实证研究中可能出现选择性偏见（Selection Bias）。本文的模型提供了一个对于网络结构更全面的总结，即通过网络规模、强弱链接、精英影响力来预测不同网络类型中的参与程度和不同动机的不同分配。

【关键词】 社会网络；集体行动；决策模型

没有人在真空环境中作出政治决定。社会科学领域中有大量实证资

---

* 具体注释和完整版原文，可参见 Siegel, D. A., "Social Networks and Collective Action", in *American Journal of Political Science*, Vol. 53, No. 1, 2009, pp. 122 – 138。

** 大卫·西格尔（David A. Siegel）：杜克大学政治学系副教授。

*** 陈柯汝，伦敦政治经济学院政府系；臧雷振，北京大学政府管理学院。

料证明各类社会互动可以改变个人决策。最具说服力的文献来自政治参与（如 Huckfeldt & Sprague，1995；Kenny，1992；Leighley，1990；Mcclurg，2003）和社会运动（如 Chong，1991；Kuran，1991；Mcadam，1986；Petersen，2001）领域；当然，除此以外的其他领域也指出他人行动对于个体决策的重要性，例如规制执行（如 Scholz & Wang，2006），民主扩散（如 Gleditsch，2002），新的组织成立、新的政策与技术创新的采纳（如 Berry & Baybeck，2005）等。即使人们现在对社会、政治、经济等网络的重要性习以为常，但对这些网络结构如何影响当前政治却知之甚少，更遑论网络结构与个体动机之间的互动关系。本文旨在提出一个网络结构与集体行动之间的因果关系理论，从而允许我们实现对网络影响因素的定量分析来预测总体参与水平。

许多理由支持我们去深入探索社会结构如何带来集体行动。一方面，现有政治参与研究表明，个体的社会网络规模影响个体政治参与的可能性（如 Lake & Huckfeldt，1998；Leighley，1990；Mcclurg，2003）。但这种仅仅是平均水平效应，我们无法判断哪种社会网络链接中的群体更愿意参与集体行动：到底是一个拥有完全封闭派系的大网络，还是一个拥有社会联系的小网络人群？另一方面，社会结构也会带来政治参与之外的其他影响。如，研究发现美国参议院议员比众议院议员的内部联系更紧密（Fowler，2006），那我们是否就可以预期参议院的投票行为比众议院中将呈现出更大的一致性呢？

社会网络结构决定着个体所面临的环境，专业性的可得性（Availability）、冲突程度以及政治复杂性，这些因素都影响着参与意愿（Huckfeldt，2001；Mcclurg，2004，2006；Mutz，2002）。一些精巧的实验已经证明这些因素都与网络形成的内生性有稳健联系（Klofstad，2007；Nickerson，2008），但我们不知道大规模的网络结构是否会改变这些因素的影响结果。为此我们不得不提出一些重要的，甚至可能是反事实（Counterfactual)的问题：当网络不相同时，政治参与结果有何不同？① 此外也要注意网络的影响不仅限于政治参与：例如当圣战组织的派系链接被削弱，其成员参与暴力行动的动机会减弱吗？(Sageman, 2004: 152 – 155)

更好地理解社会网络能帮助学者理解个案中网络结构对集体行动的决定作用。了解网络结构中与集体行动最为相关的部分有助于数据收集和有限资料的保存。同时这也为长期未被探索的规范理论分析及其实证检验打开了一个新的窗口。例如，伊拉克的社会网络如何影响了2005年1月的伊拉克立法选举(Siegel, 2008)，又如媒体对乔治·艾伦事件②的报道如何与社会网络相互作用，并最终改变了2006年弗吉尼亚州参议院选举结果？

要明确社会网络结构的作用并进而回答我们上述提出的疑问，我倾向于提出一个包括明确网络关系的集体行动模型：他者的行动变化将影响到某一个体仅仅是因为他者处于该个体的网络之中。在本文中，我将关注一种特定的影响，一种鼓励个体更多地去参与、并且其他人也因此更乐于参与的影响效果。当然，导致这一结果的深层因素可以是随着地区差异而变化（例如信息、社交压力、制裁或者数量压力）。③

能够有力描述日常经验、数据充足到能够重现整个社会网络的模型几乎不存在，本文第三小节的图2所生动展现的网络类型学，力图呈现

---

① 坦诚而言，在最严谨的实证研究中这个问题也很难回答，因为相关的经验事实几乎不存在。而相关的试验研究，可以参见 Kearns, Suri, 和 Montfort 在2006年的有趣研究。

② 在2006年的选举期间，由于候选人艾伦带有种族歧视性言语而最终败选，被称为竞选中的"毛猴时刻"(Macaca Moment)。当时，在弗吉尼亚参议员艾伦(George Allen)竞选连任的活动中，经常有一个名叫西达思(S. R. Sidarth)的年轻人跟随。西达思是艾伦的竞选对手民主党韦布(Jim Webb)阵营的人，他的任务是将艾伦在公众场合的言行用录像机抓摄下来，供韦布竞选班子一旦需要时采用。在那年8月的一次竞选集会上，艾伦当着所有人点出西达思的存在，并两度把西达思称为毛猴。西达思是印度裔美国人。他把艾伦讲话的录像片断放在YouTube和其他网站上播放，数十万互联网用户很快看到。不久，这段录像成了竞选的主要议题，因为在那种场合下使用指灵长目动物的"Macaca"一词带有种族歧视的意味。艾伦不得为此作出辩护并道歉，他一再说明本人用这个词没有任何诋毁的意思。后来在那一年的11月，艾伦以1万张选票输掉了连任竞选。——译者注

③ 模型在尽可能小的变动基础上扩大到公共物品供应这一主题上，而过了某个特定的点，人们会越来越不倾向于参与（因为公共物品供应存在搭便车的问题）。

日常可以观察到的社会网络结构：现代城市、乡村或小团体、意见领袖或者层级网络。虽然很多文献成果局限于网络类型，并且方法上多采用粗糙的定性研究来区分网络。例如，在网络外部因素相同的情况下，固化的官僚层级中的政治参与度往往低于流动性强的现代城市。此外，每个网络类型都被一到两个可测量的实证变量所界定，因而模型数据虽然质量不高但保证完整，并且模型假说也能得到检验。举例来说，消极派社会精英对于政治参与的压制能力会随其追随者的内部联系增强而减弱（即倾向于参与），但这种"无产阶级"型的权力仅出现在阶层网络中。

除了特殊网络的特殊结果外，此模型同样能给我们带来一些更通则性的洞见。首先，网络规模和集体参与之间的关系取决于个人动机在人群中的分配及网络结构。本质上参与动机弱的人群（也就是需要更多参与推动力者）容易因网络链条断开而放弃参与，尤其当其网络链接符合格兰诺维特（Granovetter）意义上的弱链接时。这不仅说明了弱链接在本质上的条件性[①]，也说明了增加网络规模在不同参与类型中有不同效果。当参与建立于较低的敦促（Urging）层面时，无论网络结构如何，网络规模都与集体行动成正比。但当参与成本提高时，规模往往就有更多元的网络关联（Network-Dependent）的效果。选择性偏见就可能在这种情况下出现：如果某人只观察到成功的社会运动或者只考虑了特定政治参与形式，那就很有可能夸大网络规模所起的影响。

其二，像弱关系一样，社会精英的力量很大程度上取决于他们所栖身的网络结构。精英在网络中所处的优先地位并不意味着他们必定对集体行动有很强的影响力，正如上述阶层网络的例子。如果精英不能控制自己的网络，那么其影响变化的能力就会被大大削弱。

到此为止，我们所描述的模型呈现出很强的数学社会学的传统，而和任何政治科学的文献都相距甚远，但下一节会详细地解释模型源起，并尽可能地与政治参与的文献结合起来。以下两节逐步展开对模型的分

---

① 沈多纳和梅西（Centola & Macy, 2007）在一个小世界网络中提出这一点。我的分析将表明这个现象在不同的网络类型中是普遍存在的。

析：首先说明三种简单网络，其次说明网络类型学下的四种复杂网络。第四节从定性上对主要假说作简单总结，而更详细的技术描述和模型本身可以从在线附件中找到。

一、关联性与社会结构

虽然政治学近来才开始较为深入地考虑社会结构对相互依赖行为的重要影响作用，但这一主题已经拥有大量且仍在不断增长的跨学科文献。本文重点关注那些与我们模型建构直接相关，并且主要用于理解集体行动中的政治参与行为的文献。[①] 即使如此缩小范围，相关文献之丰富令我只能在此呈现一小部分，更多的相关综述可以参见沈多纳和梅西（Centola & Macy, 2007）、奥利弗（Oliver, 1993），以及斯特朗与苏尔（Strang & Soule, 1998）的评述。

为了探索网络中的关联性（Interdependency），首先必须明确界定这个概念的本质。我比较倾向于跟随格兰诺维特（Granovetter, 1978）、谢林（Schelling, 1978）、马维尔和奥利佛（Marwell & Oliver, 1993）等人的界定[②]：越多的人参与，个体越可能觉得参与是个人利益最大化的。

这种关联性所指的行动是多样化的。在政治参与文献中，信息传递在相关网络中起到主要作用（如 Huckfeldt, 2001; Mcclurg, 2006）；这也是传统大众运动、抗议、叛变研究的重点（如 Lohmann, 1994; Neill, 2005）。总体而言，信息交换允许人们更新各自对参与行动所产生的成本收益的理解，并基于此改变（或不改变）其参与决定。网络同时协调和传递资源，并且对个人的参与意愿起到相对独立的作用（Verba, Schlozman & Henry,

---

① 集体行动中的合作（例如 Ohtsuki et al., 2006）就是另外一个独立的主题，虽然很多分析会和集体行动的参与相似。
② 由于本文主要关注如何能形成参与的风尚，而不是因为搭便车问题导致的不可避免的"减速"（deceleration），因而本文只纳入了马维尔（Marwell）意义上的"加速"领域（accelerating regions）以及 Oliver 的生产函数。

1995)。

网络发挥直接的影响力，改变个体利益以及内在参与动机的研究往往在社会学而非政治学中更常见（Friedkin & Johnsen, 1999; Gould, 1993; Klofstad, 2007; Oliver & Myers, 2003）。和影响力紧密相关的是声誉和公平，无论声誉好坏（好声誉可能使人担心行动对他人的不公，坏声誉使人担心被惩罚），社会压力都会敦促个人行动（或不行动）。最后，典型地只在社会运动、抗议和叛变这类文献的各种论点中出现的是安全问题：越多人加入你的行动，你就感到越安全（Kuran, 1991）。①

上述这类文章都有一个共识，即外部参与会增加个体参与意愿，并且大多数能被纳入相同模型。然而，一个包括了多种行为类型的模型必须包含多种异质的动机。毕竟，每个人不都可能对信息产生相同的反应，更不要说存在信息和社会压力差异的情况下了。在格兰诺维特和宋（Granovetter & Soong, 1983）、金姆和贝尔曼（Kim & Bearman, 1997），以及尹的（Yin, 1998）研究中，利益的异质性本身能对集体行动的预期参与水平产生本质性的影响。例如，格兰诺维特用阈值模型（Threshold Model）来说明，当其他人完全参与行动时，有部分群体参与会低于这些人的参与水平，从而说明个人对分界点界定的微小区别会完全改变参与的结果。设想一下，假设把从不参与到完全参与的过程划分成10级，10个人分别有从0到90%不同分界点的界定。每个新的参与者会"提醒"下一个参与到行动中的人，如果将其中一个分界点为10%的个体提升到20%，那么这场运动只能吸引到一个参与者。②

总而言之，从网络联系以及个体在其中的分布这角度来看，许多证据表明网络结构会改变人们的集体行动选择。并且，在这一命题上，社会学领域早就形成相关研究传统，而紧密相关的政治科学却知之甚少。

---

① 相关影响因素不止于此，更多的可以参见沈多纳和梅西（Centola & Macy, 2007）的研究，和此处所提及的几乎没有重合。
② 沈多纳和梅西（Centola & Macy, 2007）发现，异质性本身并不改变网络结构，但是一致性仅体现在利益分配方式的多样化上。本文的发现回应了他们的结论，但是说明了通过改变人群中兴趣的标准差会产生较大的反应。

罗非（Rolfe，2005）和福勒（Fowler，2005）可能是两个例外，他们都力图解释单一网络类型中的分散行为，解答不同参数如网络规模、路径长度、聚类（Clustering）或密度条件下如何推论大型网络行为数据。和他们贡献不同的是，本文将提供一个关于网络结构与个人动机互动结果的一般性总结，而不依赖于上述有关网络结构的具体知识。

二、基本网络动态

（一）模型建构

本文采用的核心行动模型（Core Behavioral Model）存在两类基本假设：其一，个体拥有不同的参与动机；其二，个体随时调整其参与意愿以对网络中其他行为作出回应。

为了保证第一个假设简单且普适，我将在同一时间内参与个体的动机划分为两种成分，第一种成分我称之为纯内在动机（Net Internal Motivation），以 B_I 表示，I 表示每个个体，指向所有可能支持或阻止参与的、与其他参与者无关的动机，包括从深层次的如影响社会变革的内在需求，到参与机会成本计算这样的实际动机。第二种成分，我称之为纯外部动机（Net External Motivation），以 $C_{i,T}$ 表示，即个体 I 在 T 时间点上的动机，包括了取决于他人参与行动的任何支持或阻碍性的可能动机。需要注意的是，这两类动机是互斥的，任何随着他人行动时间变化而改变的动机就属于纯外部动机，其他的皆属纯内部动机。某种动机归于哪一类则要视具体情形，例如一个网络可能讨论集体行动出席者（Turnout）的机会成本而不是抗议的机会成本，因而在动机成分的划分上，是否愿意出席属于外部动机，是否愿意抗议则属于内部动机。只要这种动机成分中有部分可以被时间变化所修正，这样的动机分类就不会是一个过强的假设。

那么，在这样的两种成分之下，决策规律便足够简单：个体 I 在 T

事件参与,当且仅当 $B_i + C_{i,T} > 0$,即其纯参与动机为正值时,个体会选择参与。①

当群体中的动机不同时,这些动机的最初分配必定符合某种特定形式。首先考虑纯内部动机,假设这些动机分配符合正态分布,并且参数值为 B_{mean} 和 B_{stdev}。② 如果 B_i,即某一个体纯内部动机是研究对象各类要素分布的总和,且独立于人群外的其他任何要素,并可以以特定方式加权,那么中心极限定理表明 B_i 符合正态分布,并有相应的均值和标准差。这两个参数表明了整个研究对象的平均纯内部动机及其群体内的离散程度。高均值意味着集体中的个体在其他条件相同的情况下都更倾向于参与集体行动,因而模型能够解释为何不同形式的参与形式可能出现:投票与联系官员这两种集体行动的平均参与可能性可能就大不相同(Leighley,1990;或者在 Centola & Macy,2007 看来,有些参与风尚容易形成,有些则比较复杂)。

为了集中说明网络的作用,第二个假设是没有其他外生变量在一定时期内会影响人们的动机。这表明所有的 B_i 都是持续稳定的,而只有 $C_{i,T}$ 会随着所有和网络相关因素的变化而变化。③

第二步开始考虑纯外部动机。正如前文所述,模型假设:越多的人参与到某项活动,某个体就越愿意也参与进去。设地方参与率为 $Lpr_{i,T}$,每个个体用 I 表示,T 表示具体时间点。那么,在前文关于纯外部动机的谨慎定义下,纯外部动机要和前文所说的环境条件保持一致,$C_{i,T} = -(1 - Lpr_{i,T})$。当地方参与率对于某一个体而言从 0 增长到其最大值时,纯

---

① 虽然这个决策定律过于决定论了,但我们仍然没有改变这个公式,否则我们将难以预测行为。请参看网络附录中的更多信息:http://people.duke.edu/~das76/Research/Siegel_network_model_AJPS_appendix_final.pdf.

② 如果这些假设站不住脚,只说明纯内部动机可能不适合用来描述这个研究群体,或者至少不适用于群体中的所有成员。当然,关于每个人都拥有一定的纯内部动机这样的假设基本上是符合实际的。

③ 和古尔德(Gould,1993)的研究相比,本文这样做有助于模型保留群体在一定时期内的异质性,因而即使个体参与的集体行动,其动机仍然可能是不同的。此外,和 Neill,2005 的研究比较起来,这样也保证了区别于连锁效应(cascades)和完全没有作用的粗暴二分法。当然,这一假设在 Siegel,2008 的研究中被放松了。

外部动机会增加，使得个体更愿意加入行动。在这种定义下，纯外部动机在所有时候都属于从 -1 到 0 的区间，而其初始值为 $C_{i,0} = -(1-Lpr_{i,0})$，$Lpr_{i,0}$ 也就是初始的地方参与率。我依循格兰诺维特分支的文献（Granovetter, 1978）只考虑初始零参与率的情况，所以 $Lpr_{i,0}=0$。如果我们把"煽动者"（Rabble-Rousers）定义为 $B_i>1$ 的人，那么基于 $C_{i,0}=-1$，所有的初始参与者都源于这些煽动者。注意，这一界定和网络位置是无关的，煽动者既可能是网络精英，也可能是网络中的非重要成员。

纯外部动机 $C_{i,T}=-(1-Lpr_{i,T})$ 能够准确描述不同时间点上的地方参与率。[①] 有人可能认为这个定义过于谨慎因而缺乏上述所强调的普适性。其实，只需要考虑以下这种更为常见的外部动机界定，我们就能反驳这种观点：一个人所在网络中有越多的人参与，该个体就越倾向于参加集体行动。在这简单定义下，我们进一步设定常态化外部参与动机的最大值，即 $C_{i,T}$ 达到 $-(1-Lpr_{i,T})$。[②] 那么，一系列特定的行动规律，包括贝叶斯定理（Lohmann, 1994）、朴素贝叶斯定理（"Naive" Bayesian）（Neill, 2005），或者其他任何的调适方法（如 Macy, 1991A）都在一定时间段中作用在这个简单的纯外部动机定义上。因此，只要我们考虑了不变的因素，我们选择如此谨慎定义就是有所依据的。这条简单规则也有其理论上的重要价值：它既考虑了正面影响（例如当很多邻近个体都参与行动时纯外部动机 $C_{i,T}$ 变大），也考虑了负面影响（当很少邻近个体参与集体行动时，$C_{i,T}$ 变小；Mutz, 2002）。

因此，这个动态模型中的每次变动都取决于个体的内部动机和外部动机的分配，以及个体在适当网络中的角色。在网络附录中可以找到模型建构方法和参数，在文章中我们将重点放在对于经验活动最有用的，与相关行动结果的定性分析上。出于教学而非贴近现实的考虑，本节将

---

① 需要注意的是纯外部动机是地方参与率的一个正相关线性方程；因此没有任何递减的边际回报，也就是说他人参与的增加并不产生负激励。

② 这个最大值需要对 bi，$c_{i,t}$ 进行界定，因为决策规律只涉及这两个变量的值，所以在这一点上不受到约束。相对 $c_{i,t}$ 来说，bi 缺乏明确的边界，因为纯内部动机假设煽动者的存在。

讨论限制在三种简单网络类型，更为实证的模型在下节中作进一步讨论。

第一种模型就是完全链接模型（Fully Conneted Network），网络中的每个人都与其他任何人互相联系；这就是格兰诺维特（Granovetter，1978）所描述的世界。因此，仅存在变量：（1）N，网络中的个体数量；（2）内部动机的分配参数，（B_{mean}，B_{stdev}）。第二种模型是随机模型（Random Network），详见图1的左上角。网络中的个体在一定概率下与其他个体相链接。这种网络模型比第一种模型多出一个参数：两两个体之间互相链接的可能性。第三种模型是环形网络（Ring Network），详见图1的右上角。在环形网络中，个体环形排列，而每个人仅仅与自己的相邻者链接。相对于完全链接模型，环形网络的额外参数是个体为了从邻居出发接触到其他人以实现地方社会活动而需要穿过的网络距离。

在网络形成后的任何阶段，个人在自己的地方网络中测量参与水平并据此来调整自己的外部动机。这一机制同时作用于每个个体。更重要的是，即使每个个体能够观察到其所在的网络外的参与情况，这也不会对个体的纯外部动机产生影响，因为定义中的 $C_{i,T}$ 与外部网络无关，不受来自外部网络的可靠消息甚至最终惩罚影响。在缺乏外生变量的条件下，没有人有动机中止已经开始的参与行动，因而外部动机在接下来的各个阶段中要么保持不变，要么增加。因此，在某项网络活动维持了一段特定时间后，纯内部动机 B_i 的分布就能够达到均衡甚至不变的状态。此时，没有其他个体会被鼓励加入行动。在一个全面链接网络中这种模型就符合前文提及的格兰诺维特阈值模型，（1 − B_i）就是 I 的阈值，并且只要这个阈值低于地方网络的参与率，个体 I 就会选择参与。①

---

① 当加入内生变量例如压力时，本文的模型也会像阈值模型这样失效。

海外专论
社会网络与集体行动

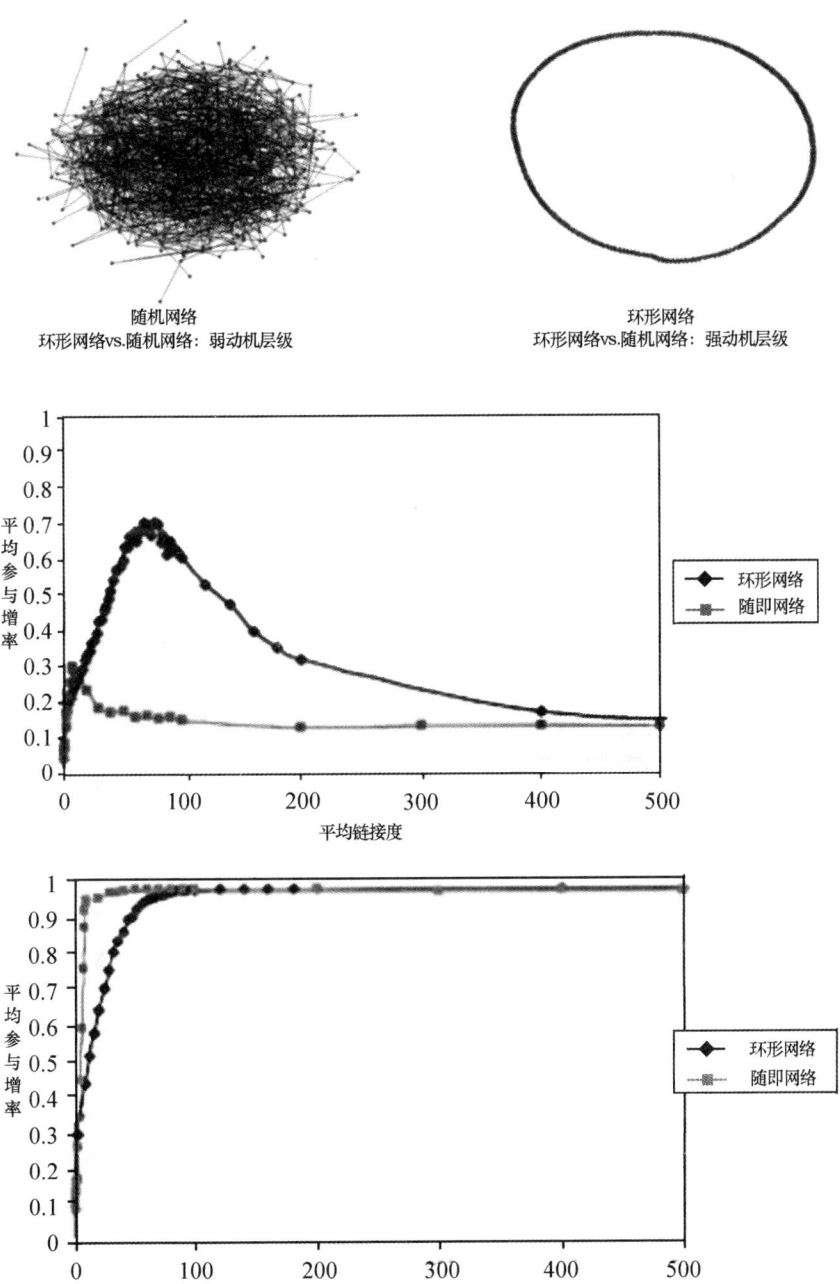

图1 随机网络和环形网络（上部：网络可视化图；下部：强弱动机
层次下平均参与率与平均网络链接度的对比图）

这个参与的均衡值正是本文所讨论的因变量。除了这一重要性以外，这个均衡值还能帮助我们看清如何从一个简单明确的设定中派生出一个均衡。让我们从假定有6个人被安排在一个典型的"星形"网络中，其中一个人在中间，而其他五个人都只有和她构成链接。进一步，我们设定内部动机：让核心个体的纯内部动机大于1，而其他人的都在0到1之间。在第一阶段，这个五角星的五个顶点上的个体都不参与行动，因为核心个体还没有行动，因此整体上 $B_i - 1 < 0$。然而，核心个体会突然开始行动；她就是一个煽动者。一旦这个情形出现，因为对于其他所有人只和核心个体链接，因此他们的地方网络参与率就提高到1。这使得他们的纯外部动机提升到最高值（0），促使他们也参与行动。因此，所有个体在两个阶段内都参与到了行动中。

现在在相同设定下，假设只有核心有影响能力的人拥有较低动机，而非一个煽动者其他人则拥有较强动机；其次让唯一的煽动者位于网络的某个顶点处。正如前文所论述的，在这个网络框架中，只有核心个体受到外部激励的影响。他的网络中，有五分之一的个体已经参与到网络活动中，将中心人物的外部动机提升到 -0.8。① 当核心个体的内部动机大于0.8时，她开始参与到集体行动中并且引发连锁效应（Cascade）；否则，当中心人物不参与时这项活动就会止于这个唯一的煽动者。简而言之，在第一阶段中，初始动机分配参与水平相同，也可能因为网络结构的不同而导向不同的行为动态，这里的结构主要指网络中的个体如何认知他人的参与行动。这个例子虽然简单，但说明了模型演化的两种路径。在第一种路径中，参与行动足够广泛的扩散从而能形成连锁效应，达到高参与水平的均衡。在第二个路径中，参与行动止步于某个节点，只能够达成较低水平。网络连接的结构和初始动机分配共同决定了路径的选择。

参与均衡、网络结构以及初始动机分配之间的复杂关系使得详细分析非常必要。相应的，在网络在线附件中我用一定的篇幅较为详细地解

---

① 在本案例中，$c_{i,t} = -(1-0.2) = -0.8$，纯内部动机必须要超过 $c_{i,t}$ 的绝对值。

释了模型如何在离散阶段得以构建并且在电脑中计算的比较数据。这项技术减少了同一时间内需要考虑的参数数量,但需要事先在理论上作出调适和说明。其中,格兰诺维特和宋(Granovetter & Soong, 1983)、尹(Yin, 1998)和罗非(Rolfe, 2005)提供了完全链接模型的分析,说明在确定人口的网络中至多可能出现 3 次均衡,这恰好回应了低、中、高三种参与区域。借用这一理论发现,我将 B_{mean},B_{stdev} 和总人数 N 之间的参数区间划分为三个区域,作为"动机层级"。每个层级分别称为弱动机层级、中间动机层级和强动机层级,相应形成平均属于低、中、高三个层次的参与水平。这样做的好处在于能够较好地描述连锁效应的形成,因为网络下的行为与每个层级下的动机相似,实现网络参数化时就不需要同时在一个五维度的参数空间里对所有的动态作出区分。下一节将对一小部分结论作出解答。

(二)分析结果

在展开按动机层级分类的分析之前,考虑一下参数 B_{mean},B_{stdev} 和总人数 N 的独立性将对下一步的分析有帮助。前两者的参数可以通过假定一个有限人群数量来界定,并且也较容易与没有网络的情况和存在全面链接网络的情况作出比较。在前一种情况中,人们只会在 $B_i > 1$ 时参与行动,因为没有网络影响则外部动机不会变动,故参与行动比例为 $p = 1 - \Phi\left(\frac{1 - b_{mean}}{b_{stdev}}\right)$,其中 Φ 代表正态分布的累积分布函数,P 代表全网参与率的平衡值。在后一种情况中,人们会从网络中学习或受到影响,因而也加入行动者参与到活动中。在这种情况下确定不变的稳定参与率是因为外部行动不再改变个体选择,即 $p = 1 - \Phi\left(\frac{(1-p) - b_{mean}}{b_{stdev}}\right)$。

此处有几点值得注意的地方:

第一,两种情况中 B_{mean} 的增长会提升参与水平。这是正常的,可能当参与行动的成本不是太高时,人们更可能最后作出参与选择。

第二,他人参与的影响不是单向的。在内部参与动机均值低时,

B_{stdev} 的增加会提高集体参与，但在平均内部参与动机高时则反之。这很大程度上取决于"煽动者"（Rabble-Rousers）和"扫兴者"（Wet Blankets）的数量，因为这些人会一直保持参与或者不参与。

第三，有某种网络存在时的参与率总是高于没有网络存在的情况，而决不会更少。当且仅当整个人群是极度自我激励的时候，个人行动才足以产生显著的参与水平。

第四，当一个群体中增加了一个网络结构时，群体参与水平的增长具有强烈的非线性，并且受限于群体的动机层级。在 B_{mean}，B_{stdev} 依次为（0.6，0.23）的参数下，链接一个节点只能增加 5% 的参与率，也就是从 4% 增长到 9%；在另一参数条件（0.6，0.3）下，链接每个个体则能增加 88% 的参与率，即从 9% 增加到 97%。更进一步而言，即使某些网络链接可能在刺激参与行动上非常有效，网络中的收益者不是均匀的，一些人受益大于他人。例如，在参数条件（0.6，0.25）下，链接每个个体能够增加 94% 的参与率，从 5% 增长到 99%。

这类快速分析的结论会在更复杂的情境中不断出现。扩大网络规模和改变网络结构对参与的影响在不同的条件下不同；部分网络类型中的参与情况取决于群体中的内部动机分配。这种动机、网络特征和参与情况内关联（Interdependency）在根本上具有互动式性，实证模型也在将其纳入考虑。

这些结论不仅适用于无限数量的群体（Infinite Population），也同样适用于有限数量的。区别在于，群体的规模越小，模型对于异质性的敏感度就越高，从而产生两种主要影响：一方面，这意味着我们必须讨论多种模型中的平均效益，而不是某种决定论的关系；另一方面，随机性的增加会改变连锁效应实现的可能性，从而改变群体能够达到的平均参与水平。当连锁效应的可能性很低时，缩小群体规模能够使得少数"煽动者"更容易在网络中的"幸运"位置出现，提高平均参与水平。当某种连锁效应的可能性较大时，缩减群体规则可能给煽动者带来"不幸"，因为煽动者的数量可能过少，并且没能很好地分布（例如没能与其他个体很好地链接），从而降低参与水平。① 从我们的动机分层来看，增加的群体数量 N 会增加强动机群体中的参与而减少弱动机群体的参与。因而改变群体规模是对于参与行动的平衡具有非单调的影响。这也回应了罗非（Rolfe，2005）的不同行为模型下的结果。②

在研究了参数 B_{mean}，B_{stdev} 和总人数 N 单独和共同起作用的影响之后，下一步就是对网络结构作进一步的讨论。正如前文所述，结构对于参与的影响强烈地受到动机层级的影响，但每个层级内部则是相似的。因此，在图 2 中我选择了具有相同参数不同组合来模拟不同动机层级的网络。③ 这三组参数分别被安排在不同的动机层级中，从而明显地保证差异在于网络结构而非其他，同时受到动机层级的约束。当然，模型讨论于图 2 展示的结果比三组参数更具有推广性的意义。对于完全链接网络，这些参数能各自产生 13%，64% 和 97% 的平均参与率，也很好地模拟了三种不同动机层级。

接下来从其他两种简单网络入手：随机网络和环形网络。在图 1 下部有两张总结这两种网络模型在 1000 次随机模拟下参数情况的图片。左下的图片展示了在弱动机层级下两种网络的情况，右下则是强动机层级下的情况。由于中等动机层级和弱动机层级的情况相近因而不另作展示。在本文的所有图形中，Y 轴都代表在平均超过 1000 次模型模拟条件下的因变量，参与率的平均水平。每次模型模拟都包括了从初始人群分配到最终参与均衡的情况。而 X 轴代表对于每个个体的平均网络规模（或链接情况），如对每个人而言有多少人与其链接。

两张图片都说明了提升链接度对于均衡参与率的影响。首先，右下图片展示了强动机层次下，提高平均链接程度在两种网络中都能够增加

---

① 随着对于他人行动边际回报递减，这种影响力也会缩减。感谢一位匿名审稿人指出了这一点。

② 基于奥尔森（Olson，1965）对于集体规模的关注，以及实证研究发现的集体规模与参与率的联系（Sandell & Stern，1998），群体规模作为一个自变量却鲜少被政治参与类的文献所探讨（Oliver & Marwell，1988；Rolfe，2005）。

③ 这组包含三个参数的设定为（0.6，0.23，1000），（0.6，0.25，1000），（0.6，0.3，1000），所有关于重构模型的参数设定都可以在网络附件中找到。

参与率直到达到完全链接网络的规模。当一个人能够提高网络链接到一定程度，可预见最终每个人都能够彼此链接。而比较难以预计的是这一情况出现的前提：参与行动增加链接的速度。在随机网络模型中，参与很快就能提高链接度，每新增一个链接能够极大地提高平均参与，而平均达到40的链接数量就能够产生连锁效应。这种情况在环形网络中则相对缓慢，虽然最终也能像随机网络一样达到几乎每个网络个体都参与到行动中，但在规模为1000人的环形网络中至少要达到70的链接数量。因此，即使控制了相同的动机层级，网络规模本身是不足以预测参与情况的，只有了解网络结构，即网络中个体是如何链接的，才可能进行预测。

再来看左图中弱动机层级的情况。虽然描述同样的网络类型，其结果却差距甚大。最重要的差异在于，当完全链接网络只能达到13%的均衡参与率时，随机和环形网络都能够达到更高的参与均衡即使每个个体拥有更少的平均链接数。这是前文讨论过的综合作用的结果：增加链接度从而提高参与率到一定程度后，更高的链接水平可能会降低平均参与率。

正式模型允许将参与率作为链接度的函数，从而在不同具体模型条件下参与率可能增长、减少或保持不变（如 Fowler, 2005; Gould, 1993; Kim & Bearman, 1997; Macy, 1991b; Marwell, Oliver & Prahl, 1988）；实际经验研究中往往更支持由增加的链接程度来提高参与率的观点（如 Gould, 1991; Putnam, 2000; Snow, Zurcher & Ekland-Olson, 1980; Tilly, 1978）。图1解释了为何这种理论和经验的差异存在：因为最终结果还受到不同的内部动机的影响。当煽动者数量变多，无论是因为整体平均水平高，还是内部动机强的人在网络中分布较广，新增的链接使得更多人接触到这些煽动者，从而提高参与的可能性。在最强的动机层次下，参与会单调地扩大网络规模；而新增社会资本，即网络连接（Network Tie）会提高参与水平，从而支持帕特南等人的研究结果（Putnam, 2000）。

相对而言，当煽动者的数量少时，增加网络规模会产生一种混合效应（Centola & Macy，2007）。① 经验研究中会出现选择性偏见（Selection Bias）的问题。只关注成功的社会行动案例或者一系列本身就具有高内部动机的政治活动，很难说明网络和其他变量的真实关系。这是社会运动文献中最受到关注的问题，大部分成功的运动积累了大量的数据以及人们对事件的兴趣，毕竟那些不成气候的运动很少能见报或被记录。同样，政治参与的文献也未能避免这一问题：对政治参与的实证累积可能带来对网络规模的错误推论，因为人们没有考虑到动机分配的差异，如投票行为和成为全国运动志愿者的行为之间的动机就有很大的差异。

因此，动机和网络结构两者复杂地联系在一起。要理解其关系，需要再次从图1出发考虑。在强动机之下，两种网络类型（结构）都能够达到一样的参与均衡，但随机网络的效率更高，需要的链接数更少。在弱动机之下，情况就完全不同：当随机网络依然比环形网络能够更快达到其参与的峰值，随机网络的峰值还不到环形网络峰值的一半。

在高效但低参与和低效但高参与这两种情况之间存在一种权衡（Trade Off）。② 而网络的差异主要是基于这两种不同属性的互动：第一种属性和聚类系数（Clustering Coefficient）有关，即网络中个体所拥有的网络关系的重叠程度。例如，在一个友情网络中，聚类意味着一个人的很多朋友，他们彼此之间也是互相的朋友。这些聚类可以被视做参与行动的领地（Enclave），因为拥有共同经历会促进行动上的相似性。如果一个人的网络连接不足以刺激某人去参与行动，那么他们一起就很难刺激第三个人加入进来。小型领地因而对于最初参与行动的扩散而言是必要条件，使得领地中的人都能因为各自网络中的参与水平而成为煽动者，对他/她所链接的其他个体产生有力影响。③ 当领地过大时，煽动者的影响

---

① 请注意此处的混合效应（Mixed effect）不单单指的是群体对于参与行动总体关注更低的结果，而是指结构和个体在网络位置两者的复杂互动。事实上，图1的两个示意图说明在相同的动机层级中，只有动机的分布不同才能导致不同的参与结果。
② 当建立连接的成本高时，这一权衡关系会更明显、关键。
③ 这和马维尔、奥利佛（Marwell, Oliver, 1993）所提的临界物质（critical mass）的概念具有可比性，能够"粘合"帕特南意义上的社会资本，以及实现罗非（Rolfe, 2005）意义上的孵化（incubation）。

力可能就会被稀释,特别是当网络出于中等或者弱动机层级时,更少的人能够和煽动者感同身受。这种稀释解释了在弱动机下为何随着链接度的增加,参与率会先上升后下降。当新增个体能够激励参与行动,并且恰好与网络规模变大导致的参与率稀释效应相平衡时,就达到了参与率的峰值。

第二种属性和路径长度(Path Length)有关,指的是一种行动能够在网络中跨越一定距离的能力。更具体来说,是指从被参与行动所包围的区域向更广范围网络传播的能力。同样,这种能力也有其代价:提高路径长度会降低参与行动领地的有效性。行动的扩大需要与领地外的个体建立联系,但这种行动会稀释领地的影响力,意味着将领地中的成员暴露给可能拥有不同动机的外围人员(从而影响领地成员的外部动机)。

从图1可以看出这种权衡对于不同网络结构带来的不同结果,其中环形网络就有很高的个体地方网络(Local Network)重合度,因此鼓励了更多领地中的参与行动。环形网络难以进行行动的快速传播,因为任何行动的扩散必须在其严格的结构下展开。相对而言,随机网络在很多方面就是环形网络的对立面。任何个体之间都能够建立联系,因此某一行动能够在网络内快速地传播。但这种随机性同时意味着在整个网络中个体网络之间的重合度低,从而难以形成小型领地。在低动机层级下,来自领地的激励比行动本身的扩散更重要,由于(在一个个体网络中)只有为数不多的人会在早期就开始加入到行动中,因而最大化煽动者的影响力就变得尤为重要。在强动机层级下,相反地,早期的参与往往更为普遍,因而达成显著的参与均衡不太需要小型领地的影响。相应的,随机网络能比环形网络更有效地扩散行动而不需要过多地担心领地影响力被稀释的问题。

三、复杂网络和网络精英

(一)模型建构

前文关于简单网络的讨论对于理解网络结构如何与动机分配共同作

用于参与水平具有重要意义，但是却不能告诉我们如何通过网络类型来预测经验中的参与变化。虽然研究者可以通过问卷调查来获得动机分配的情况，但是完美的随机网络很少出现在现实情境中，更不要说完美的环形网络了。在测度网络特征上能够最大限度反映网络权衡，并且具有可行性的方法是测量聚类系数和路径长度，但这种详细的网络数据很难获得，尤其在很多像大众抗议本身就很危险的网络情境下。① 对于只拥有定性网络数据的学者，任何要求构建整个社会网络的理论都只有有限的利用价值。最后一点非常重要，因为即使是那种针对特定地点展开的最细致的社会分析都只能识别一些团体层面（Group-Level）的结构（例如，Petersen, 2001）。

因此，在第一节中所呈现的网络类型学并没有穷尽所有网络的特性，而是列出了一些经常被观察到并且能够在定性研究基础上可被识别的社会结构。我在描述上也保持了定性的方式，从而能够重点按照网络类型来推测不同参与结果。对于那些拥有有限网络数据的学者来说，也能够帮助他们在经验性案例上得出关于网络结构的明确结论。此外，这也有利于精英权力的一般化讨论，在上述几种网络中已有所体现。简便起见，我在下一节中将总结我的主要结论。而放在网络附件中的描述对学者们展开更难复杂数据的网络研究能够起到一些抛砖引玉的作用，因为每个网络都只是由一两个参数估计值界定的，而缺乏完整的信息。而本文使用的网络类型的其他信息可以从现有的网络调查中获取，例如斯托加茨（Strogatz, 2001）。

图2提供了四种网络类型的可视化效果：小世界网络（The Small-World）、群落或派系（The Village/Clique）、意见领袖网路（The Opinion Leader）和分级网络（The Hierarchical Network）。出于简化，我假设所有个体在这些网络中的关系是对称的，即一个人能影响的所有其他个体也能影响

---

① 使用一种不同的行动模型和小世界网络，福勒（Fowler）界定了平均路径长度对投票参与人数的非线性影响，但即使在投票这种相对平和的背景下，他也承认"对于一个典型的政治讨论网络而言没有人知道真正的平均路径长度是多少"（2005，15）。这篇文章提供了在详细测量以外其他获得相关真实网络影响力的方法。

他/她,并且这一影响在每次模型模拟中都能保持稳定。保持稳定这一条件只要行动传播的速度比网络形成的速度更快就能够成立。而关系对称的假设只要影响力包括了互惠情况即可。由于很多案例中,共有朋友或者家庭联系能够促进高成本的行动(如Mcadam,1986;Mcadam & Paulsen,1993);在拥有很多亲密联系的环境下,一个人往往对参与动机能够有更清醒的认识,因此这个假设也是有一定现实依据的。然而,关系对称的假设并不等于在网络中的影响力对称。意见领袖要影响其追随者往往比任何追随者反过来影响意见领袖要容易得多。

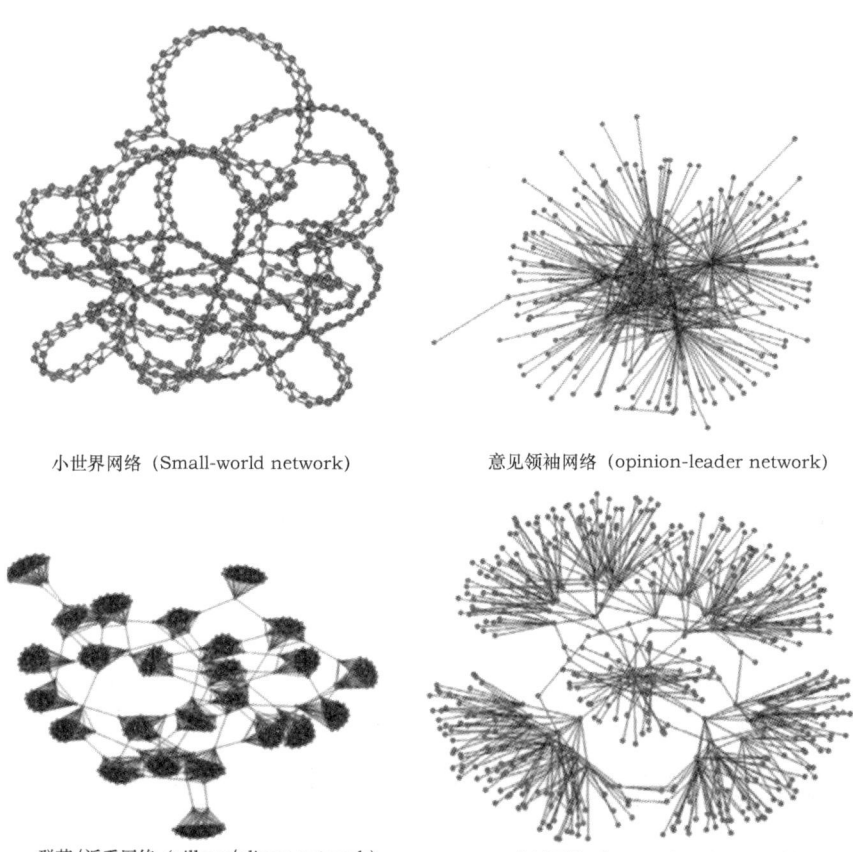

小世界网络(Small-world network)　　意见领袖网络(opinion-leader network)

群落/派系网络(village/clique network)　　分级网络(hierar chical network)

图2　网络类型(网络可视化效果)

海外专论
社会网络与集体行动

小世界网络（Watts，1999）被用来回应现代相对密集的城市和郊区网络，其中很少有个体能够对其他同类拥有过量的影响力。个体网络之间拥有相当程度的重合度，但每个人也都拥有一定的几率去影响聚类之外的个体。这种网络往往起源于紧密连接的团体被分散开的过程，例如儿时的伙伴随着迁移和新朋友的加入而最终形成一个小世界网络。有两个参数在这种网络中是关键的，其一是平均链接度，而像环形网络这样的结构则取决于第二个参数，即影响力在网络中扩散的能力。

群落网络和小世界网络相似，但其聚类联系得更紧密。这种网络是对小城镇、乡村和派系的模拟，在这种社会单元中每个个体都认识其他个体，并且对彼此都拥有同等的影响力。只有少数个体能够跨越多个派系，对于社会单元外的个体施加影响，起到"社会驿站"（Social Relay，Ohlemacher，1996）的"桥接"（Bridging）作用，而不仅仅是对社会资本的"粘合"（Bonding）作用（Putnam，2000）。在这种网络中所需要的参数是，其一决定社会单元的规模，其二决定受到社会单元外影响的可能性。

在以上这两种网络中，个体之间一般拥有相同的链接数量。而接下来的两种网络模型中则出现了社会精英。第一种精英网络是意见领袖网络。在这种网络中，大部分个体拥有有限的链接，而一部分意见领袖则拥有很多。一个参数既决定了意见领袖数量，也决定了每个个体拥有链接数量。这种网络的简化也被称为星型或轮型网络（Gould，1993）。

最后一种是分级网络。当意见领袖网络中的精英权力来自于其更多的网络链接时，分级网络的精英权力则来自于他们在网络中优越的顶部位置。正如莫里斯（Morris，2000）在研究中所描述的，分级网络的核心是一系列层级宽度上的指数扩大。个体与他们上层的一个节点相链接，而这些个体又与其下一层级的个体按照网络层级扩散的比例相链接。例如，假定网络层级扩散比例为3，顶部有一个节点，那么第二层级就有3个节点，第三层级9个节点，第四层级27个节点，以此类推。第二层级的所有个体都与顶点的个体相链接，并且都和第三层级的个体相链接。图2展示了分级网络自上而下的特点。由于在一定层级中的个体在空间上往往是在一个地方化的区域,并且和社会紧密度相关(Sandell & Stern, 1998),因此在分级网络中我又增加了第三种参数来描述在特定层级中两个个体互相影响的可能性。

正如前文所讨论过的星型网络的例子,网络结构并不单独决定参与行动,不同的内部动机分配能够产生不同的结果。为此我添加了网络位置和动机相关性的参数。当个体在类似小世界网络或者群落的网络中,拥有基本相同的影响力,本文便假定动机和位置是不相关的,因此可以在网络中随机分配个体的纯内部动机。当个体在意见领袖或分层网络中时,个体之间拥有不对称的影响力,我调整相应的动机,即精英要么统一拥有强动机,要么统一拥有弱动机。在这种情况下的动机分配就取决于链接的安排,因而也就成为网络结构本身的一部分。

(二) 结果分析

为了能够更好地对比四类模型,我首先重点分析中等动机条件下的网络情况。一般而言强动机层级下,参与率和平均链接度在所有网络类型中都会一起增加,而在弱动机层次下,产生高参与率所要求的参数范围要窄于中等动机层级。正如之前 Y 轴上所体现的平均均衡参与率,图3 呈现了在小世界和群落网络中模拟的结果。它清晰地说明了在促进参与行动的扩散和培育参与领地之间的权衡,并且更说明了弱链接在这种情况下的重要影响力。

首先,上部图片展示的是小世界网络中的主要结果。当 X 轴表示的网络中行动扩散容易度逐渐提高,不同链接度的小世界网络呈现不同的平均参与率。对每种链接度而言,都存在一个特定的行动扩散容易度的值,能够使得均衡参与率达到最大值。当链接度不高时,参与率的最大值大于 0 (0 相当于在一个环形网络中行动扩散的容易程度),小于 1 (1 相当于在一个随机网络中行动扩散的容易程度)。这种权衡在前文中已经作过讨论:提升容易程度会稀释形成小型领地的能力。越低链接度的小世界网络反而越能从增加的行动扩散容易度中受益。而链接度越高,这种小世界网络则越难从快速的行动扩散中受益,到最后甚至无法帮助提升参与率。

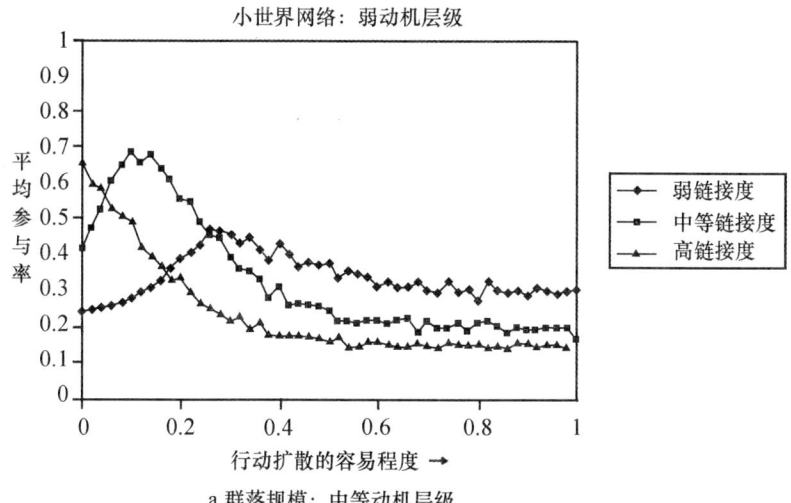

a.群落规模：中等动机层级

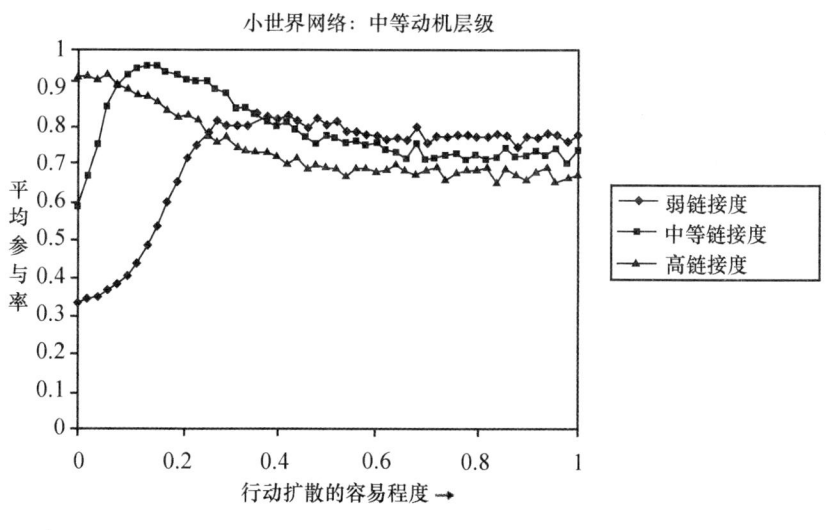

b.群落间链接度：中等动机层级

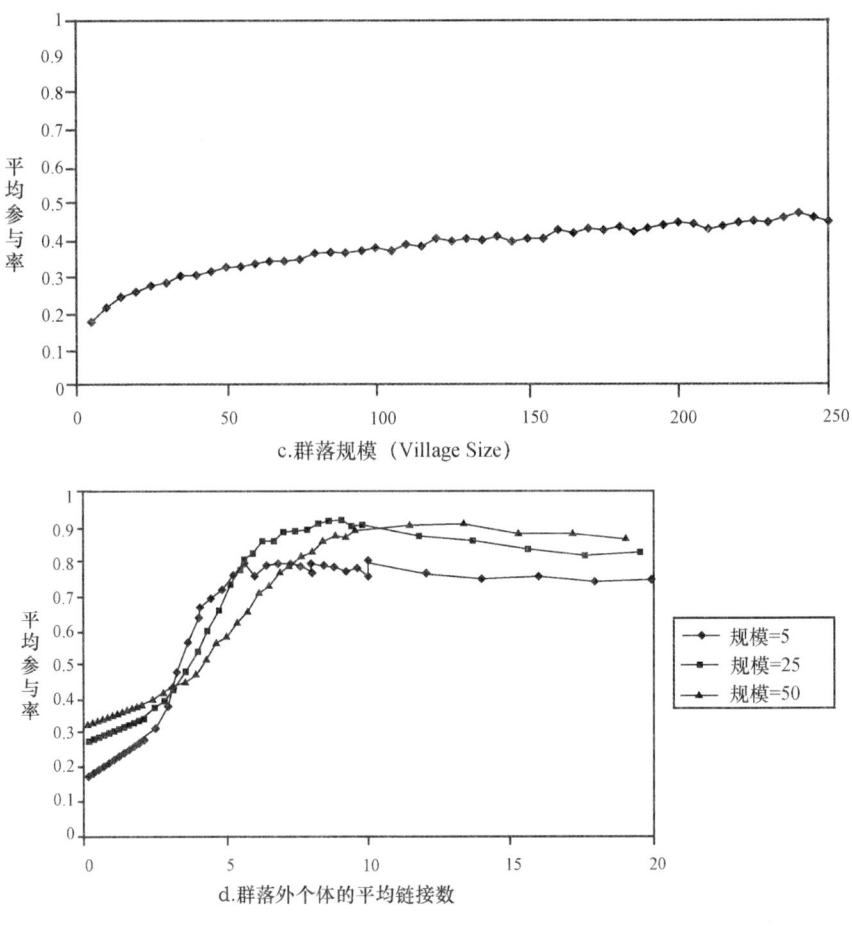

图 3 小世界网络和群落网络

（a, b：在中等和弱动机层次下小世界网络的平均参与率 Vs. 行动传播速度），

（c：中等动机层次下的平均参与率 Vs. 分层群落规模），

（d：中等动机层次下的平均参与率 Vs. 分层网络层次内链接度）

既然具有弱链接的网络结构在小世界网络中能够鼓励快速的行动扩散，这种权衡（Trade Off）也就说明了弱链接发挥作用的适用条件：增加弱链接可能在两种情境下更能产生积极作用：（1）在强动机下，因为增加链接数总能产生新的参与者；（2）在现有网络链接不足以扩散参与行动的情况下。第一种情况能够成立是因为个体都倾向于参与，用沈多纳

和梅西（Centola & Macy, 2007）话来说，就是行动本身具有传染性。同时由于动机在人群中的广泛分布，也支持这种情况的成立。第二种情形则是因为平均链接度太低，弱链接本身就太少。当这两种情况中的任何一种出现，弱链接可以产生相当有效的作用，有时甚至可以双倍增加参与率；但这两种情形都不满足的话，增加弱链接则会产生有害效果，导致参与率的下降。

当网络聚类程度高，第二种情景也会出现，因为聚类中的行动扩散则是非常困难的。这种情况多发生在群落网络中，从图 3 中 c 和 d 的两张图片可以看出。c 图说明了在群落缺乏联系时，不同群落规模下的不同参与程度。这种网络结构有利于培育领地，每个群落就是最佳领地，但对于领地间行动扩散而言非常困难，从而导致低参与率。实际上，在这种中等动机的情况下，参与率在群落网络中增加的唯一动力就是群落规模的增加。在弱动机层级的图表（未展示）中，群落规模的单向增长也能够增加参与率。

d 图展示了不同群落拥有的不同外部链接数量：更多的外部链接，群落之间的行动扩散更容易。既然分散的群落不利于扩散行动，这种群落间的弱链接在刺激参与行动上就显得相对有效，在观测的部分情况中甚至可以使参与率翻三番。进一步而言，提高参与率的成本根本上在于行动扩散的速度，在链接数量开始减少参与率之前就需要大量的群落间弱链接，而这种链接数的增加最终带来的参与率缩小规模其实是微不足道的。

那么，试图预测哪种社会类型，城市还是乡村，哪个能够产生更多的参与率，就需要依靠跨群落联系来判断。如果跨群落的联系少，城市会拥有高于乡村的参与率；如果跨群落的联系多，那么乡村可能与城市的参与率持平。但需要注意的是每个社会中的参与类型可能是非常不同的。具体来说，在一个群落网络中的参与可能会依据空间分布的不同而有所差异：在有些村庄中有明显的参与，有些则可能甚至没有链接。①

现在再来看图4所表现的精英网络。在意见领袖网络和分级网络中的个人地方网络重合度比无精英网络要低很多,据此我们预计在保持其他条件相同的情况下,领地只能带来弱的参与激励并且最终的均衡参与率会相对较低。② 这就是当动机和网络位置无关时,我们从右上以及左上图表的中心线走向中得出的结论。从 a 图的中心线来看,随着 X 轴数值增加,精英的数量和平均链接度都在增加。和无精英网络相比,缺乏动机的精英在意见领袖网络下会产生更低的参与率。并且,这种网络比完全分离的派系网络在提高参与率上表现更为糟糕。同样的,当动机和网络位置无关时,分级网络也展现出和意见领袖网络相同的结果;每条线都代表着不同层级宽度下的扩散水平,X 轴的增长意味着层级内链接数量的增加。在缺少层级内链接的情况下,分层网络比分散派系网络更不利于行动扩散,因为能够形成领地的聚类在所有网络类型中最少,而且能够促进行动扩散的路径受到了很大限制。增加层级内的链接度之所以能够增加参与率,和增加跨群落联系的逻辑是相同的,但是起到的作用更小一些。因为信息在分级网络中是直接的:精英拥有决定行动是否在其网络中扩散的权力,因而当精英没有参与动机时,这种权力就被浪费了,而那些更具有参与动机的精英产生的激励效果就被这些缺乏参与动机的精英的影响力所抵消了。

那么,在精英都拥有参与动机时情况如何?c 图和 a 图中的底部线条展示了在动机和网络位置负相关条件下的均衡参与水平。这些网络中的精英很少有独立的参与理由,并且控制着他们所在的网络。因此他们极大地压制了参与行动。这种效果在意见领袖网络中表现得十分明显,每个意见领袖都直接影响了多个个体。但是意见领袖的权力不是绝对的,

---

① 同时也必须注意相同条件的问题(ceteris paribus condition)。一个拥有高平均链接或者具有强参与动机的群落网络非常可能比条件完全不同的小世界网络产生更高参与水平。

② 尽管基础模型和经验显示有差距,意见领袖网络所显示的部分结果和古尔德(Gould,1993)当年的星型网络具有相同之处。这种相似性说明本文中基础行为网络的结果并不是文物或是其他老生常谈,而是一般网络行为中的基础属性。

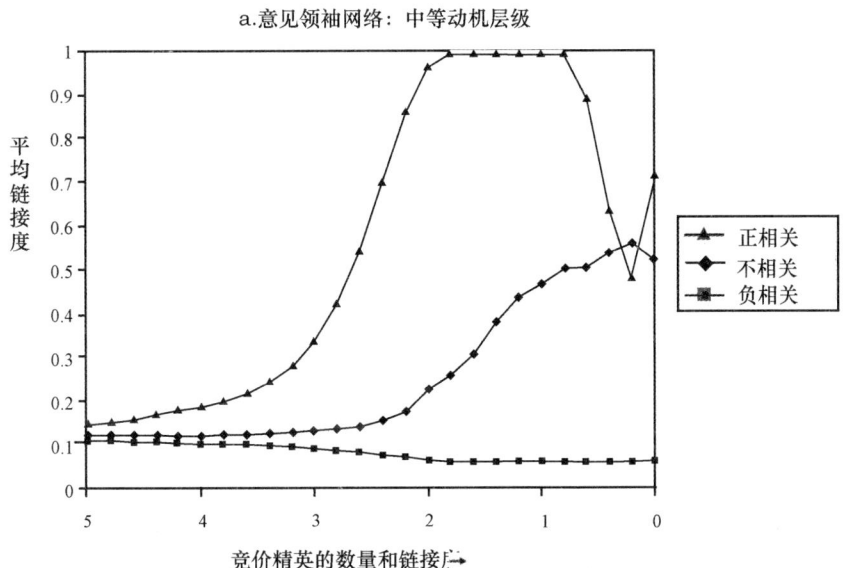

a.意见领袖网络：中等动机层级

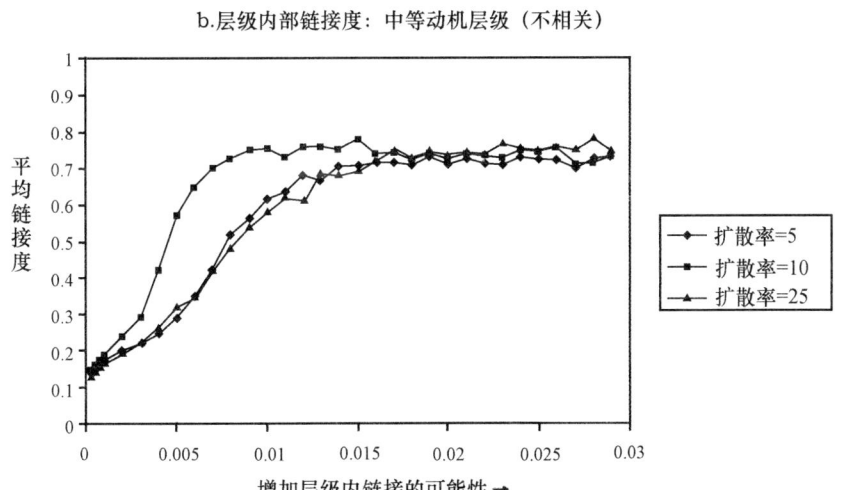

b.层级内部链接度：中等动机层级（不相关）

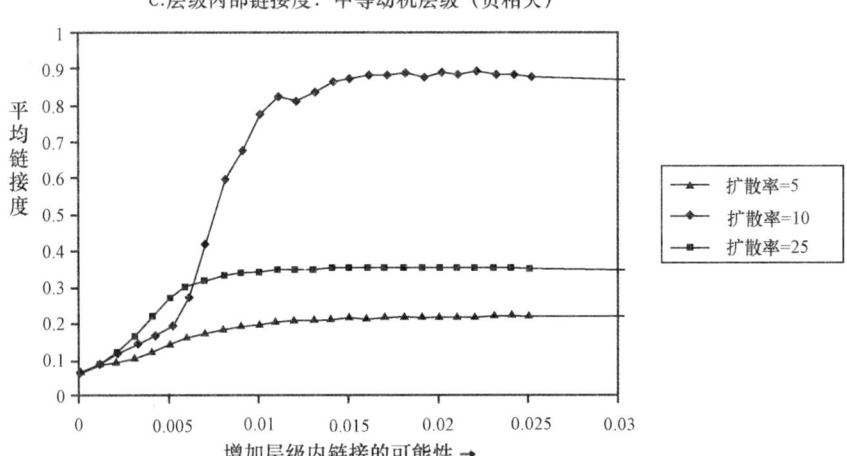

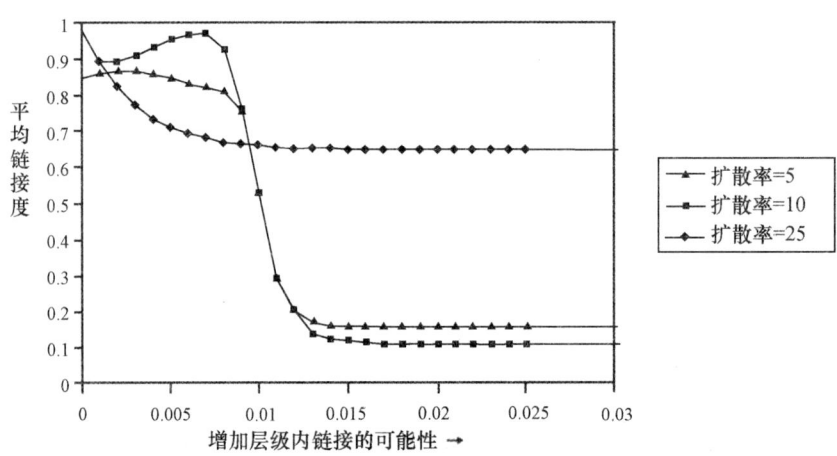

图 4 意见领袖网络和阶层网络网络

（a：在中等动机层次下意见领袖网络网络的平均参与率 Vs. 行动传播速度），

（b，c，d：中等动机层级下，动机与网络位置不相关、负相关和正相关

条件下，平均参与率 Vs. 分层网络内部链接度）

它完全会受到网络由于网络位置和结构的限制和抵消。如果层级网络中

行动扩散的速度既不快也不慢,那么出于网络底层的"无产阶级"内部达到一定链接度的情况下,就能够对硬性的影响力产生反作用。这种反作用形成的关键在于能够形成一个足够大、并且紧密链接的底部网络。由于网络位置和动机的负相关性,这种底部链接能够极大地动员底层群众。在达成这些条件的情况下,分级网络中底部的个体能够刺激网络达到一个较高的参与水平。

反观精英链接和参与率成正相关案例,d 图以及 a 图中最上面的那条线都是这一效用的体现。只要精英都拥有一致的高内部动机,同时也在网络中拥有独特的地位,那么他们就能够克服关键参数的设定而刺激几乎所有人的参与行动;通过削弱他们网络位置的独特性来降低精英的权力,那么他们对于参与的影响力就急速下降。在意见领袖网络中这一点表现得最为明显:无论是缺乏有网络联系的精英,还是精英数量过多、且部分精英缺乏动机的情况,调整网络位置会极大减少参与率。在分级网络中,在无产阶级拥有过多的内部联系并且有效组织起层级内部的权力基础的条件下也会出现同样的情况,除了最宽幅的层级(也就是最底层)以外,其他层级的参与率都降低了,而这种情况之所以在底层没有出现是因为更多的精英在底层建立起了更广泛的直接联系。

因此,精英权力在这两种网络中都受限于网络结构和网络中的动机分配。如果我们预设精英是拥有强动机,并且因为其扩大参与能够获得的巨大收益而鼓励其他人也参与,那么这里就存在精英的伦理问题(Moral)。只要能够像意见领袖网络这样能够实现直接控制的,只要能够保证精英拥有统一的偏好,那么像意见领袖网络中那样通过影响力来直接控制参与将会是最理想的。如果这种控制力不存在,一个层级网络往往也是有效的,但同时也暗含着危机(Caveat)。[①] 如果我们假定层级中的联系不是由精英选择决定的,那么在构建层级的框架时就必须十分小心(层级框架由其扩散率决定),要小心煽动者引发预期外的参与行动,或者扫兴者扑灭所预期的参与行动。这种伦理问题和根深蒂固的政府官僚寻

---

① 即在层级网络中,层级网络内部的联系情况不一定可控。——译者注

求规范变迁的行动有强烈且本质的相关性,因为被任命的上级往往和专职官僚之间难以相处,与本文所涉及的相关利益案例相似。这同样也可以用于解释为什么有些组织(例如军队)能够极快地适应强加的变化,而完全相同的组织的适应却比其他的慢。这种层级网络决定了到底是精英偏好决定大部分的行动扩散,还是那些底层个体说了算。

四、作为总结的假设

本文说明了一些网络分析的常用指标,如规模、弱链接的普遍性、精英在场等等,和网络结构、网络内的动机分配之间存在比现有研究发现更复杂的互动,并且在一些情况下会导致选择性偏差。尽管如此,本文通过对大样本参数例如网络类型、动机层级的考察,发现依然可以在模型中纳入不同的复杂性,并通过这些参数来预测可能的参与率水平。下文中的清单总结了对于四种实证网络模型而言最为重要的因素。

1. 小世界网络(Small World)

这种网络类型能够有效地激发高水平的参与率,能够通过强链接和弱链接的组合实现快速的行动扩散。在强动机层级下,增加任何链接类型都能够增加参与率。在中等或弱动机层级下,当强链接不普遍时,增加弱链接能够提高参与率,但这个参与率有一定限度。网络拥有越多的强链接,增加弱链接越可能降低参与。

2. 群落网络(Village)

总体上群落网络与小世界网络相似但有一点不同:行动首先在群落内部扩散,扩散效率相对较低,且最终参与率更低。最终累积参与率取决于群落之间的弱链接,这一点比每个群落的规模(内部强链接的数量)更能够对参与产生影响。弱链接在群落网络中比小世界网络更能促进参与行动。

3. 意见领袖网络(Opinion Leader)

在意见领袖网络中,网络精英(即拥有很多链接的人)的数量以及精英之间在动机上的统一性比弱链接、网络规模以及动机层级能更好地预测参与行动。到达某一点后，增加精英的数量能够增加参与。行动从被激励的精英向其追随者扩散。当精英之间统一动机较低时，网络的参与率就会较低；当精英动机统一较高时，那么几乎所有人都会参与。在这两种极端情况之间，意见领袖网络比小世界网络能够产生的平均参与率更低。

4. 层级网络（Hierarchy）

对于层级网络而言，关键的参数和意见领袖基本相同，但有一个例外：在精英动机统一时，层级内部个体联系（在此往往是弱链接）能够改变部分层级的参与结果。当精英之间统一动机较低时，层级内部高度联系的追随者也能够产生显著的参与水平（"无产阶级"的叛变），当精英内部统一拥有高动机时，层级内部高度联系的追随者在一些情况下能够把预期参与率降低到一个较低的水平。

五、讨论

虽然近来的政治科学开始考虑社会网络在决定参与行动上的重要性了（例如 Huckfeldt，2001；Leighley，1990；Mcclurg，2006），但是网络结构的影响还远没有得到讨论（Fowler，2005；Rolfe，2005）。本文通过定性特质构建了一个网络结构的分类学框架，并且只借助少量数据来进行了实证考察，本文的模型分析填补了文献中的这一空缺。

需要特别指出的是，这些模型展现了网络效应的条件性。这反映在经验中被我们认为重要的变量上：例如，在一定的动机分配情况下网络规模可能极大鼓励参与时，在另一些情况下网络规模可能只具有中性的甚至是负面的效用。此外，提高平均网络规模可能一开始能够增加额外的参与行动，增加过多的网络链接，尤其是弱链接（Centola & Macy，2007），则可能会开始减少参与行动。这是因为在这种情况下在两种不同的行动扩散方式上存在一个根本的权衡过程：是通过紧密联系的领地使粘合性社会资本（"Bonding" social capital）鼓励行动；还是通过弱链接让拥有桥接性社会资本（"Bridging" social capital）扩散参与行动（Putnam, 2000）。两种扩散方式对达到显著的参与水平都是必要的，但哪一种能够产生更积极的作用则取决于网络的类型和动机的分配。这种条件性要求我们对那些不考虑客观约束而追求社会资本的政策提出质疑，例如美国国际开发署（USAID）的伊拉克社区行动项目。①

这一模型的优点在于它能够预测参与水平，从而指导社会资本相关的政策。这些预测在前文中已经作出了总结。更进一步地，模型分析提出了一些通则性的实证议题。网络结构的条件性意味着出现选择性偏差的风险。如果实证分析受到一系列（成功的）集体行动或者政治参与途径的限制，那么分析者就难以判断行动结果是起因于网络效应还是较低的行动成本，亦或是更广泛的动机分布。社会影响力的分析也具有相似的问题，因而必须从精英的动机和更大范围上的网络结构来分析那些高度链接的个体，而不能被简单地从个人链接数量来预测参与结果。即使是那些具有高度影响力的精英也可能在一定网络结构下发现其作用一落千丈，而其追随者则合谋构建起反精英的权力基础。 CPS

---

① 参见该行动相关链接：http://www.usaid.gov/iraq/accomplishments/cap.html。

认真对待解释：政治科学的视角

〔加〕皮埃尔-马克·戴尼奥
〔加〕达尼埃尔·贝朗德 著
杜　欢 译

【内容摘要】在社会科学中，尤其是在政治科学内部，"解释"（explanation）这一概念已经吸引了相当多的注意力。然而，学者们并不总是熟悉"对政治现象进行解释"意味着什么，更不必说这种解释需要哪些条件来形成合理的因果论证了。本文介绍了克雷格·帕森斯（Craig Par-

---

* 原文信息：Pierre-Marc Daigneault and Daniel Béland, "Taking Explanation Seriously in Political Science", in *Political Studies Review*, 9 May, 2014.

** 皮埃尔-马克·戴尼奥（Pierre-Marc Daigneault）是加拿大萨省大学（University of Saskatchewan）约翰逊-庄山公共政策研究生院（Johnson-Shoyama Graduate School in Public Policy）博士后研究人员，并供职于魁北克就业与社会团结部（Ministère de l'Emploi et de la Solidarité sociale du Québec）。他的研究兴趣涉及公共政策、社会救助与福利、政策评估和方法论，其论著发表于一些同行评审期刊上，诸如 *American Journal of Evaluation*, *Evaluation Review*, *Journal of European Public Policy* 和 *Journal of Mixed Methods Research*；达尼埃尔·贝朗德（Daniel Béland）是萨省大学约翰逊-庄山公共政策研究生院公共政策加拿大研究一级讲席教授（Canada Research Chair in Public Policy, Tier 1）。作为一名比较公共政策学者，他已经出版了十多部著作，并在国际同行评审期刊上发表了85篇论文。他的最新著作包括《政策变迁的政治》（*The Politics of Policy Change*）[2012年，与亚历克斯·沃丹（Alex Waddan）合著]、《社会科学研究中的观念与政治》（*Ideas and Politics in Social Science Research*）[2011年，与罗伯特·亨利·考克斯（Robert Henry Cox）共同主编]。

*** 杜欢，复旦大学国际关系与公共事务学院政治学系博士研究生。

sons）关于解释的类型学，随后分析了这种类型学对于政治行为与过程的因果分析的价值。尽管这种类型学存在一些局限，但是它对政治科学中的四种解释类型（制度解释、观念解释、结构解释和心理解释）进行了清晰的图绘，同时有助于学者们在需要时对它们进行更为严密的结合。帕森斯的类型学之所以有可能推动政治科学家在"解释"方面迈向"下一个层次"，原因就在于此。

【关键词】因果推论；认识论；解释；观念；制度；心理

在社会科学家所从事的各种不同等级的任务中，解释占据了一种核心的地位。确实，他们工作中的一个重要部分，就是试图解释政治现象。然而，社会科学家却很少反思"解释"意味着什么，以及他们应当如何将这个概念运用到他们的研究中。本文的目的，便是讨论解释在政治科学[①]领域内的重要性，进而引出克雷格·帕森斯根据四种解释类型（制度解释、观念解释、结构解释与心理解释）而提出的一种有关政治解释的前景颇佳的类型学，并且评估这种类型学对于这个学科的价值。

因果推论的"圣杯"：解释有什么作用？

近来，在政治科学中已经出现了一次对认识论、理论和方法论兴趣大增的热潮，这或许很好地显示出这个学科已经达到了某种成熟与精密的水平。确实，许多政治科学家的注意力已经从对政治现象的研究（即"第一序列"的政治科学）转向了对他们的同行在政治方面的信仰与实践的研究（即"第二序列"的政治科学；关于这种分野，参见 Stanley, 2012）。结果，关于第二序列话题的出版物数量正在增加，比如概念与测量（Daigneault,

---

① 在文本中，"政治科学"一词是指基于科学方法的政治研究。当然，政治科学学科内外的学者处理政治现象的方式，在认识论、理论和方法论方面还存在着相当大的多样性。因此，这个定义必须包容地加以理解。此外，本文所提出的这些论点，适用于一般意义上的社会科学（如社会学、社会政策）。

2014；Daigneault and Jacob，2012；Goertz，2006）、质性研究与多重方法研究（Collier and Elman，2008）和试验方法（Stoker，2010）。一个恰当的例子，就是罗伯特·基欧汉（Robert Keohane）的论文（Keohane，2009），这篇论文源自于他在谢菲尔德大学和哈佛大学所作的一场讲座。他在这篇论文中指出，政治科学家从事着四种任务：提出谜题（即识别"异常现象"或问题，它们应当保证可以进行科学研究）、总结概念（即界定各种概念的意义）和形成描述性与因果性推论。无论是描述性还是因果性，一个"推论"就是关于某种事物的结论，这种事物并不是被直接观察到的，而是来源于一系列前提和可以观察到的事实（Brady and Collier，2004，p.291；Keohane，2009；King et al.，1994，pp.7-8）。作出一个有效的因果推论，要比作出一个描述性推论更具挑战性：政治科学家不仅必须从可观察的数据中表明 A 现象和 B 现象之间是相关的，还必须说明 A 产生于 B 之前（即逻辑先在性）而且如果没有 A 也就会没有 B（即建立反事实）。由于这些挑战与因果推论的产生有关，再者由于对因果关系的良好理解能够帮助我们预知社会中的重要现象（例如战争的爆发、国家选举的结果），因此基欧汉指出，因果推论乃是政治科学的"圣杯"。有趣的是，在基欧汉的这篇文章中，完全没有解释的位置。这种情况是令人惊讶的，因为他的早期著作（参见 King et al.，1994，pp.7-8，75）受到批评的理由，就是在于他对因果推论的阐述中，解释所发挥的作用是模糊不清的（Brady，2004）。

然而，解释一直以来就是科学研究的一个基本目标，甚至在实证主义的和方法论的"正统"学说中也是如此（例如，Shadish et al.，2002）。举例而言，卡尔·G.亨佩尔（Carl G. Hempel）和保罗·奥本海姆（Paul Oppenheim）就在他们的经典论文中提出了这种观点（Hempel and Oppenheim，1948，p.135）：

> 解释我们所体验的这个世界中的现象，亦即回答"为什么？"而非只是简单的"是什么？"的问题，乃是所有社会研究最重要的目标之一；特别是，科学研究在其各种各样的分支中，都在努力通过提出一种对其调查现象的解释，来超越对其研究主题的单纯描述。

确实，要紧的并不仅仅是探究情况是否如此——例如，所谓"民主国家间的和平假说"认为，民主国家彼此之间不会打仗——而且也在于为什么情况会如此（参见 George and Bennett，2004）。如果一项研究确认了一种因果关系，但没有提供一种看上去合理的解释，那它就像是一个"黑箱"（Rossi et al.，2004）。要想充分理解一种给定关系并将其推广到其他情境之中，就需要确定这种关系背后的解释性逻辑和/或因果机制。尽管在社会科学中，特别是政治科学中，这种解释的概念已经吸引了一些注意力（例如 Berthelot，1990；Brady and Collier，2004；Eun，2012；George and Bennett，2004，Chapter 7；Gerring，2012；Imbeau，2005，2012；Little，1991；Van Evera，1997），但是要想让它"成为主流"，还需要付出更多的努力。

界定"解释"

"解释"准确来讲是什么意思？简言之，"解释性争论是关于什么原因导致什么结果的"（Parsons，2007，p.11）。进行"解释"，就涉及对为什么发生某种情况作出阐述，而与之对照的，则是这种情况"如何发生"或者"是什么"（Brady and Collier，2004，p.288）。正如路易·安博（Louis Imbeau）所说，根据法国社会学家让-米歇尔·贝特洛（Jean-Michel Berthelot）提出的"可理解性方案"（intelligibility schemes）（Berthelot，1990），任何解释都是由以下这些基本因素所构成的：

> 由于社会关系的复杂性，要想使我们的观察对象变得可以理解，我们不仅需要多种多样的理论和方法，而且需要多种多样的方式。一般而言，我们是按照如下两个术语来筹划我们的经验研究的，一个是**待解释项**（explanandum，需要得到解释的事物），另一个是**解释项**（explanans，用于解释的事物），并且我们也是通过将这两方面联系起来，从而使我们的观察对象变得可以理解的。而能够将待解释项与解释项联

系起来的方式,只有那么有限的几种(Imbeau, 2012, p. 302;另见 Hempel and Oppenheim, 1948;Little, 1991)。

可以料到的是,在解释的性质方面,存在着一些分歧。有些人认为因果模型是众多形形色色的解释方式之一(Berthelot, 1990),而另一些人,比如克雷格·帕森斯(Parsons, 2007),似乎持相反的观点,根据这种观点,因果推论是由各种不同的解释性逻辑(explanatory logics)来支撑的。然而,两方阵营的支持者一致认为,有必要用一种系统的方式来分析政治科学家得出的因果性主张背后的逻辑。将加里·格尔茨(Gary Goertz)提出的一个富有启发性的比喻(Goertz, 2006)扩展来说,如果概念在我们的理论和假设中是"建筑砖块",那么各种不同的解释性逻辑就是将它们连在一起的"砂浆"。用更形象的话语来讲,如果学者们不使用高质量的砂浆,那么政治科学的大厦就可能分崩离析(Daigneault, 2012)。

在巩固我们关于政治的实质性主张的过程中,承认"解释至关重要"只是第一步。第二步则是要能区分出可供利用的各种解释性选项,并能恰如其分地运用它们。这正是克雷格·帕森斯(Parsons, 2007)试图达到的目的,而他的努力无疑是时至今日在这个学科内所进行的最具系统性、最深思熟虑和最令人信服的尝试之一。然而这种类型学依然有待进行深度分析和批评性评估,这涉及有关解释的更为广泛的政治科学文献。我们将在后一部分中提出这种不足。

对解释性主张的图绘:评帕森斯的类型学

帕森斯认为,现在已经提出的旨在将各种解释组织起来的各种框架,都显示出一些重要的问题(Parsons, 2007)。首先,解释性选项常常没有被系统地组织起来,而且它们所根据的都是一些重要性居次的维度,诸如方法、分析层次或者学科传统。此外,将相同的标签用于选定的各种不同解释上,或者相反地将多种标签用于同一种解释上的做法,都会产生很多混淆,即所谓的"巴别塔"(Tower of Babel)问题[参见Sartori, 2009(1975)]。为了克服其他那些框架的局限,帕森斯阐述了一种类型学,它"聚焦于对政治行动所作的解释——这些政治行动涉及治理、权力和资源分配,但是这种类型学分析的适用范围,跨越了社会科学与历史学领域"(Parson, 2007, p.3)。重要的是,这种类型学专注于行动,这意味着解释性主张必须以特定个体的行动为基础;就最低限度而言,在理论上必须存在建立这样一种关联的可能性。因此,广义的整体论主张和进化论观点就不在这种框架之内。帕森斯主张采取一种方法论个人主义的"中间立场"概念。此外,他坚定认为,尽管案例内机制(within-case mechanisms)和跨案例模式(cross-case patterns)这两者在得出解释性主张方面都发挥了作用,但是对于解释而言,前者更具基础性。理所当然,这一点不应当被理解成一种对大样本量化研究的批评,而应当是一种提示,即跨案例模式并不能解释为什么某种情况会发生(换言之,这些模式本身并不能提供解释)。再回到"民主国家和平论"来看,我们拥有支持这一假说的有力证据,这并不一定需要我们具有解释这种结果的能力;正如那句老话所说,"相关性并不意味着因果关系"。

帕森斯(Parsons, 2007)的框架,在根据两个维度组合起来的四种解释性逻辑——即结构逻辑、制度逻辑、心理逻辑和观念逻辑——之中划了一条线(如表1所示)。首先,帕森斯区分了两种解释,一方面是根据约束条件下的理性而作出的解释,即一种"处境的逻辑"(logic of position),另一方面是根据非理性(irrationality)或多重理性(multiple rationalities)而作出的解释,即一种"阐释的逻辑"(logic of interpretation)。由于理性在处境逻辑之内是不变的,那么个体所处环境中的变异,就可以解释政治行动:这种逻辑"详细阐述某人周围的情景,并由此说明,一种由物质的或人造的约束条件与激励因素所构成的磨砺过程(obstacle course),是如何引导她采取特定行动的"(Parsons, 2007, p.13)。相较之下,阐释的逻辑则将解释政治行动的力量定位在行动者自身内部。的确,这种逻辑表明,"某人仅仅是通过对于'什么东西可能(possible)和

/或可欲（desirable）'得出一种阐释，从而作出一个行动的"（Parsons，2007，p. 13）。

表 1 行动解释的基本矩阵

	一般性	特殊性
处境	1. 结构解释	2. 制度解释
阐释	4. 心理解释	3. 观念解释

来源：Parsons（2007, p. 15；本文作者自己复制）。复制获得了牛津大学出版社的允许：Oxford University Press（http://www.oup.com）©。

其次，帕森斯在一般性/特殊性维度上对解释类型进行了区分（Parsons，2007）。就一般性主张而言，结构的或心理的原因（它们被认为是外生性的），产生了从外生的给定条件中推导出的一些决定论的或概然论的规律（除了表 1 中虚线和实线间的灰色区域之外，该区域强调了存在特殊性结构解释或心理解释的逻辑可能性）。相较之下，特殊性论点则是"人造的"——换言之，这些论点乃是"已消除的偶然性"（resolved contingencies）的结果，这意味着，在某种情况下必然存在出现一套恰合适宜的不同观念或制度的可能性。换言之，"人们的选择将会是偶然的，除非他们围绕这些选择建立起自己的因果机制"（Parsons，2007，p. 13）。特殊性主张依据的是一种分段逻辑（segmented logic）：虽然在某一点上作出的选择是论据不足的（under-determined）和偶然的（亦即这些选择有可能是不同的），但是从关于该变量的一种特殊"价值"中所推导出的结果，却"变成了可解释的，而且可能是可预测的"。（Parsons，2007，p. 32）帕森斯清楚地表明，这种一般性/特殊性维度，同某一主张或决定论的时间范围与地理范围毫不相干（Parsons, 2007, pp. 34 - 35）。他通过下述方式对这种新奇的区分进行了总结：

> 特殊性解释的不同之处，并不在于它们的因果逻辑中各个片段（segments）的性质。任何因果观点都会引发一种循常的期望，即相同条件的复制将会产生相同的结果。特殊性解释同一般性解释的区别，在于这些因果片段在其与偶然性主张的关系中是被如何定位的。就作为原因的人造制度或观念元素而言，其基本概念中存在着一种"过往偶然性"（past contingency）的内涵。这就使得那些将上述人类创造物作为自发原因（autonomous causes）的主张，在逻辑上就不同于那些将结构和心理作为自发原因的一般性主张。（Parsons, 2007, p. 34）

上述这种根据处境/阐释和一般性/特殊性维度对各种解释性主张所作的特性描述，转而界定了这些主张的性质。① "结构性"主张将人们的行动解释为"他们在外生给定的'物质'结构（如地理、财富分配或体能分配）中的处境的应变量"（Parsons, 2007, p. 12）。结构的这种物质的或外生给定的性质，并不一定是这些结构的性质所固有的，但是在某一特定主张的时间范围内，它却被当成是固有的（Parsons, 2007, p. 13）。"制度性"主张解释人们的行动的依据，同样是他们的处境，但这种处境却"位于人造组织与规则内部（并且还位于意指各种人造约束条件的'路径依赖'的过程内部：人们在某一时间点 t 上的选择会改变他们自己在后一时间点 $t + 1$ 上的约束条件）"（Parsons, 2007, p. 12）。对于"心理性"主张来说，它们对人

---

① 当人们将让-米歇尔·贝特洛（Jean - Michel Berthelot）的观点（Berthelot, 1990）应用到帕森斯（Parsons, 2007）的框架时，解释项是政治行动，待解释项（直截了当地说）则是结构、制度、心理和观念。将上述这些元素联系在一起的可理解性方案，事实上乃是解释性逻辑（阐释或处境）和解释的性质（一般性或特殊性）的结合。例如，结构解释就是以一种"一般性/处境"的可理解性方案为特征的。

们行动的解释，依赖于"将人们的思维组合起来的认知的、情感的或本能的元素，但却将这些元素看做是普遍存在于人类之中的，也就是将其视做'人类如何思考'的固有特性"（Parsons, 2007, p. 12）。尽管心理解释强调了这些特性的一般特征，但是谈到下面这一点也颇为重要：在各种人群之间，可能仍然存在着心理性情方面的差异。最后，"理念性"主张同样根据认知元素和/或情感元素来解释政治行动，但却将这些元素看成是"被特定历史人群所创造出来的"（Parsons, 2007, p. 12）。

上述四种解释类型是不同的，但却是可兼容的。在理论和实践中，必要的时候（也就是说，在单独采用一种解释类型不能够解释一种特定结果或行为的时候），一项特定研究可能会因此综合采用各种不同的解释性片段。尽管帕森斯并没有期望学者们去检查是否所有解释类型在一项既定研究中都发挥了作用，但是，他呼吁学者们保持思想的开放："我们的研究设计，必须更加均衡地述及各种论点的证据基础。"（Parsons, 2007, p. 170）然而，这种情况并没有要求一位政治科学家对每一个新案例必须从零开始，并检验所有可以想象的因果论点——只需要检验那些似乎言之有理的论点就可以了。

评估这种类型学的价值

帕森斯（Parsons, 2007）业已阐述了一种简练但却系统的类型学，它可能有助于促进政治解释的严密性。这种类型学增强了我们对于有关政治行动的实质性主张进行沟通、分析与结合的能力。此外，在他的类型学中，存在着"替代性的"——或者至少是"不太主流的"（less mainstream）——解释类型，这也值得赞赏。帕森斯出于实用主义的理由认为，他所提出的这两种维度是清晰、详尽的，并且有助于理解现有的政治科学的学术成就。特别是，处境/阐释维度抓住了支撑社会科学学术成就的两种逻辑类型之间的一个根本区别，即便有时候很难给这两种逻辑划出一条清晰的界线。例如，利益是一个含糊不明的概念，它要么是指个体所持有的偏好或基本目标，要么是指"人们作出的会在当前环境下最好地实现其偏好的一系列选择"（Parsons，2007，p.10）；而对于利益以及支撑着处境解释的环境性约束条件（environmental constraints）的识别，在某种基本意义上总是取决于"阐释"——也就是说，利益是被建构出来的（参见 Hay，2011）。反过来说，要想脱离环境来进行阐释是不可能的，因为阐释的对象必须是"某物"。这些评论表明了这样一个事实，即利益确实处于阐释逻辑与处境逻辑的交汇之处（尽管每一种逻辑的重要性根据案例而各有不同），这就使我们摒弃了那种完全根据处境逻辑来对待利益的纯粹唯物论的理解方式（Béland，2010）。不过，与帕森斯（Parsons，2007）的观点相反，人们并不需要完全抛弃掉"利益"的概念。相反，政治科学家们应当承认利益的这种含糊的性质，并承认有必要着重关注这两种在任何有关利益的讨论中都必须用到的解释逻辑。这种对利益的微妙理解表明，在政治分析中，人们需要在"处境"与"阐释"的分析之间进行折中。

在一个甚至更为宽泛的层面上，这种类型学的主要贡献，就在于其"启蒙"的潜在能力（Weiss，1979）——换言之，它有能力促使学者更加明白他们的解释性主张的结构。政治科学家常常依赖制度主义的理由来解释政治现象，但却不太热衷于其他解释类型。就这一点而言，很难让人们相信一定会产生这样效应，即政治科学家会对替代性的解释保持开放。正如那句老话所说，"你若仅有金刚钻，万事皆似瓷器活"（if all you have is a hammer, everything looks like a nail）。帕森斯的框架清楚地列出了可供政治科学家利用的选项，由此，它有助于我们变成——借用乔万尼·萨托利（Giovanni Sartori）的说法（Sartori，1970）——更加自觉和自我反思的思想者。

本文对于帕森斯的观点（Parsons，2007）采取了一种"诤友式"的视角，旨在确认他的类型学的缺点与局限，以便对其加以改进。第一种缺点与一般性/特殊性维度有关，这种维度看起来是有问题的，甚至是被引入歧途的。这里的问题在于帕森斯（Parsons，2007）在结构与心理方面所维护的"自发原因"的逻辑。这种逻辑之所以谬误，是由于以下两个原因。首先，并不存在这种作为自发原因的东西。确实，每一种原因——包括结构与心理——都源于另一种原因，并以此类推［当推导得太远时，这就变成了"无限回归"（infinite regress）的哲学问题］。政治科学家对于他们提出的有关政治行动的主张，必须为其确定边界与范围条件，但这并不一定需要他们必须在其分析中遇到第一个物质原因（material cause）时就停下来。其次，人们没有理由相信，观念与制度的起源总是偶然的（亦即不可解释的）。尽管帕森斯并没有明确这么说，但他似乎将制度与观念的偶然性质归因于它们的"人造"性质。就其他原因而言，观念与制度也可能起源于决定论的或盖然论的规律。虽然帕森斯的确承认了这种可能性，但他也认为，正是偶然性使得观念性主张和制度性主张显得与众不同。我们的观点与帕森斯相反，我们认为，一种原因的重要性并不取决于其自发的性质，而且物质原因与人造原因之间的"双重标准"设定似乎是被引入歧途了。事实上，帕森斯所维护的因果关系的机械论观点要求——或者至少是偏好——将因果链条分解为其中更为基本的元素。

帕森斯（Parsons, 2007）指出，结构与心理是物质的/生理的，而制度与观念则是人造物，这在很大程度上是正确的。然而，我们认为这种区别之所以重要，是因为该区别使得各种原因类型之间在"可操控性"（manipulability）的层面上存在一种差异，正如帕森斯有所暗示但却未详尽阐述的那样（Parsons, 2007, p.73；关于可操控性的概念，参见 Woodward, 2013）。人类能够帮助塑造物质结构与心理过程，但却少于对制度与观念的塑造——在其他条件都相同的情况下。在我们看来，这种善意的修正，有助于厘清结构性/制度性主张与心理性/观念性主张之间的分野。的确，尽管要对偶然性原因与非偶然性原因进行区分，或许颇具挑战性，但是要确立行动者在给定背景中对于各种因素的影响水平，则容易得多。例如，尽管市场无疑是一种人造物［参见 Polanyi, 1957（1944）］，但它可以被看做是一种"结构"，或者是一种"制度"：就"结构"而言，个体行动者对于一种竞争性市场没有任何影响，而就"制度"而言，个体或者由个体组成的群体则有能力影响市场规则和结果。

帕森斯的类型学的第二种局限，是指支撑观念性解释与心理性解释的因果机制，具有一种不够具体的（under-specified）性质。很明显，支撑结构性与制度性解释的机制是约束条件下的理性，但是人们并不那么清楚，构成阐释逻辑特征的是否只有一种机制。人们利用认知/情感与目的/手段之间的区分来对观念性主张进行图示，而事实上，这些区分或许可以分解成不同的解释性逻辑。例如，就知识利用与架构（knowledge use and framing）这一主题所进行的研究，已经识别出一些机制，诸如与认知和态度相关的"引爆力"（priming）和"诱发力"（valence）（例如 Henry and Mark, 2003；另参见 Cox and Béland, 2013）。

在本文即将发表之时，帕森斯的著作（Parsons, 2007）已经被引用了100多次。已经使用过这种类型学的政治科学家并没有试图以任何系统的方式去应用它——更遑论"检验"它了。然而，应用这一框架或许会遇到一些困难，正如帕森斯（Parsons, 2007, p.163）所承认的：

> 我的初步分析（first cut）是……非常抽象的——或者说粗糙的，还需要做很多工作来说明，在实践中如何对各种因果主张进行区分或结合。除了对每一种因果片段的根据作出简单评论之外，我仅仅提出了如下这些抽象主张，即这些片段在本体论和认识论上都是可兼容的，而且它们的论证常常需要一些跨越不同逻辑的相互依赖的主张（这些逻辑是彼此约束与相互说明的）。

因此，现在已经是时候检验为了政治科学家而提出的这种解释类型学的实践价值了（亦即易用性、耐用性和有用性），包括上文提出的将一般性/特殊性维度改为可操控性/不可操控性维度的修正是否有用。有关这一框架的其他问题同样在脑海中浮现出来：人们应当如何在竞争性的解释线索之间进行裁定？是否存在一种方式能够评估一种特殊性解释的"因果分量"（causal weight）？在特定情境下，对于解释特定种类的现象而言，一些解释类型是否比另一些更为重要？在实践上，人们能够如何对各种各样的解释进行结合？由于案例研究进路对于案例有深度关注，因此这种进路非常适合对复杂因果机制和"如何"与"为什么"式的问题进行分析（Eun, 2012；George and Bennett, 2004；Gerring, 2004；Yin, 2003）。

除了上述这些评论之外，另一种研究途径则涉及利益的概念，并且需要一种平衡与整体的认识政治的视角，该视角强调"处境"与"阐释"这两者在塑造个体与集体行动者的行为与决定方面的作用（Béland, 2010）。正如上文所述，与帕森斯形成对比的是，我们并不会完全抛弃"利益"这一概念，而是通过系统分析处境逻辑与阐释逻辑之间的交汇处来重新界定利益的概念，因为这两种逻辑可以根据不同的情况各自塑造政治行动与权力关系。总之，尽管帕森斯的类型学存在一些局限，但它却是一种最受欢迎的号召，它敦促我们在政治分析中建构更为严密的因果模型的时候保持思想开放，而且应当有更多的社会科学家从事这些模型的建构。

结　论

政治科学家对于他们用来得出因果推论的研究方法的重要性越来越敏感了，但是他们对支撑这些推论的解释性逻辑的敏感性却少得多。除了他们所运用的特定进路、框架或理论之外，学者们应当更加注意他们提出的解释性主张的结构，这转而要求他们弄清楚自己可以利用的其他选项。尽管帕森斯的类型学（Parsons, 2007）存在一些缺陷，但是它清楚而明确地阐述了那些选项，正因为此，这种类型学有可能推动政治科学家在这一问题上迈向"下一个层次"。 CPS

参考文献：

Béland, D., "The Idea of Power and the Role of Ideas", in *Political Studies Review*, Vol. 8, No. 2, 2010, pp. 145 – 154.

Berthelot, J. – M., *L'intelligence du social: le pluralisme explicatif en sociologie*, Paris: Presses Universitaires de France, 1990.

Brady, H. E., "Doing Good and Better: How Far Does the Quantitative Template Get Us?", in H. E. Brady and D. Collier (eds.), *Rethinking Social Inquiry: Diverse Tools, Shared Standards*, Lanham, MD: Rowman & Littlefield, 2004, pp. 53 – 67.

Brady, H. E. and Collier, D. (eds.), *Rethinking Social Inquiry: Diverse Tools, Shared Standards*, Lanham, MD: Rowman & Littlefield, 2004.

Collier, D. and Elman, C., "Qualitative and Multi-Methods Research: Organization, Publications and Reflections on Integration", in J. Box-Steffensmeyer, H. E. Brady and D. Collier (eds.), *The Oxford Handbook of Political Methodology*, Oxford: Oxford University Press, 2008, pp. 779 – 795.

Cox, R. H. and Béland, D., "Valence, Policy Ideas and the Rise of Sustainability", *Governance*, Vol. 26, No. 2, 2013, pp. 307 – 328.

Daigneault, P. – M., "Introduction to the Symposium 'Conceptual Analysis in Political Science and Beyond'", in *Social Science Information*, Vol. 51, No. 2, 2012, pp. 183 – 187.

Daigneault, P. – M., "Reassessing the Concept of Policy Paradigm: Aligning Ontology and Methodology in Policy Studies", in *Journal of European Public Policy*, Vol. 21, No. 3, 2014, pp. 453 – 469.

Daigneault, P. – M. and Jacob, S., "Les concepts souffrent-ils de négligence bénigne en sciences sociales? Éléments d'analyse conceptuelle et examen exploratoire de la littérature francophone à caractère méthodologique", in *Social Science Information*, Vol. 51, No. 2, 2012, pp. 188 – 204.

Eun, Y. – S., "Rethinking Logic of Inference and Explanation in the Field of International Relations", in *Politics*, Vol. 32, No. 3, 2012, pp. 162 – 174.

George, A. L. and Bennett, A., *Case Studies and Theory Development in the Social Sciences*, Cambridge, MA: MIT Press, 2004.

Gerring, J., "What is a Case Study and What is It Good For?", in *American Political Science Review*, Vol. 98, No. 2, 2004, pp. 341 – 354.

Gerring, J., "Mere Description", in *British Journal of Political Science*, Vol. 42, No. 4, 2012, pp. 721 – 46.

Goertz, G., *Social Science Concepts: A User's Guide*, Princeton, NJ: Princeton University Press, 2006.

Hay, C., "Ideas and the Construction of Interests", in D. Béland and R. Cox (eds.), *Ideas and Politics in Social Science Research*, Oxford: Oxford University Press, 2011, pp. 65 – 82.

Hempel, C. G. and Oppenheim, P., "Studies in the Logic of Explanation", in *Philosophy of Science*, Vol. 15, No. 2, 1948, pp. 135 – 175.

Henry, G. T. and Mark, M. M., "Beyond Use: Understanding Evaluation's Influence on Attitudes and Actions", in *American Journal of Evaluation*, Vol. 24, No. 3, 2003, pp. 293 – 314.

Imbeau, L. M., "Pour un pluralisme explicatif en analyse des politiques", in L. M. Imbeau (ed.), *Politiques publiques comparées dans les États fédérés: L'Allemagne, l'Australie, le Canada, les États-Unis et la Suisse*, Quebec City: Les Presses de l'Université Laval, 2005, pp. 243 – 253.

Imbeau, L. M., "Conclusion: Plea for a Real Epistemic Pluralism", in *Social Science Information*, Vol. 51, No. 2, 2012, pp. 301 – 307.

Keohane, R. O., "Political Science as a Vocation", in *PS: Political Science and Politics*, Vol. 42, No. 2, 2009, pp. 359 – 363.

King, G., Keohane, R. O. and Verba, S., *Designing Social Inquiry: Scientific Inference in Qualitative Research*, Princeton, NJ: Princeton University Press, 1994.

Little, D., *Varieties of Social Explanation: An Introduction to the Philosophy of Social Science*, Boulder, CO: Westview Press, 1991.

Parsons, C., *How to Map Arguments in Political Science*, Oxford: Oxford University Press, 2007.

Polanyi, K., *The Great Transformation*, Boston, MA: Beacon Press, 1957 [1944].

Rossi, P. H., Lipsey, M. W. and Freeman, H. E., *Evaluation: A Systematic Approach* (seventh edition), Thousand Oaks, CA: Sage, 2004.

Sartori, G., "Concept Misformation in Comparative Politics", in *American Political Science Review*, Vol. 64, No. 4, 1970, pp. 1033 – 1053.

Sartori, G., "The Tower of Babel", in D. Collier and J. Gerring (eds.), *Concepts and Method in Social Science: The Tradition of Giovanni Sartori*, London: Routledge, 2009 [1975], pp. 61 – 96.

Shadish, W. R., Cook, T. D. and Campbell, D. T., *Experimental and Quasi-Experi-*

mental Designs for Generalized Causal Inference, Boston, MA: Houghton Mifflin, 2002.

Stanley, L., "Rethinking the Definition and Role of Ontology in Political Science", in Politics, Vol. 32, No. 2, 2012, pp. 93 – 99.

Stoker, G., "Exploring the Promise of Experimentation in Political Science: Micro-Foundational Insights and Policy Relevance", in Political Studies, Vol. 58, 2010, pp. 300 – 319.

Van Evera, S., Guide to Methods for Students of Political Science, Ithaca, NY: Cornell University Press, 1997.

Weiss, C. H., "The Many Meanings of Research Utilization", in Public Administration Review, Vol. 39, No. 5, 1979, pp. 426 – 431.

Woodward, J., "Causation and Manipulability", in E. N. Zalta (ed.), The Stanford Encyclopedia of Philosophy (Summer 2013 Edition), 2013. Available from http://plato.stanford.edu/archives/sum2013/entries/causation-mani/ [Accessed 12 June, 2013].

Yin, R. K., Case Study Research: Design and Methods, Third Edition, Thousand Oaks, CA: Sage, 2003.

《比较政治学研究》投稿须知

本刊热诚欢迎海内外作者投寄稿件或推荐优秀作品。为保证学术研究成果的原创性和严谨性,倡导良好的学术风气,推进学术规范建设,请作者赐稿时务必遵照本刊如下规定:

第一,所投稿件须系作者独立研究完成之作品,对他人知识产权有充分尊重,无任何违法、违纪和违反学术道德等内容。按学术研究规范和《比较政治学研究》编辑部的有关规定,认真核对引文、注释和文中使用的其他资料,确保引文、注释和相关资料准确无误。如使用转引资料,应实事求是注明转引出处。本刊采用页下注(脚注)方式,引文出处请遵照《〈比较政治学研究〉投稿格式》关于引文注释的规定。

第二,凡向本刊投稿,须同时承诺该文未一稿两投或多投,包括未局部改动后投寄其他报刊,并保证不会将该文主要观点或基本内容先于《比较政治学研究》在其他公开或内部出版物(包括期刊、报纸、专著、论文集、学生网站等)上发表。如未注明非专有许可,视为专有许可。

第三,所投稿件应遵守国家相关标准和出版物法规,如关于标点符号和数字使用的规范等。

第四,本刊整体版权属《比较政治学研究》编辑部所有,未经许可,不得以任何方式复制、选编。经许可需在其他出版物上发表或转载的,须特别注明"本文首发于《比较政治学研究》"字样。

第五,本刊实施编辑三级审稿与社外专家匿名审稿相结合的审稿制度。

第六,来稿论文要求格式规范、项目齐全,包括:文题(含英译)、作者姓名、工作单位、关键词、正文、专业学位、联系方式（含邮编）、电子信箱；研究论文需要提供 200—300 字的中、英文摘要和 3—5 个中、英文关键词。

第七，文稿请参照刊物版式。内容为简体横排，论文为 5 号宋体通栏，41 字 * 40 行；文章标题：要求简明、具体、确切，字号为四号黑体，居中，字数不应超过 20 字为宜，必要时可加副标题。正文：正文应先空两格，字号为五号宋体，行间距为单倍行距；文中小标题前后要空一格，字号为小四黑体。中文摘要：直接摘录文章中核心语句写成，具有独立性和自含性，字数应以 150—200 字为宜。"内容摘要"字样为黑体小五，冒号之后的部分为宋体小五。英文摘要（Abstract）：与中文摘要基本对应。中文关键词：选取 3—8 个反映文章最主要内容的术语，"关键词"字样为黑体小五，冒号之后的部分为宋体小五，多个关键词之间用分号隔开。英文关键词（Key Words）与中文关键词完全对应。中、英文摘要与关键词一并放于文后。注释：采用页下注的形式，注号为"①，②，③……"上标的形式，每页单独计算而不采取依次排序的方式，字号为小五宋体。

第八，译稿请附：（1）作者简介；（2）译者简介。

第九，为了进一步促进学术交流，便于和国际出版物接轨，积极推进编辑工作的规范化，本刊决定从 2014 年第 6 辑开始采用新的投稿格式，请来稿参考新的规定。

第十，本社有权对来稿做文字修改。

第十一，稿件一经采用，即付稿酬并寄样刊 2 册。本刊决定从 2015 年第 8 辑开始将较大幅度提高稿酬。

如违背上述规定，给《比较政治学研究》造成任何不良影响，作者自行承担全部责任，并接受编辑部所采取的相应措施予以警示，如：停发或追回稿费、书面批评、载名通报、禁止其作品在《比较政治学研究》上发表。

投稿联系邮箱：cpshnu@163.com

《比较政治学研究》投稿格式

为了进一步促进学术交流，便于和国际出版物接轨，积极推进编辑工作的规范化，本刊决定从2014年第6辑开始采用新的投稿格式。在采用通用的人文社会科学学术期刊注释规则的基础上，本刊特制定新的规定。

一、注释体例及标注位置

文献引证方式采用注释体例。

注释放置于当页下（脚注）。注释序号用①，②，③……标识，每页单独排序。正文中的注释序号统一置于包含引文的句子（有时候也可能是词或词组）或段落标点符号之后。

二、注释的标注格式

（一）非连续出版物

1. 著作

标注顺序：责任者与责任方式/文献题名/出版地点/出版社和出版年份/页码。

责任方式为著时，"著"可省略，其他责任方式不可省略。

引用翻译著作时，将译者作为第二责任者置于文献题名之后。

引用《马克思恩格斯全集》、《列宁全集》等经典著作应使用最新版本。

示例:

张小劲、景跃进:《比较政治学导论》,北京:中国人民大学出版社2001年版,第84页。

《马克思恩格斯全集》第31卷,北京:人民出版社1998年版,第80页。

2. 著作、文集的序言、引论、前言、后记

(1) 序言、前言作者与著作、文集责任者相同。

示例:

李鹏程:《当代文化哲学沉思》,北京:人民出版社1994年版,"序言",第1页。

(2) 序言有单独标题,可作为析出文献来标注。

示例:

黄仁宇:《为什么称为"中国大历史"?——中文版自序》,见《中国大历史》,北京:生活·读书·新知三联书店1997年版,第2页。

(二) 连续出版物

1. 期刊

标注顺序:责任者/文献题名/期刊名/年期(或卷期,出版年月)。

刊名与其他期刊相同,也可括注出版地点,附于刊名后,以示区别;同一种期刊有两个以上的版别时,引用时须注明版别。

示例:

王沪宁:《新政治功能:体制供给和秩序供给》,载《学术季刊》,1994年第2期。

2. 报纸

标注顺序:责任者/篇名/报纸名称/出版年月日/版次。

示例:

《西南中委反对在宁召开五全会》,载《民国日报》(广州),1933年8月11日,第1张第4版。

(三) 未刊文献:学位论文、会议论文等

标注顺序:责任者/文献标题/地点或学校/论文性质/文献形成时间/

页码。

示例：

李乐为：《公民社会与现代国家的建构研究》，华中师范大学硕士学位论文，2007年，第80页。

（四）电子文献：电子文献包括以数码方式记录的所有文献

标注项目与顺序：责任者/电子文献题名/获取和访问路径/访问时间。

示例：

黄宗智：《中国被忽视的非正规经济：现实与理论》，http://www.politics.fudan.edu.cn/view.php?id=2490（访问时间：2013年5月5日）。

（五）外文文献

1. 引证外文文献，原则上使用该语种通行的引证标注方式。

2. 本规范仅列举英文文献的标注方式如下：

（1）专著

标注顺序：责任者与责任方式/文献题名/出版地点/出版者/出版时间/页码。文献题名用斜体，出版地点后用英文冒号，其余各标注项目之间，用英文逗点隔开，下同。

示例：

Karen Henderson, Slovakia, *The Escape from Invisibility*, London and New York: Routledge, 2002, p. 81.

（2）译著

标注顺序：责任者/文献题名/译者/出版地点/出版者/出版时间/页码。

示例：

M. Polo, *The Travels of Marco Polo*, trans. by William Marsden, Hertfordshire: Cumberland House, 1997, pp. 55 – 88.

（3）期刊析出文献

标注顺序：责任者/析出文献题名/期刊名/卷册及出版时间/页码。

析出文献题名用英文引号标识,期刊名用斜体,下同。

示例:

Heath B. Chamberlain, "On the Search for Civil Society in China", *Modern China*, Vol. 19, No. 2, April 1993, pp. 199 – 215.

三、其他

(一)再次引证时的项目简化

同一文献再次引证时只需标注责任者、题名、页码,出版信息可以省略。

示例:

赵景深:《文坛忆旧》,第 24 页。

(二)间接引文的标注

间接引文通常以"参见"或"详见"等引领词引导,反映出与正文行文的呼应,标注时应注出具体参考引证的起止页码或章节。标注项目、顺序与格式同直接引文。

示例:

参见〔美〕塞缪尔·亨廷顿:《第三波——20 世纪后期民主化浪潮》,刘军宁译,上海:上海三联书店 1998 年版,第 3 章。

图书在版编目(CIP)数据

比较政治学研究.第7辑/李路曲主编.
—北京:中央编译出版社,2014.12
(CPS学术辑刊)
ISBN 978-7-5117-2479-3

Ⅰ.①比…
Ⅱ.①李…
Ⅲ.①比较政治学-研究
Ⅳ.①D0

中国版本图书馆CIP数据核字(2014)第309572号

比较政治学研究.第7辑

出 版 人:刘明清
出版统筹:董 巍
责任编辑:侯天保
责任印制:尹 珺
出版发行:中央编译出版社
地   址:北京西城区车公庄大街乙5号鸿儒大厦B座(100044)
电   话:(010)52612345(总编室) (010)52612339(编辑室)
         (010)52612316(发行部) (010)52612317(网络销售)
         (010)52612346(馆配部) (010)55626985(读者服务部)
传   真:(010)66515838
经   销:全国新华书店
印   刷:北京金瀑印刷有限责任公司
开   本:787毫米×1092毫米 1/16
字   数:288千字
印   张:19.75
版   次:2014年12月第1版第1次印刷
定   价:69.00元

网   址:www.cctphome.com   邮 箱:cctp@cctphome.com
新浪微博:@中央编译出版社   微 信:中央编译出版社(ID:cctphome)
淘宝店铺:中央编译出版社直销店(http://shop108367160.taobao.com)

本社常年法律顾问:北京市吴栾赵阎律师事务所律师 闫军 梁勤
凡有印装质量问题,本社负责调换,电话:(010)55626985